Harald Berenfänger

Persönliche Wirkung steigern

Souveränes Auftreten und Innere Selbstführung

Im Beruf, in persönlichen Beziehungen, für sich selbst

® BERENFÄNGER
... denn jeder braucht einen Bären

Dieses Buch ist die Paperback-Ausgabe der Hardcover-Original-Ausagbe von 2019 (ISBN 9783739234076).

Bibliografische Information der Deutschen Nationalbibliothek: Die Deutsche Nationalbibliothek verzeichnet diese Publikation in der Deutschen Nationalbibliografie; detaillierte bibliografische Daten sind im Internet über dnb.dnb.de abrufbar.

© 2023 Harald Berenfänger

Herstellung und Verlag: BoD – Books on Demand, Norderstedt

ISBN: 9783738651010

Inhalt

Einleitung 10
Der Anfang eines guten Weges
Neue Möglichkeiten, Ihre souveräne Wirkung (wirklich!) zu steigern

- **Warum** Sie dieses Buch lesen sollten
- **Was** genau Sie von diesem Buch erwarten dürfen
- **Wie** Sie dieses Buch am besten nutzen
- **Wozu** es gut gewesen sein könnte, dieses Buch gelesen zu haben

1. Körper 12
Sichtbar wirksam von Kopf bis Fuß
Wie Sie vor Gruppen und im Einzelgespräch professionell eine gute Figur machen

- **Start**
  Wie Sie gut beginnen /14
- **Aufgang**
  Wie Sie am besten nach vorne gehen /16
- **Stand-Punkt**
  Heimat finden auf der Bühne /18
- **Füße und Knie**
  Einfach gut dastehen /19
- **Brust**
  Gerade stehen leicht gemacht /22
- **Kopf und Kragen**
  Erhobenen Hauptes geradeaus /23
- **Pause**
  Geheimwaffe der Profis /26
- **Gesten**
  Ruhig und lebendig mit Armen und Händen /29

2. Statussignale 34
Überzeugen ohne Worte
Kompetenz und Sympathie ausstrahlen durch kleine Hebel mit großer Wirkung

3. Stimme 48
Hörbar klar kompetent
Damit sich gut anhört, was Sie zu sagen haben

- **Atmung**
  Grundnahrungsmittel einer schönen Stimme /50
- **Resonanzraum**
  Klangvolumen für Ausdruck mit Eindruck /54
- **Zauberton**
  Die Magie entfalten /58
- **Artikulation**
  Klar, deutlich und verständlich /62
- **Betonung**
  Filter für eindrucksvolles Sprechen /68
- **Emotionen**
  Gefühle zeigen, Profi bleiben /71

4. Lampenfieber 75
Entspannung, wenn das Herz zum Halse schlägt
Aktiver Umgang mit Nervosität und Lampenfieber

5. Formulieren 82
Starker Eindruck mit gutem Ausdruck
Die wertvollsten Stücke aus der Schatzkiste der Rhetorik

- **Und statt aber**
  Damit Sie nicht zum Terminator werden /83
- **Indikative statt Konjunktive**
  So machen andere, was Sie wollen /84
- **Möglichkeiten statt Absolutismen**
  Müssen muss ich gar nichts! /85
- **Positiv statt Negativ**
  Frustrationen eliminieren /88
- **Verben statt Substantivierungen**
  Wegweiser statt Stoppschilder /90
- **Füllwörter**
  Brauchen Sie schlicht nicht mehr! /95
- **Satzlänge**
  Auf die Größe kommt es an /98

- **Stilfiguren**
  Fesselnde Redekunst fürs Meeting /100
- **Personalpronomen**
  Tarnmantel oder klare Sicht? /104
- **Fragen**
  Lieber offen für gute Lösungen /106
- **Warum**
  Alternativen für die Todeskillerfrage /107

6. Argumentieren 109
Einen wirklich guten Grund finden
Kreativer kommunizieren in Konflikt und Verhandlung

7. Schlagfertigkeit 114
Nie wieder sprachlos!
Mit leichter Hand Bomben entschärfen und Attacken abwehren

- **Erste Hilfe**
  Verbal-Aikido für Angegriffene /118
- **Die überraschende Zustimmung**
  Mit nur einem Wort gewinnen /121
- **Die rhetorische Retoure**
  Den Angriff zerbröseln lassen /122
- **Die elegante Rückgabe**
  Muster erkannt, Gefahr gebannt /125

8. Storytelling 129
Mit Geschichten begeistern
Geliehen oder persönlich: Jenseits der Fakten die Herzen gewinnen

9. Vortrag und Präsentation 135
Bewährte Formen starker Reden
Sie müssen das Rad nicht neu erfinden; fahren Sie einfach!

- **Aus dem Kern heraus präsentieren**
  So einfach kann gut sein /135
- **Spontanes Reden**
  Jederzeit einsatzbereit /137

- **Bewährter Fünfsatz**
  Strukturiert kommuniziert /140
- **Die ganz große Form**
  Das 4MAT System /144

10. Elevator Pitch 147
Selbstmarketing in 60 Sekunden
Kunden, Auftraggeber und Netzwerkpartner gekonnt neugierig machen

11. Feedback 156
Rückmeldung als Wachstums-Chance
Die 7 Goldenen Regeln erfolgreichen Geben und Nehmens

12. Mann-Frau-Kommunikation 165
Sicher durch vermintes Gelände
Wie Geschlecht und Rollenbilder das Denken, Sprechen und Urteilen steuern

13. Der Rote Faden 172
Woher, warum, wozu – Drei Worte, klare Richtung
Der Taschenkompass für eine Haltung mit richtungweisender Außenwirkung

14. Selbst-/Fremdbild #1 177
Zwei Sätze, besserer Kontakt
Kein Trick, kein Fake! Entscheiden Sie sich!

15. Selbst-/Fremdbild #2 178
Vier Varianten, ein Sieger
Sie haben es in der Hand, sich frei und gut zu fühlen

16. Sympathie 183
Gemocht werden leicht gemacht
Wie Sie sein und was Sie tun können, damit man Sie sympathisch findet

17. Der erste Eindruck 186
Schon im ersten Moment überzeugen
5 Hebel für beeindruckende Wirkung in Sekundenschnelle

18. Erdung 189
Innere Einstimmung für starke Präsenz
Mit der Quelle verbinden oder: In der Wurzel liegt die Kraft

19. Ja sagen 192
Entscheidung für Zufriedenheit
Das Geheimnis eines glücklichen Lebens in genau 2 Buchstaben

20. Interesse 197
Das größte Geschenk für Ihre Zuhörer
Wirkungsvolle Kommunikation auf einer ganz anderen Ebene

Überleitung 201
Die Umsetzung in die Praxis…
…oder: Putz Dir die Zähne!

Dank & Würdigung 202

Harald Berenfänger 203

Einleitung

Der Anfang eines guten Weges

Neue Möglichkeiten, Ihre souveräne Wirkung (wirklich!) zu steigern

Neulich im Seminar über souveränes Auftreten: Ein Teilnehmer sagt in der Feedback-Runde: »Sie sind der erste Trainer, der mir nicht dauernd sagt, was ich alles muss. Der mir sagt, dass ich ok bin. Das tat mir gut.«

In diesem Sinne: Herzlich willkommen zu einem Buch, das nichts von Ihnen will – und Ihnen doch viel geben mag. Zu einem Buch, das jede Menge Profi-Wissen für Sie bereithält, mit dem Sie Ihre persönliche Wirkung im Beruf, in Ihren Beziehungen und im Umgang mit sich selbst steigern können. Mit Kopf und Herz, im Außen und im Innen, mit dem Geist und mit dem Körper.

Warum Sie dieses Buch lesen könnten

3 gute Gründe:

- Weil Ihnen klar ist, dass Methoden alleine heute nicht mehr reichen, um wirklich zu überzeugen.
- Weil Sie motiviert sind und noch ein paar gute Impulse für Ihre Außenwirkung brauchen.
- Weil Sie bereit sind, die Verantwortung für Ihre persönliche Weiterentwicklung zu übernehmen.

Was genau Sie von diesem Buch erwarten dürfen

5 Dinge:

- Ansätze, die Sie *alleine* – das heißt ohne Anleitung durch einen Trainer oder Coach – einsetzen und nutzen können.
- Erprobtes. Ich arbeite mit den beschriebenen Instrumenten seit vielen Jahren erfolgreich in Seminaren, Workshops und Coachings.
- Umfassendes. Stimme und Körper, Rhetorik und Storytelling, Mentaltechniken und Fragen der inneren Haltung. Kopf und Herz, Geist und Körper. Alles greift ineinander, bereichert und ergänzt sich.

- Professionelle Inhalte und eine lockere Schreibe. Kein Fachchinesisch, sondern eine lebendige Sprache für lebendiges Lernen.
- Eine klare Struktur. Alle Kapitel und Abschnitte folgen dem gleichen Muster – jeder Abschnitt gliedert sich in die gleichen 4 Überschriften:

Die Situation

Eine kurze Geschichte, eine Anekdote, eine Schilderung aus dem Alltag, ein Beispiel aus dem Leben bauen eine Brücke zur Praxis. Eine Verbindung des jeweiligen Themas zur realen Welt und hoffentlich auch zu Ihrem persönlichen Erfahrungshintergrund.

Das Problem

Was mit der Story angedeutet wurde, wird jetzt auf den Punkt gebracht. Was genau hat hier nicht funktioniert und warum könnte es besser sein, einen anderen Ansatz zu wählen? Analyse, Sondierung, kritische Einsicht.

Die Lösung

Nachdem das Problem offen vor uns liegt, ist es Zeit für neue Lösungen. Sie bekommen Vorschläge, Gedanken und Inspirationen. Jede Anregung wird von mir begründet, damit Sie in der Lage sind, eine gute Entscheidung für sich zu treffen. Denn es geht nicht darum, dass *ich* von meinen Empfehlungen überzeugt bin, sondern dass *Sie* das Gefühl haben, hier könnte etwas Nützliches für Sie drin sein.

Vielleicht denken Sie jetzt, dass…

Aus meiner praktischen Arbeit kenne ich die kritischen Fragen, die sich aus den geschilderten Ansätzen ergeben können. Diese greife ich hier proaktiv auf in der Hoffnung, dass Sie die Einwände, die Sie vielleicht an der ein oder anderen Stelle haben mögen, wiederfinden und angemessen gewürdigt sehen – verbunden mit Ideen, wie Sie damit gut umgehen könnten.

Wie Sie dieses Buch am besten nutzen

3 Möglichkeiten:

- Sie können das Buch von vorne nach hinten lesen oder mitten rein springen und mal hier und mal dort lesen.

- Sie können das Zusammenspiel von Innen und Außen entdecken. Am Anfang liegt der Fokus auf praktischen, eher äußeren Methoden – zum Ende hin kommen dann immer stärker Aspekte ins Spiel, die sich um die innere Haltung drehen, um Fragen der Einstellung und der Selbstführung. Vom Kopf zum Herz sozusagen. Und immer auch über den Körper.
- Sie finden in jedem Abschnitt praktische Vorschläge, wie Sie das Neue übend in Ihren Alltag bringen können. Zum Selbermachen.

Wozu es gut gewesen sein könnte, dieses Buch gelesen zu haben

5 Erfahrungen:

- Sie haben jetzt einen wirklich guten Überblick über das Thema *Persönliche Wirkung* gewonnen.
- Sie haben Neues gelernt, das Ihnen beruflich und privat nützt.
- Sie wissen, dass kleine Maßnahmen manchmal große Wirkung erzielen.
- Es ist leichter als Sie dachten.
- Sie hatten Spaß!

Vielleicht werden Sie in diesem Buch mal stolpern. Über Wörter, die Sie noch nicht kannten, über ungewöhnliche Formulierungen und Sprachbenutzungen, über Beispiele und Geschichten, die Sie schon mal in einem früheren Kapitel gelesen haben. Das macht nichts. Dieses Buch nimmt sich die Freiheit, manchmal anders zu sein, wenn es Aussage und Inhalt dient.

1. Körper

Sichtbar wirksam von Kopf bis Fuß

Wie Sie vor Gruppen und im Einzelgespräch professionell eine gute Figur machen

»Der Mensch kann mit dem Mund soviel lügen wie er will – mit dem Gesicht, das er macht, sagt er stets die Wahrheit.«
- Friedrich Nietzsche

»Das Gesicht ist das Fenster des Geistes.«
- Paul Ekman

»Der Körper ist der Übersetzer der Seele ins Sichtbare«
- Christian Morgenstern

»Gang und Haltung verraten mehr als das Gesicht.«
- Alec Guiness

»Der Körper führt, und die Stimme folgt.«
- Isabel Garcia

Verstand, Ursache-Wirkungs-Prinzip, lineares Denken – unsere Kultur bringt großartige Errungenschaften hervor, indem sie sich auf diese eher rationale Art der Herangehensweise an die Welt konzentriert. Maschinen werden ertüftelt, Ingenieure brillieren, Probleme werden erkannt, isoliert und repariert.

Nur... Der Mensch selbst ist *keine* Maschine. Er ist auch nur zu einem kleinen Teil Verstand und freier Wille. Zuallererst ist der Mensch ein *körperliches* Wesen; er ist Energie, Gefühle, Hormone, Gene und Beziehungswesen.

Mit unserem *zweiten Gehirn* (im Magen-Darm-Trakt), dem sogenannten Bauchgefühl, reagieren wir schneller und unmittelbarer auf unsere Umwelt als mit unserem (Kopf-) Denken. Und wer gefragt wird, wo im Körper das tiefe Gefühl von Zuneigung zu einem geliebten Menschen auftaucht – der fasst sich ebenfalls nicht an den Kopf, sondern ans Herz (wo ein weiteres eigenständiges Nervensystem beheimatet ist).

Die Bedeutung der Körperlichkeit haben wir in unserer Kultur meist verdrängt. Dafür sorgten nicht nur die hohe Wertschätzung des Verstandes, sondern auch die Leibfeindlichkeit der Religion, die sich ganz aufs *Meta*-Physische ausrichtet.

Ganz verloren gegangen ist das Wissen um den Körper und seinen Stellenwert für Wirkung, Kommunikation und souveränes Auftreten aber nie, und es ist kein Zufall, dass wir für einen Sinnzusammenhang wie *Anstand, Mut und Charakter beweisen* die Umschreibung *Haltung zeigen* nutzen: Ein Mensch *ist*, wie er sich mit seinem Körper *hält*.

Auch Vokabeln wie *Eindruck, Ausdruck, Auftreten* oder *Durchsetzen* weisen im Kern auf körperliche Vorgänge hin und erinnern uns daran, die *Inhalte* unserer

Kommunikation nicht als alleinseligmachend zu betrachten, wenn es darum geht, zu souveränen.

Auch im weiten Feld der Persönlichkeitsentwicklung wird man sich der Bedeutung des Körpers seit einigen Jahren wieder bewusster und schafft entsprechende Angebote mit Kursen zu Embodiment, somatischen Markern oder Finger-Winken zur Beseitigung störender Muster.

Auch die Wiederentdeckung schamanischer Methoden zur Schärfung körperlicher Selbstwahrnehmung spielt in der Persönlichkeitsentwicklung zunehmend eine Rolle (Kreis, Schwitzhütte, Feuerlauf uam.).

Bevor es im weiteren Verlauf dieses Buchs um rhetorische Finessen und später auch um mentale Arbeit geht, beginne ich daher mit dem körperlichen Ausdruck dessen, was wir aus-*drücken*, wenn wir auf-*treten*. Und mit Auftreten ist hier alles gemeint zwischen Vortrag vor großem Publikum und Vier-Augen-Gespräch im Büro der Chefin.

Start – Wie Sie gut beginnen

Die Situation

Neulich beim Netzwerktreffen. Dreißig Unternehmer sitzen rund um den Tisch beim Frühstück. Reihum steht jeder auf und stellt sich und sein Unternehmen vor. Möglichst ansprechend natürlich, denn man hofft auf Geschäftsempfehlungen. Einer der Anwesenden scheint noch nicht so recht motiviert: seine Gesichtszüge hängen knapp über dem Fußboden, und er wirkt müde und lustlos. Doch dann! Als die Reihe an ihm ist, steht er auf – und strahlt über das ganze Gesicht. Herzlich begrüßt er die Kollegen, und mit Feuer und Erfahrung präsentiert er seinen Elevator Pitch. Nach dem Applaus setzt er sich – und sieht wieder so träge drein wie zuvor.

Das Problem

Der erste Eindruck zählt! Man könnte zwar sagen: Respekt; dieser Mann ist in der Lage, auch dann noch packend zu präsentieren, wenn er nicht so gut drauf ist. Das ist eine hilfreiche Fähigkeit, ganz ohne Frage. Aber das Dumme ist, dass man ihn auch vor und nach seinem Auftritt sieht, und da vermittelt er eine ganz andere Botschaft. Er zeigt sich also inkongruent, zweideutig, ambivalent.

Jetzt wird es knifflig. Viele Menschen ticken so, dass sie, wenn sie sich mit ihrem Gegenüber nicht sicher sind, zur *negativen* Deutung tendieren. Hier greift ein altes Muster des Menschen. Ständig treffen wir auf neue, unbekannte Gesichter und müssen binnen Sekundenbruchteilen entscheiden: Freund oder Feind? Gefährlich oder nicht? Wir bilden uns ein Vorurteil, ein Urteil, bevor wir den Anderen näher kennenlernen. Aus Selbstschutz neigen wir dazu, eher mal die Feind-Schublade zu wählen und somit in eine gewissen Distanz zu gehen.

Für erfolgreiche Kontakte im Beruf wie im Privaten nicht hilfreich.

Die Lösung

Es gilt die Losung: Unser Auftritt beginnt in dem Moment, in dem wir für unsere Zuschauer (potenziell) sichtbar werden:

- Beim Netzwerktreffen oder bei der Besprechung spätestens mit Betreten des Sitzungsraums.
- Beim Vorstellungsgespräch mit Betreten des Firmengeländes.
- Beim Vortrag oder der Präsentation mit Betreten des Saals und ggf. schon vorher.
- Beim Flirten mit Betreten der Lokalität.

Vielleicht denken Sie jetzt, …

…dass das aber mächtig anstrengend ist, und dass Sie sich nicht verstellen wollen. Ja, das stimmt. Das kann manchmal anstrengend sein, und ein Gesicht, das mehr einer Maske gleicht als einem Menschen, ist auch nicht zielführend.

Mit einer *äußeren* Show kommen wir hier nicht weiter. Hier braucht's die passende *innere* Einstellung. Es ist eine *Entscheidung*, das Beste von mir zu zeigen, statt mich gehen zu lassen. Sich gehen zu lassen, kann zwar authentisch sein, aber zugleich auch unpassend. Authentizität heißt, dass ich das, was ich nach außen zeige, *stimmig* zeige. Und nicht, dass ich in jedem Moment die Emotion raushaue, die gerade am Ruder ist. Das würde man *kindisch* nennen.

Außerdem kann das Bild der *Schleuse* helfen, das ich bei meiner geschätzten Kollegin Julia Kamenik kennen gelernt habe. Wir alle wechseln den ganzen Tag von einem Kontext zum nächsten. Von der Wohnung in den Bus ins Büro. Vom Büro zum Sport zum Schatz daheim. Vom Partner zu den Freunden und zwischendurch vielleicht noch zum Supermarkt oder zu einem Telefonat mit den

Eltern. Stellen Sie sich vor, Sie würden jeden Wechsel bewusst vornehmen, so als würden Sie mit Ihrem Schiff jedes Mal durch eine Schleuse fahren.

Kurz innehalten, innerlich ausrichten, weiter im Text. Meistens gelingt das ganz leicht, und manchmal brauchen wir etwas längere Schleusenzeiten. Zum Beispiel nach der Arbeit; da nennt man das dann *Runterkommen*. All das tun wir ständig und eher unbewusst, und manchmal braucht's Absicht und Aufmerksamkeit für eine erfolgreiche Schleusung.

In gewisser Weise schlüpfen wir bei jedem Schleusenwechsel von einer Rolle in die nächste. Partner, Mitarbeiter, Chef, Mutter, Sohn, Einkäufer, Verkäufer, Antragsteller, Sportlerin usw. Dabei bleiben wir immer wir selbst! Es geht nicht um Show oder um Lügen oder Vorspielen. Es geht darum, wir selbst zu sein, egal wie viele wir sind.

Wir dürfen uns also in jedem Moment *entscheiden* (nd im nächsten Moment auch wieder ganz anders). Entscheiden, welche *Auswahl* unserer möglichen Verhaltensweisen wir zeigen – bevor wir in der nächsten Rolle wieder eine andere Auswahl wählen. So wie ein DJ. Der legt auch immer nur *eine* Platte auf und nicht immer alle zur selben Zeit.

Ja, das kann manchmal anstrengend sein. Noch viel anstrengender ist es aber, einen schlechten ersten Eindruck wieder auszubügeln. Menschen brauchen mindestens drei positive Emotionen, um eine negative wieder wettzumachen.

Fazit: Unter dem Strich ist es einfach energiesparender, *sofort* in die angemessene Rolle hineinzugehen als sich gehen zu lassen und später mühsam zu reparieren.

Aufgang – Wie Sie am besten nach vorne gehen

Die Situation

Neulich im Workshop… Die Teilnehmer sitzen im Halbkreis ohne Tische. Einer steht auf und kommt nach vorne – alle lachen. Allen sehen es, nur der nicht, der gerade nach vorn gekommen ist. Ein denkbar doofer Start für eine Präsentation.

Das Problem

Der Teilnehmer saß ziemlich genau in der Mitte, stand auf und ging schnurstracks nach vorne. Wie es aber so ist, wenn man lange sitzt, war die Hose ein wenig verrutscht, das Shirt hatte sich hochgezogen – und die ganze Pracht seines Tanga-Slips stand frei zum Betrachten mitten im Raum.

Die Lösung

Sie können es im Fernsehen beobachten. In Late-Night-Shows und ähnlichen Formaten gibt man Gästen die Möglichkeit, von der *Seite* her aufzutreten. Dass jemand direkt von vorne, in gerader Linie aus dem Publikum, kommt, wird eher vermieden.

Wer von der Seite her auftritt, vermeidet, dass das Erste, was sein Publikum von ihm zu sehen bekommt, Hintern, Rücken oder blanke Haut sind.

Wer von der Seite her auftritt, hat außerdem die Chance, bereits während des Gangs zu Sessel/Sofa/Rednerpult ersten Blickkontakt mit den Zuschauern aufzunehmen und so das Knüpfen eines Guten Drahts einzuleiten.

Wer von der Seite her auftritt, hat Gelegenheit, seine Kleidung zu richten, ohne dass es unvorteilhaft aussieht.

Die Krönung: Wenn es der Platz hergibt, kommen Sie in einem leichten Bogen nach vorne, so dass der letzte Schritt ein Schritt nach vorn ist in Richtung Publikum. So landen Sie punktgenau schon beim ersten Versuch genau dort, wo Sie hinmöchten. Das macht Eindruck, denn Sie zeigen – bereits vor dem ersten gesprochenen Wort –, dass Sie genau wissen, wo Ihr Platz ist, auch im übertragenen Sinne!

Der leichte Bogen von der Seite verhindert auch, dass Sie sich zum Publikum umdrehen und Ihren Standort erst einmal nach hinten korrigieren müssen, weil Sie plötzlich feststellen, dass Sie zu weit vorne stehen. Wer als Redner als erste Amtsmaßnahme von seinem Publikum weggeht, erweckt leicht den Eindruck von Flucht – nicht gut.

Bei einem guten Aufgang schafft man also eine *Inszenierung*. Man wählt nicht den kürzesten Weg, sondern verlängert den Weg absichtlich, um eine starke Wirkung zu erreichen.

Der *Abgang* ist demgegenüber kurz und knapp. Verlassen Sie die Bühne auf *geradem* Wege. Hier bitte kein Bogen, das würde schräg aussehen und man hielte Sie rasch für eingebildet.

Vielleicht denken Sie jetzt, …

…dass sich das ja alles ganz gut anhört, aber wann hat man schon mal soviel Platz für einen derart gestalteten Aufgang?

Das stimmt – und doch ist genügend Raum selbst am kleinsten Besprechungstisch. Oft kann man beobachten, dass jemand schon während des Aufstehens von seinem Stuhl anfängt zu sprechen. Stimme und Blickrichtung fokussieren Richtung Tischplatte; in Verbindung mit dem Knarren des zurückschiebenden Stuhls gehen so die ersten Sätze garantiert unter.

Also auch hier: In Ruhe aufstehen, um den Stuhl herumgehen, diesen mit beiden Händen nach vorn unter den Tisch schieben, einen guten Stand einnehmen, Blickkontakt in die Runde – und dann erst mit dem Sprechen beginnen.

Man sieht es Ihnen an, wenn Sie sich Gedanken gemacht haben, wie Sie Ihren Platz auf der Bühne einnehmen. Ganz gleich, ob diese Bühne erhöht vor tausend Menschen thront oder ob sie unspektakulär neben der Beamer-Leinwand im Meetingraum engt.

Ein Aufgang wird groß, wenn Sie sich dafür entscheiden und diesen Weg bewusst für Ihre eigene Größe nutzen. Ohne Angeberei, aber mit einer klaren Haltung. Souverän eben.

Stand-Punkt – Heimat finden auf der Bühne

Die Situation

Kurze Anekdote… Seminar, zwölf Teilnehmer, Stuhlhalbkreis. Der Trainer sitzt auf einem der Stühle am Ende des Halbkreises; direkt neben dem ersten Teilnehmer. Den Mittelpunkt des Halbkreises bildet ein Flipchart. Irgendwie ist die Stimmung komisch…

Das Problem

In jeder Form, in jedem Setting, in der Menschengruppen zum Lernen zusammenkommen, gibt es einen optimalen Punkt für den Leiter dieser Gruppe.

Die Position dieses optimalen Punktes strahlt eine gewisse Harmonie aus. Er erlaubt den Teilnehmern, sich gleichwertig zu fühlen und den Leiter gut zu sehen. Er erlaubt dem Leiter, alle Teilnehmer mit einem ähnlichen Aufwand zu sehen und sich mit ihnen zu verständigen. Im eingangs genannten Beispiel war dies aus dem Lot geraten, und das führte alsbald zu einer unterschwelligen Unruhe.

Die Lösung

Bei einem Halbkreis liegt der optimale Punkt zentriert zwischen den beiden außen Sitzenden – mit so viel Abstand nach hinten, dass der Referent die Außensitzenden dann frontal anschauen kann, wenn er seinen Kopf um ca. 45 Grad dreht.

Das impliziert auch, dass man die Bühne besser in der Breite nutzt statt in der Tiefe, wenn man sich dort bewegen will. Denn: Bewegt man sich vertikal – geht also nach vorne auf die Zuschauer zu –, kann man die außen Sitzenden nicht mehr sehen. Dazu müsste man sich dann umdrehen. Man verlöre also seine Teilnehmer. Erst aus dem Blick und bald auch inhaltlich.

Vielleicht denken Sie jetzt, …

…dass die sich mal nicht so anstellen sollen. Sie stellen sich einfach dorthin, wo Sie sich wohlfühlen. So schlimm wird das schon nicht sein.

Sie haben Recht. Schlimm ist das nicht. Und doch mag ich Sie einladen, das mal bewusst auszuprobieren und um Feedback zu den verschiedenen Positionen im Raum zu bitten. Ich bin mir sicher, dass die meisten Menschen diese atmosphärischen Details wahrnehmen können.

Füße und Knie – Einfach gut dastehen

Die Situation

Mit vollen Händen in die Klischeekiste… Variante A) Michael präsentiert. Er kommt nach vorne, richtet sich zum Publikum aus, und die anwesenden Frauen fangen an zu lachen oder die Augen zu verdrehen. Variante B) Michaela präsentiert. Sie kommt nach vorne, richtet sich zum Publikum aus, und die anwesenden Männer katalogisieren sie innerlich als harmloses Mäuschen oder williges Flirtobjekt.

Das Problem

Michael und Michaela senden allein durch die Art wie Sie stehen, ungünstige Botschaften.

Unsere Füße und Knie und mit ihnen die Art und Weise wie wir stehen, vermitteln in Millisekundenschnelle, wie wir über uns selbst denken – und bisweilen passt dies so gar nicht zu Intention und Ziel unseres Auftritts.

Probieren Sie's aus! Stellen Sie sich gerade hin, und gestalten Sie den Abstand zwischen Ihren Füßen so, dass er in etwa dem Abstand Ihrer Schultern entspricht.

Dann (A) *vergrößern* Sie den Abstand merklich. Was geschieht nun? Wahrscheinlich entstehen Bilder in Ihnen: Cowboy, Macho, Superheld. Je länger Sie in dieser Position verbleiben, desto schneller fangen Sie an, leicht mit den Hüften zu kreisen. Die Daumen wandern vielleicht in den Gürtel oder die Hosentasche. Ein Mundwinkel hebt sich cool-lächelnd in die Höhe. Wie fühlen Sie sich? Wahrscheinlich mehr als Über-Mann denn als reifer Mann.

Nun (B) *verkleinern* Sie den Abstand zwischen Ihren Füßen merklich. Die Innenseiten Ihrer Füße berühren sich, oder eine Fußspitze dreht sich deutlich nach innen. In diesem Fall dreht sich auch das Knie mit und knickt etwas ein; zusammen mit dem Oberkörper. Je länger Sie in dieser Position verbleiben, desto schneller fangen Sie an, mit dem ganzen Körper zu schlenkern. Wie fühlen Sie sich? Womöglich unsicher, schwach, hilflos oder schutzbedürftig? Mehr kleines Mädchen als große Frau.

Auf den Punkt gesprochen: Wir können unseren Mann und unsere Frau nur stehen, wenn wir mit beiden Beinen fest auf dem Boden stehen. Wortwörtlich. Tun wir das nicht, werden wir im wahrsten Sinne des Wortes wackelig. Im Innen wie im Außen. Mal wirkt das dann über-, mal untertrieben. Aber niemals souverän.

Die Lösung

Die Lösung wurde oben schon angedeutet. Stehen Sie schulterbreit. Richten Sie Ihre Füße in etwa parallel aus. Nach innen gedreht lässt Sie klein aussehen, nach außen wie ein Clown.

Stehen Sie auf beiden Füßen mit dem gleichen Druck; also vermeiden Sie die Standbein-Spielbein-Nummer, denn das sendet rasch unangemessene Lässigkeit oder Unsicherheit.

Probieren Sie einmal folgendes aus: Stellen Sie sich gerade hin, und dann steuern Sie nacheinander die drei Punkte unter Ihren Füßen an: Ferse, Ballen, Zehen. Zuerst verlagern Sie Ihren Schwerpunkt auf die Fersen. Dann auf die Ballen, dann auf die Zehen. Merken Sie, wie unterschiedlich sich Ihr Stand jeweils gestaltet? Und nun verteilen Sie Ihren Schwerpunkt gleichmäßig auf alle drei Punkte – mit beiden Füßen. Dabei werden Sie leicht und locker ein wenig in die Knie gehen. Auf diese Weise stehen Sie fest und sicher, und diese körperliche Erfahrung spiegelt sich auch in ihrer inneren Haltung zum Geschehen wider.

Vielleicht denken Sie jetzt, …

…dass dieses Gerede von kleinen Mädchen und Macho-Cowboys doch arg übertrieben ist. Albern. Ja, diesen Gedanken kann man denken. Oder Sie machen sich zweierlei klar. Wir Menschen bilden uns Vorurteile über andere Menschen. Immer und schnell. Dafür verknüpfen wir in kürzester Zeit objektiv Wahrnehmbares (sehen, hören, fühlen, riechen, schmecken) mit inneren Bildern und Erfahrungen. Erst danach schalten sich (vielleicht) Vernunft und Verstand ein und betrachten den *Inhalt*.

Sie können rein auf Inhalte setzen und von Ihrem Publikum verlangen, dies auch zu tun. Oder Sie machen es den Menschen (und sich selbst) leichter und präsentieren sich vor Ihrer eigentlichen Präsentation so repräsentabel, dass Ihre Zuhörer es einfacher haben, Sie und Ihr Präsent wohlwollend anzunehmen.

Vielleicht denken Sie auch, dass Sie zu Beginn eines Vortrags viel zu nervös sind, um sich Gedanken über Ihre Füße zu machen. Da mag ich Ihnen zurufen: Je größer das Lampenfieber, desto mehr Raum widmen Sie bitte Ihren Füßen! Je stabiler Sie mit Ihrem Körper stehen, umso stabiler stehen Sie auch im Innen. Lampenfieber braucht eine äußere Stütze. Diese kleine Achtsamkeit zahlt sich hinten raus zehnfach aus. Mindestens.

Brust – Gerade stehen leicht gemacht

Die Situation

Meine Schauspiellehrerin fragte uns mal: »Wie geht Ihr eigentlich auf Engel zu? Zu denen schlurft man ja nicht. So mit den Händen in der Tasche und hängenden Schultern.« Ich gebe zu: Bis zu diesem Zeitpunkt hatte ich über die Frage, wie man angemessen zu Engeln geht, noch nicht nachgedacht. – Und wenn man sich so umschaut, wie laff viele Menschen vor ihrem Publikum oder in der Gegend rumstehen, dann haben offensichtlich sehr *viele* noch nicht darüber nachgedacht.

Das Problem

Hängende Schulten assoziieren wir mit Mühsal, Lustlosigkeit, Schwäche oder Müdigkeit. Sie vertragen sich nicht mit einem souveränen, selbstbewussten und selbstsicheren Erscheinungsbild.

Na, dann lasse ich meine Schulten eben nicht mehr hängen, sondern ziehe sie hoch. Das macht es leider auch nicht besser! Die Schultern nach oben und oder nach hinten ziehen, sieht einfach nur doof aus. Wirkt verkrampft und unnatürlich.

Die Lösung

Heben Sie Ihren Brustkorb an. Nutzen Sie die obere Rückenmuskulatur, und ziehen Sie die Schulterblätter zueinander. In der Muckibude machen Sie das zum Beispiel auf dem Rudergerät… Dabei lassen wir die Schulten weitgehend in Ruhe. Das Aufrichten erfolgt also ganz über die Rückenmuskulatur.

Mir hilft dabei die Lektion eingangs erwähnter Schauspiellehrerin. Ich stelle mir vor, wie an der gegenüberliegenden Wand in ca. drei bis vier Meter Höhe ein goldener Engel sitzt. Dieses anmutige Wesen hält einen goldenen Faden in seinen Händen, dessen anderes Ende genau auf meiner Brust endet, dort, wo die Thymusdrüse sitzt. Mit dem Faden zieht mich der Engel nun förmlich zu sich, und da er höher sitzt als ich – und ich ein wohl erzogener Mensch bin – richte ich mich automatisch auf. Mache mich gerade. Wer zu Engeln geht, strahlt Stolz, Wert und Würde aus.

Vielleicht denken Sie jetzt, …

…dass das aber ganz schön anstrengend ist, und außerdem sieht man mich ja dann ganz! Meinen dicken Bauch, meine Hühnerbrust oder meinen zu kleinen oder zu großen Busen oder oder oder…

Wissen Sie was: Sie haben vollkommen Recht – und außerdem: Nur so kann man Ihre innere und äußere Schönheit sehen!

Ganz gleich, was Frauenmagazine, Instagram oder irgendwelche Contests uns weismachen wollen: Schönheit, Ausstrahlung, Souveränität entstehen in unserem *Innern*. Und genau dort dürfen wir die Entscheidung treffen, ok zu sein. So ok, dass wir uns zeigen und in einer Präsentation, in einem Meeting oder in einem Flirt strahlen können.

Es macht überhaupt keinen Sinn, vor Leuten zu sprechen und dabei gleichzeitig zu versuchen, den eigenen Körper zu verbergen. Wie soll das gehen?! Das sieht völlig verkrampft aus. Natürlich macht es Sinn, über geeignete Bekleidung nachzudenken, aber die Schultern nach vorn zu ziehen, weil einem Bauch oder Busen nicht gefallen? Nicht sinnvoll!

Entscheiden Sie sich dafür, Ihren Körper zu mögen. Nehmen Sie ihn, wie er ist. Einen anderen haben Sie nicht. Und by the way: Wie sollen denn unsere Zuhörer uns nehmen wie wir sind, wenn wir selbst das ganz augenscheinlich nicht tun?!

Kopf und Kragen – Erhobenen Hauptes geradeaus

Die Situation

Situation A, Verhandlung mit dem Chef. Frau Müller kommuniziert ihr Anliegen – mehr Geld, einen neuen Dienstwagen, ein spannenderes Projekt. Sie zeigt sich außerordentlich kompetent; ihre Zahlen sind beeindruckend, sie ist bestens vorbereitet. Und doch hat sie keine Chance.

Situation B, Ansprache vor dem Team. Herr Müller spricht über die neuesten Entwicklungen in der Chefetage. Quartalszahlen, Strategie, neue Projekte. Er macht das außerordentlich freundlich; sein Ton ist angenehm, er nimmt sich Zeit für seine Mitarbeiter. Und doch bewerten die ihn insgeheim als arrogant.

Das Problem

Frau Müller hält den Kopf schief – und Herr Müller zieht das Kinn nach oben.

Unser Kopf hat seine eigene Sprache – ganz unabhängig von den Inhalten, die aus ihm sprechen.

Im Tierreich gibt es Gesten, mit denen das unterlegene dem überlegenen Tier Beschwichtigung oder gar Unterwerfung signalisiert: Wegschauen und Wegdrehen des Kopfes oder das Anbieten der Kehle zum tödlichen Biss.

Diese Signale sind eindeutig. Sie trennen die Rangniedrigeren von den Ranghöheren; die Verlierer von den Siegern.

Auch das Menschentier kennt diese Gesten und nutzt sie: Erfolgreich im Flirt – nicht sinnvoll im Berufsleben.

Beim Tanz der Polaritäten im Flirt (Yin und Yang, Anima und Animus, weiblich und männlich) kann das gut funktionieren: Nach dem ersten Blickkontakt der Flirtpartner dreht das Menschenweibchen demonstrativ den Kopf weg, senkt den Blick und legt den Hals frei, indem sie ihre Haare nach hinten streicht. Das Menschenmännchen sieht die Signale und liest: »Juhuu! Sie tut mir nichts. Ich kann jetzt die verbale Kontaktaufnahme wagen.«

Was in der Privatsphäre gut funktioniert, hat im Job nichts zu suchen. Wenn Frau Müller ihre Aufstiegsambitionen mit einer Unterwerfungsgeste garniert, hört Chef zwar die Worte, gleichwohl ihm fehlt der Glaube bzw. er hat leichtes Spiel, die Mitarbeiterin zu verunsichern.

Und was ist mit Herrn Müller?

Eigentlich ganz einfach. Machen Sie doch mal diese spontane Kurzübung: Legen Sie das Buch weg, stehen Sie auf, und strahlen Sie Arroganz und Überheblichkeit aus. Ohne groß nachzudenken, ohne zu reden. Ich bin mir sicher, Sie werden Dinge tun wie: Auf den Zehenspitzen wippen, die Hände hinter dem Rücken verschränken – und ganz bestimmt werden Sie Ihren Kopf anheben. Das Kinn nach oben recken.

Es ist schwer, nicht für oberlehrerhaft gehalten zu werden, wenn wir das Kinn hochziehen und dabei reflexhaft auch noch unsere Augenbrauen. Dieses Signal-

Set ist ebenfalls archetypisch in uns, und damit auch in unseren Zuschauern, verankert.

Die Lösung

Trennen Sie Beruf- und Flirt-Sphäre. Diese Empfehlung sollte eigentlich nicht überraschen, aber es überrascht wie oft wir Elemente des Flirtens unbewusst auch im Beruf verwenden und unsere Kommunikationspartner damit zu dummen Gedanken einladen.

Halten Sie Ihren Kopf gerade und Ihr Kinn parallel zum Boden. Auch das geht uns schnell durch und darf aufmerksam im Blick gehalten werden.

Als Brillenträger wählen Sie bitte ein Gestell, das Ihnen diese Körperhaltung erlaubt. Wahlweise tragen Sie Kontaktlinsen oder nehmen die Brille kurzzeitig ab, wenn Sie damit nicht in die Ferne/Nähe schauen können.

Wenn Sie an sich selbst Beschwichtigungs- oder Unterwerfungsgesten beobachten – insbesondere in Drucksituationen oder gegenüber Vorgesetzten – investieren Sie in Persönlichkeitsentwicklung, um sich hilfreichere Strategien anzueignen.

Vielleicht denken Sie jetzt, ...

...dass das alles mächtig weit hergeholt klingt. Schließlich sind wir doch Menschen! Die Krone der Schöpfung, vernunftgesteuert, professionell und rhetorisch geschult.

Da mag ich widersprechen. Als Menschen sind wir in allererster Linie körperliche Wesen, emotionale Wesen, mit tief verankerten Bildern und Mustern. Die Teile unseres Gehirns, die auf diese kollektiven Urbilder ansprechen, reagieren viel schneller, als die Teile, mit denen wir bewusst abwägen und argumentieren.

Und wie immer: Probieren Sie es aus! Beobachten Sie Menschen, die Unterwerfungsgesten nutzen, und dann spüren Sie in sich hinein: Wie viel Respekt empfinden Sie jetzt? Ehrlich! oder andersrum. Wenn Sie selbst dazu neigen, den Kopf schief zu halten oder das Kinn empor zu recken: Machen Sie es einfach mal anders – und beobachten Sie die Reaktionen der Anderen und Ihr Gefühl zu sich selbst.

Und vielleicht denken Sie ja, dass die oben geschilderte Flirtsituation stereotypisch und klischeehaft klingt. Ja. Im uralten Spiel der Geschlechter spielen Stereotypen, Klischees und archetypische Bilder und Überzeugungen eine zentrale Rolle. Dazu später mehr.

Pause – Geheimwaffe der Profis

Die Situation

Es ist soweit. Alle schauen Sie an. Sind neugierig, was Sie zu sagen haben. Wollen wissen, ob Sie es packen; ob Sie Ihr Publikum packen. Und Sie? Geben Vollgas. Drücken aufs Tempo. Ganz gleich, ob Sie aufgeregt, nervös, hektisch, lustlos, motiviert, freudig, genervt, ängstlich oder voller Tatendrang sind… Es treibt Sie der Wunsch, möglichst rasch zu beginnen, und umso rascher fertig zu werden.

Das Problem

Wer seinen Auftritt – Präsentation, Vortrag, Rede – zu *schnell* beginnt, hat in dem Moment verloren, wenn er den Mund zum ersten Satz öffnet.

Ungezählte Präsentatoren heben bereits zu sprechen an, noch während Sie nach vorne gehen oder sich von ihrem knarrenden Stuhl erheben. Das ist gleich aus mehreren Gründen fatal:

Wenn Sie sprechen, ohne vorher in Kontakt mit Ihrem Publikum zu gehen, kann kein *Guter Draht* zwischen Ihnen entstehen. Und wer als Zuhörer keinen Draht zum Vortragenden bekommt, schenkt diesem auch keine Aufmerksamkeit.

Wer als Sprecher keinen Draht zum Gegenüber hat, wird schnell an den Menschen vorbeireden; wird die Stimmungen übersehen, die im Raum schweben – die negativen wie die positiven. Sie verlieren Ihre Zuhörer, noch ehe Sie sie gewonnen haben.

Oft unterhalten sich noch Teilnehmer oder sind mit ihrem Handy beschäftig, wenn Sie anfangen wollen. Das ist nicht schlimm – schlimm wird's nur, wenn Sie anfangen, bevor die damit aufgehört haben. Vortragende, die unaufmerksames Verhalten zu Beginn ihres Auftritts tolerieren, signalisieren: *Mit mir kann man's ja machen*. Der Boden für Störungen ist bereitet.

Inhalte können wir heute jederzeit überall abrufen. Wer aber einem Menschen in Fleisch und Blut zuhört und zusieht, der interessiert sich dafür, was dieser *spezielle Mensch* zu sagen hat und *wie* er es sagt. Es geht um die Person, und erst in zweiter Linie um die Sache.

Wenn Sie also Ihren Vortrag beginnen, ohne sich und Ihrem Publikum zuvor Zeit für ein erstes Beschnuppern zu geben, setzen Sie Ihre Zuhörer unter Stress. Die sind noch gar nicht so weit. Die wollen erst mal schauen: Wer ist das da vorne? Wie sieht der/die aus? Wie wirkt dieser Mensch? Ist er mir sympathisch?

Oder stellen Sie sich vor, Sie sind zu einem Geburtstag eingeladen. Sie klingeln an der Tür, der Gastgeber öffnet – und sofort drängen Sie an ihm vorbei Richtung Büffet. Das war dann sicher das letzte Mal, dass man Sie eingeladen hat… Nein, Sie bleiben stehen, schauen dem Gastgeber freundlich in die Augen, lächeln. Sie nehmen sich Zeit, in Kontakt zu gehen. Auf der Türschwelle legen Sie den unverzichtbaren Grundstein für ein gelungenes Fest.

Genauso ist es auf der Bühne (Meetingraum, Vortragssaal, Omas Geburtstag). Der Moment zwischen Ihrem Ankommen an dem Punkt, von dem aus Sie sprechen, und dem Moment, an dem Sie zu sprechen beginnen, ist die (Tür-)Schwelle für einen gelungenen Auftritt. Wer die als Redner hektisch überrennt, muss hinterher viel Mühe aufwenden, um das irritierte Publikum wieder einzufangen.

Die Lösung

Beginnen Sie Ihren Auftritt mit einer *Pause*. Die Pause ist eines der kraftvollsten rhetorischen Mittel. Wer sie bewusst setzt, dem fliegen Vorurteile zu wie: souverän, lässig, stark, selbstbestimmt, entspannt, selbstbewusst, tonangebend, würdig.

Aber Obacht! Eine Pause ist nicht *nichts*! Eine Pause in diesem Sinne ist ein *absichtsvolles Tun*. Die Pause wird platziert, sie wird in den Raum gestellt. Sie ist keine Zeit des Nichtstuns, in der sich der Redner innerlich ausklinkt – sie wird in voller körperlicher und mentaler Präsenz gesetzt.

Diese Zeitspanne hält für alle Beteiligten einen ganzen Strauß an Möglichkeiten bereit:

- Sie selbst als Sprecher können erst einmal ankommen. Sich daran gewöhnen, jetzt so exponiert zu sein. Vor Leuten zu stehen, die einen alle anschauen.

- Sie schauen in Ruhe, wo noch Unaufmerksamkeit ist und schenken diesen Menschen ein freundliches Lächeln, so dass die wissen, dass Sie gleich anfangen wollen. So sorgen Sie auf charmante Weise für Ruhe und demonstrieren unaufdringlich, aber klar, dass Sie jetzt hier den Ton angeben.

- Sie können schauen, wer da ist, wie die Atmosphäre ist und wo Zuhörer sitzen, die Sie kennen oder auf die Sie besonders achten wollen.

- Sie haben Zeit, Ihren Körper einzurichten und in eine gute Atmung zu kommen, so dass Sie schon vor dem ersten Satz eine souveräne Ausstrahlung verströmen.

- Der Zuhörer kann ohne Hast sein Tun beenden (mailen, surfen, mitdemnachbarnquatschen, whatsappen) und sich auf Sie einzustellen.

- Ihre Zuhörer können Sie in Ruhe anschauen und Ihre Wirkung aufnehmen. So bekommen sie ein erstes Bild von dem Menschen, dem sie gleich ihre wertvolle Zeit schenken.

Hier ein *technischer* Hinweis zum Blickkontakt: Bis zu einer Gruppengröße von ca. 15 Menschen können Sie jedem Einzelnen in die Augen schauen. Danach wird's langsam zu viel. Sie wollen ja nicht, dass die Veranstaltung vorbei ist, wenn Sie endlich den Letzten angesehen haben… Daher: Bei größeren Gruppen visualisieren Sie einfach den Buchstaben M und legen ihn groß über Ihr gesamtes Publikum. Dann folgen Sie mit Kopf und Augen den Linien des M – und mit diesem kleinen Trick fühlt sich jeder im Saal persönlich angeschaut.

Immer noch bekommt man den Rat, man solle sich jemanden rauspicken, den man besonders sympathisch findet und dort dann besonders oft hinsehen. Nein! Das wirkt aufdringlich, nervend und hilfesuchend. Viele wundern sich, wer das da vorne ist und ärgern sich vielleicht, dass der so viel Aufmerksamkeit von Ihnen bekommt und sie nicht. Verteilen Sie Ihre Aufmerksamkeit eher gleichmäßig – diesen Respekt haben all Ihre Zuhörer verdient, und Sie sind stark genug, um ohne diese Krücke gut zu stehen.

Vielleicht denken Sie jetzt, …

… dass Sie sich unmöglich um all diesen Kram kümmern können, wenn Ihr Publikum Sie anschaut und Sie nichts anderes wollen, als das Ganze endlich hinter sich zu bringen. Es reicht schon, mit dem Lampenfieber klar zu kommen und zu wissen, dass in der ersten Reihe der Chef sitzt oder der Schwiegervater, der kritisch guckt.

Und genau deshalb lege ich Ihnen die Pause ans Herz. Denn erst die Pause verschafft Ihnen genau die Zeit, die Sie brauchen, um mit all den nervös machenden Impulsen von innen und außen klarzukommen.

Es ist gerade das Fehlen einer Pause, wenn der Anfang holprig läuft und das Auditorium auch danach nicht zur Ruhe kommt.

Vielleicht ist Ihnen schon mal aufgefallen, wie viele Präsentatoren als Erstes Dinge sagen wie »Ääh«, »Also«, »Ich fang dann mal an« oder »Jaaa«. Füllwörter, die genau dazu herhalten sollen, dem Redner Zeit zu verschaffen. Aber auf eine *ungelenke* Art und Weise. Da können Sie dann auch gleich die Pause wählen und einfach *nichts* sagen.

Und noch etwas: Diese Pause ist viel kürzer als Sie vielleicht meinen. Niemand wird sich ungedulden, wann Sie denn endlich mal anfangen. Die Pause kommt Ihnen nur selbst wie eine unendliche Geschichte vor – solange Sie den Blickkontakt nicht abreißen lassen und Ihre Präsenz auf Ihr Publikum ausrichten!

Gesten – Ruhig und lebendig mit Armen und Händen

Die Situation

Haben Sie das auch schon mal erlebt? Sie gehen nach vorne, um zu präsentieren. Sie schauen in die Runde, alle sehen Sie an und plötzlich! Plötzlich entdecken Sie: »Ich habe Hände! Wo kommen die auf einmal her? Die waren doch vorhin noch nicht da!«

Dann geht es los. Die ungelenke Suche nach einem Ort, wo man die Dinger jetzt am besten hinstecken könnte, damit sie während des Vortrags nicht stören.

Und da gibt es viele Möglichkeiten…

Das Problem

In Anlehnung an Paul Watzlawick dürfen wir uns klar machen: Man kann *nicht nicht* wirken. Und die Art und Weise, wie wir unsere Hände einsetzen, platzieren und benutzen, hat Anteil daran, wie wir auf unser Publikum wirken.

Früher – und manchmal heute noch – wurde so getan als gäbe es eine *Körpersprache*. Also eine Sprache, die der Körper benutzt, um zu kommunizieren. Und weil es eine *Sprache* ist, impliziert das, dass es auch eine Grammatik gäbe, ein Richtig und ein Falsch. Das ist Unsinn!

Körperwirkung oder *körperlicher Ausdruck* treffen die Sache sehr viel genauer. Denn natürlich gibt es in diesem Bereich weder Richtig noch Falsch und schon gar keine Grammatik samt Vokabeln, die man bloß auswendig lernen müsste und schon kommt hinten eine tolle Wirkung heraus.

Ich spreche lieber davon, dass wir so gestikulieren, mimikieren, uns bewegen und positionieren können, dass es unsere inhaltlichen Absichten zielführend unterstützt – oder eben nicht.

Begriffe wie Richtig und Falsch locken uns zudem schnell auf das Feld der Moral: Das darf man und das nicht! Wie oft höre ich, man dürfe die Arme nicht verschränken. Weil es abweisend aussähe und irgendwie unfreundlich.

Ich würde einen Hunderter wetten, dass Sie von jetzt auf gleich in der Lage wären, die Arme zu verschränken, so als würden Sie frieren. Oder als würden sie mir freundlich zuhören und über das Gehörte nachdenken. In keinem dieser Fälle sähen Sie unfreundlich oder abweisend aus.

So einfach ist es nicht mit dem körperlichen Ausdruck. Vieles spielt zusammen, vieles greift ineinander, *alles* gehört in die Waagschale der äußeren Wirkung.

Bleiben wir einen Moment bei dem Beispiel der verschränkten Arme. Natürlich würde ich Ihnen nicht empfehlen, einen Vortrag damit zu beginnen, dass Sie sich frontal zu Ihrem Publikum stellen, die Arme verschränken und todernst in die Runde gucken. Aber nicht, weil es falsch oder böse wäre! Sondern weil in diesem Moment des Auftritts etwas anderes dran ist: die Begrüßung. Die erste Kontaktaufnahme. Und die gelingt in aller Regel geschmeidiger und charmanter mit einer Körperhaltung, die ein Sich-Öffnen illustriert. So wie beim Händedruck oder bei der Umarmung – beides sind aktive Bewegungen *hin* zum Anderen.

Wenn Sie also während Ihrer Vortragseröffnung frieren oder nachdenken, dann könnten Sie diese körperliche Empfindung für einen Moment hintanstellen, um erst einmal einen guten Draht herzustellen, oder Sie probieren mal, Ihr Frieren mit einer öffnenden Armbewegung darzustellen. Das geht!

Man kann beinahe jede Bewegung oder Geste mit beinahe jedem Gefühl oder innerem Erleben verbinden.

Wenn ich mein inneres Erleben kongruent nach außen zeige, wird man das erkennen. Konsequent zu Ende gedacht heißt das natürlich, dass ich mein Publikum auch mit verschränkten Armen begrüßen darf, was ich ein paar Sätze vorher noch kritisch gesehen habe. Natürlich geht das. Das wäre weder richtig noch falsch noch moralisch verwerflich. Es wäre nur in den meisten Fällen nicht *hilfreich*. Denn den meisten Menschen – meine persönliche Erfahrung! – fällt leichter, zur Begrüßung eine Armbewegung mit der Bewertung *sympathisch* zu assoziieren, die den Körper öffnet, als eine, die ihn verschließt.

Aber probieren Sie es aus! Auf diesem Feld würde ich immer sagen: Mehr von dem, was funktioniert. Und: Keine Geste ist so gut, dass ich Sie während eines einstündigen Vortrags nonstop machen würde, und keine ist so schlimm, dass ich sie gar nicht machen würde.

Abwechslung heißt das Zauberwort. Mal dies, mal jenes. Im fließenden Wechsel. Wobei: Ein paar Ausnahmen gibt es. Es gibt Gesten, die ich tatsächlich eher empfehlen und solche, die ich eher vermeiden würde, zum Beispiel diese:

- Hände in die Seiten gestemmt wahlweise eine Hand schlägt vor dem Körper in die geöffnete andere Hand: Wirkt auf die meisten Menschen bedrohlich, einschüchternd, aggressiv.

- Mit den eigenen Haaren spielen (Kopf, Bart) wahlweise Körperteile kneten (Finger, Beine, Wangen, Kinn, Ohren, Nippel): Das Berühren des eigenen Körpers macht auf die meisten Menschen einen unsicheren Eindruck. Und tatsächlich neigen viele zu solchem Rumfummeln, wenn sie gerade unter Druck stehen.

- Hände in den Hosentaschen: Wirkt auf die meisten Menschen lässig – und leider auch schnell nach-lässig. Prüfen Sie genau, ob es zum Inhalt und zum Rahmen passt. Wahrscheinlich würden Sie auch nicht beide Hände in den Hosentaschen vergraben, wenn Sie durch die Tür zum Vorstellungsgespräch gehen. Aber: Als *Frau* in einer Männerrunde könnte Ihnen diese Geste wertvolle Pluspunkte bei den lässigen Jungs verschaffen…

- Hände unterhalb der Gürtelschnalle verschränken: Wir alle haben unterschiedliche Proportionen zwischen Armlänge und Oberkörperlänge. Sollten Sie so geschaffen sein, dass Ihre Hände beim entspannten Ineinanderführen deutlich unterhalb Ihrer Gürtellinie landen: Vorsicht! Sobald Sie dort mit den Fingern spielen – zum Beispiel als Mann mit den Zeigefingern nach vorn zeigen oder als Frau die Merkel-Raute formen – ernten Sie garantiert Lacher. Aber nicht aufgrund Ihrer humorvollen Formulierungen, sondern weil Sie die Blicke Ihrer Zuschauer ungewollt auf Ihr Geschlechtsteil lenken.

- Hände auf dem Rücken: Das kann sehr bequem sein, hat aber zwei Nachteile: Zum einen nehmen Sie sich damit die Möglichkeit, frei zu gestikulieren – zum anderen neigen wir dazu, diese Geste mit einem Wippen auf den Zehenspitzen zu garnieren und gegebenenfalls noch mit einem Heben des Kinns. Mit einem Wort: Sie laufen Gefahr, unsympathisch wie ein *Oberlehrer* zu wirken.

Gar nicht gestikulieren? Auch nicht gut! Auf der einen Seite nehmen Sie Ihrem Publikum eine wichtige Möglichkeit, Sie zu erleben. Auf der anderen Seite sucht sich unser Körper dann andere Wege, um Energie in Bewegung umzusetzen wie Schlenkern mit den Beinen, Kreisen mit den Hüften, ausgeprägtes Runzeln der Augenbrauen oder Wippen mit Kopf und Oberkörper. Das sind zwar auch natürliche Gesten, aber nur ein *Ersatz* für die Gesten, die authentisch entstehen, wenn Sie Ihre Hände nicht zur Bewegungslosigkeit verdonnern. Diese Zweite-Wahl-Gesten wirken nach meiner Erfahrung immer seltsam, unsicher, unsouverän, unklar und unreif.

Die Lösung

Das Wichtigste ist, eine passende *Ruhegeste* für sich zu finden. Das ist eine Position, in der Sie Ihre Hände sozusagen parken, während Sie gerade nicht gestikulieren. Aus meiner Sicht bieten sich zwei an:

- Lockeres Verschränken der Hände vor dem Körper etwa auf Höhe der Gürtelschnalle.

- Hängenlassen der Arme mit locker offenen Händen neben dem Körper. Sehr angenehm für Menschen mit großem Bauch oder großem Busen. Wichtig ist hierbei, dass Sie eine gute Körperspannung halten. Ansonsten wirkt diese Ruhegeste schnell energielos, schlaff und lustlos. Nicht die Schultern hängen lassen! (→ vgl. den Abschnitt Körper/Brust)

Was das Gestikulieren insgesamt betrifft: Gerne oft und viel. Mit einem Arm oder mit beiden. Mit und ohne Finger. Abwechslung und fließende Bewegungen sind hier Trumpf. Kraftvoll, aber nicht hektisch, pointiert aber nicht abgehackt.

Lassen Sie Ihren Körper einfach von der Leine. Als Menschen sind wir körperliche Wesen, deren Energie frei fließen will. Erforschen Sie erst einmal dem Bewegungsdrang des Körpers, und schauen Sie, welche Bewegungen sich daraus ergeben. Und dann holen Sie sich Feedback darüber, wie Sie mit diesen Gesten wirken.

Zur Größe der Gesten: Wir haben drei Gelenke, mit denen wir unsere Arme bewegen können: Schultern, Ellenbogen, Hand. In Einzelgesprächen nutze ich eher das Handgelenk; mache also eine kleine Geste. Bei kleinen Gruppen kommt der Ellenbogen stärker zum Einsatz, und bei großen Gruppen braucht's dann auch die große Geste.

Vielleicht denken Sie jetzt, …

…dass das alle furchtbar kompliziert klingt. Oder kleinkariert. Oder übertrieben. Es gibt ganz sicher leichtere Wege, über Gestik zu referieren als über *geschriebene* Sprache. Nahe liegt natürlich, die genannten Bewegungen zu *zeigen*, statt sie zu beschreiben. Hier liegen die Grenzen des Mediums Buch…

Da Sie und ich jetzt aber über dieses Buch miteinander kommunizieren und ich Ihnen kein direktes Feedback geben kann, lege ich Ihnen folgende Empfehlung ans Herz:

Bitten Sie einen Menschen Ihres Vertrauens um Rückmeldung. Dazu stellen Sie sich hin und sprechen ein bis zwei Minuten über ein beliebiges Thema. Nehmen Sie eines, wo Sie sich sicher fühlen. Treffen Sie vorab eine klare Entscheidung, mit welcher emotionalen Grundhaltung Sie sprechen – nachdenklich, motivierend, klar, aufrüttelnd, schimpfend, inspirierend… –, und legen Sie einfach los. Nicht groß drüber nachdenken. Fragen Sie Ihr Gegenüber, wie Ihre Bewegungen gewirkt haben. Natürlich ist das immer auch ein Stück Geschmacksache, aber wenn Sie immer wieder mal Rückmeldungen einsammeln, bekommen Sie mit der Zeit eine Feedback-Sammlung, aus der Sie gut etwas lernen können.

Vor dem Spiegel zu üben, empfehle ich Ihnen anfangs nicht, denn hier schleichen sich schnell Eitelkeit und Unsicherheit ein. »Wie sehe ich denn aus! O Gott, bin ich dick! Das geht ja gar nicht!« Und so weiter. Stört nur und braucht kein Mensch.

Vielleicht denken Sie ja auch, dass Sie zu viel gestikulieren und damit Ihrem Publikum auf den Geist gehen? Diese Sorge höre ich öfters, und sie war bisher immer unbegründet. Lieber etwas lebendiger als etwas langweiliger! Und wenn Sie zwischendurch immer wieder mal zur Ruhegeste zurückkehren, bieten Sie sich und Ihren Zuschauern regelmäßig kurze Momente des visuellen Ausruhens. Sollten Sie es wirklich mal übertreiben und wie ein wilder Ganter über Ihre Bühne hektiken – dann wird man Ihnen das schon sagen…

Vielleicht denken Sie ja auch, dass Sie das alles nicht brauchen, weil Sie in aller Regel *sitzend* kommunizieren. Am Besprechungstisch, im Chefsessel, als Coach/Therapeut/Berater. Alles, was ich in diesem Kapitel gesagt habe, gilt fürs Stehen wie fürs Sitzen. Auch auf dem Stuhl können und sollen wir unsere Arme und Hände bewegen. Auch im Sessel sollten wir vermeiden, an uns herumzuspielen oder herum zu fläzen. Die genannten Prinzipien bleiben die gleichen.

2. Statussignale

Überzeugen ohne Worte

Kompetenz und Sympathie ausstrahlen durch kleine Hebel mit großer Wirkung

Die Situation

In der Berufswelt: Da ist der Chef, der permanent hin- und her schwenkt. In einem Moment macht er eine klare Ansage, im nächsten sucht er Nähe und erzählt private Probleme. Um danach wieder unmissverständlich bessere Leistung zu verlangen und dann kundzutun, dass ihm sein Job auch manchmal zu viel ist.

In der Vorweihnachtszeit. Brechend volle Fußgängerzone. Ständig kommen Ihnen Menschen entgegen. Sie gehen weiter, Sie weichen aus. Schließlich erreichen Sie Ihr Ziel, ohne ernsthaft mit anderen Passanten zu kollidieren. So wie die anderen auch.

Das Problem

Das Problem beim Chef: Seine Mitarbeiter können ihn nicht einschätzen. Er nimmt seine Führungsrolle nicht konsequent ein. Die Folge dieses – tatsächlich so erlebten – Verhaltens war übrigens die Entlassung dieser Führungskraft.

Jede Kommunikation ist eine Klärung des Status. In jeder Begegnung klären wir, wer im *Hochstatus* ist und wer im *Tiefstatus*. Wer den anderen verändert und wer sich verändern lässt. Wer führt. Wer folgt.

Wir kommen aus der Nummer nicht raus! Jeder nimmt immer einen Status ein und gleicht ihn in Begegnungen mit anderen Menschen ab. Immer.

In der Fußgängerzone haben Sie wahrscheinlich nicht ein einziges Mal einen der entgegenkommenden Menschen *angesprochen*: »Guten Tag. Mein Name ist Bond. Ich würde gerne gern links an Ihnen vorbei gehen. Ist Ihnen das recht? Vielleicht könnten Sie die andere Seite nehmen? Danke.« Sie haben nicht miteinander gesprochen. Trotzdem gab es keine Rempeleien – wie kann das sein?

Unser System erkennt blitzschnell, mit welcher inneren Haltung der andere auftritt. Und da beiden im Normalfall daran gelegen ist, ohne Ärger und Verletzung aneinander vorbei zu kommen, stimmen sich unsere inneren Status-Administratoren im mentalen Hinterzimmer unbewusst darüber ab, wer entscheidet, wo es wortwörtlich lang geht – und wer sich dieser Entscheidung fügt. gelegentlich kommt es dazu, dass beide exakt im selben Status sind und sich beinah die Köpfe einrennen, weil beide zum selben Zeitpunkt denselben Weg nehmen bzw. zur selben Seite ausweichen.

Ebenfalls unausweichlich ist der Einfluss, den unser Status auf unsere Wirkung und Ausstrahlung hat.

Die Lösung

Da Status-Vergleich immer stattfindet, macht es Sinn, die Selbstwahrnehmung zu schärfen, wann man welchen Status einnimmt. Es ist hilfreich, die Entscheidung über die Wahl des Status immer öfter bewusst und absichtsvoll zu fällen. Auf diese Weise gestaltet man die eigene Wirkung souveräner und vermeidet ungewollte kommunikative Botschaften.

»Nur wer weiß, wie er wirkt, kann wirklich gut wirken!«, sagt Dr. Franziska Fuchs. Um unseren Status absichtsvoll zu steuern, brauchen wir ein Wissen über die Signale, mit denen wir unseren Status kommunizieren. Ein Wissen darüber, welche inneren und äußeren Haltungen eher für Hoch- und welche eher für Tiefstatus sorgen.

Statussignale gibt es in Hülle und Fülle; die bedeutsamsten finden Sie hier. Sie sind in 6 Bereiche gebündelt, die bisweilen auch ineinander spielen.

Wichtig #1: Kein Status ist besser als der andere. Hoch heißt nicht stark oder gut, und tief heißt nicht schwach oder falsch. Es kommt immer darauf an, worum es geht.

Wichtig #2: Kommunikation wird dauerhaft nur dann angenehm gelingen, wenn jeder immer wieder zwischen den Status wechselt. Mal führt der eine, mal der andere. Geschieht dies nicht, geht es bald schief: Bleiben beide im Tiefstatus, führt das schnell zu unerträglicher Harmoniesoße und Langeweile. Bleiben beide im Hochstatus, locken Eskalation und Streit.

So wie beim Tanzen. Tango, Walzer, Rumba vereinen ein perfektes Ineinandergreifen von Führen und Folgen. Oder wie bei Ihrem letzten ersten Date: Sie sitzen Ihrem Schwarm im Restaurant gegenüber. Mal reden Sie und Ihr Gegenüber hört aufmerksam zu – danach ist es umgekehrt. Ein Geben und Nehmen, ein Tanz der Kommunikation.

SIGNALE MIT DEN AUGEN

Für unsere Kultur essenziell ist der Blickkontakt. Wer einem Menschen nicht in die Augen schauen und einem Blick nicht standhalten kann, hat es schwer, sich durchzusetzen. Schon kleine Kinder ahnen, wie wichtig diese Fähigkeit ist und spielen »Wer zuerst wegguckt, hat verloren«.

Später wird es in Verhandlungssituationen besonders deutlich. Man sitzt sich gegenüber, platziert seine Forderungen, und schaut sich an. Schaut und schaut. Jeder versucht, nicht als erster weiterzureden. Blickkontakt als Ausdruck von Macht und Stärke, als personifizierter Hochstatus. Unzählige Male bewundert in Kino und Fernsehen, wenn der Held mit unbewegter Miene dem Bösewicht in die Augen schaut.

Aber auch der Tiefstatus hat seinen Platz. Im Flirt nehmen beide potenziellen Sexualpartner ersten Blickkontakt auf. Wenn sie grundsätzlich Interesse haben, schauen sie etwas länger als normal, und dann schaut sie: weg! Ja, sie weicht seinem Blickkontakt aus und signalisiert ihm damit: »Ich bin ungefährlich, ich tue Dir nichts, Du kannst Dich trauen, aktiv zu werden und mich anzusprechen.« In dieser Situation macht es also hochgradig Sinn, den Tiefstatus zu nutzen, um zum gewünschten Ziel zu kommen.

Bei den oben erwähnten Kinohelden oder auch in manchen Verhandlungssituationen kommt zudem das sogenannte Pokerface zum Einsatz. Eine Art aktives Nichts-Tun. Wir vermeiden bewusst jegliche Mimik; nehmen also unserem Gesprächspartner die zentrale Möglichkeit, uns zu lesen. Uns Menschen ist es wichtig, dass wir Andere – insbesondere Menschen, die uns nicht vertraut sind – schnell einschätzen können: Freund oder Feind? In Ordnung oder gefährlich? Die Fähigkeit, einen Fremden in unmittelbar treffsicher zu vorurteilen, kann bis heute über Leben und Tod entscheiden. Im Poker und in Hollywood hat man diese Kompetenz zur Kunstform erhoben, und Kinder spielen »Wer zuerst lacht, hat verloren«.

Wem es hingegen wichtig ist, in Kontakt zu kommen, der wird gerade nicht auf Mimik verzichten, sondern dafür sorgen, dass sein Gesicht sozusagen durchsichtig wird. Dies wirkt dann wie eine Einladung sich zu begegnen.

Auf jemanden herabschauen; zu jemandem aufschauen – mental oder wortwörtlich – demonstriert sehr augenscheinlich den Status. Nicht umsonst heißt es, man wolle sich auf Augenhöhe begegnen, um eine Kommunikation angenehmer zu gestalten und nicht unnötig zu erschweren.

Ein Ausdruck von Tiefstatus, der eher Unsicherheit verströmt, ist dagegen das unbewusst aufgesetzte Dauerlächeln. Lächeln als Maske, Lächeln als Schutz.

Uns Menschen stehen eine ganze Reihe von Verhaltensweisen zur Verfügung, die wir benutzen können, wenn wir uns nicht mehr zu helfen wissen; wenn unsere innere Souveränität zerbröselt. Zittern, zucken, zappeln – und eben lächeln (oder nervös blinzeln), selbst wenn uns dazu gerade überhaupt nicht zumute ist. Je weniger selbstbewusst wir uns geben, desto schwieriger wird es jedoch, einem Blick oder einem verbalen Angriff standzuhalten.

SIGNALE MIT DEM HALS

Im Kapitel *Körper* und dort im Abschnitt über Kopf und Kinn habe ich hierüber schon geschrieben. Den Kopf gerade zu halten oder – wenn besondere Dominanz gezeigt werden soll – leicht anzuheben, signalisiert Hochstatus; ein gesenkter oder zur Seite geneigter Kopf in aller Regel Tiefstatus. Je sanfter ein

Kontakt sein soll, desto eher wird der Tiefstatus hilfreich sein – je mehr es um Souveränität geht und um Sich-Durchsetzen, desto mehr müssen wir uns gerade machen und den Hochstatus einnehmen.

SIGNALE MIT DEM MUND

Eines der machtvollsten Hochstatus-Signale ist die Pause (→ vgl. den Abschnitt Körper/Pause). Die Pause als ein absichtsvolles Nicht-Sprechen. Gerade wenn wir nervös sind, unter Druck stehen, Lampenfieber haben, neigen wir dazu, schnell und rastlos zu sprechen. Umso wirkungsvoller das Stilmittel der Pause. Wer sich traut, nichts zu sagen, der traut sich was. Dabei geht es nicht darum, minutenlang zu schweigen – bitte nicht! – sondern ein Gefühl dafür zu entwickeln, wie lang üblicherweise nicht gesprochen wird, und diese übliche Zeitspanne bewusst auszudehnen.

Beispiel: Wenn sich zwei Menschen begegnen, gibt es diesen kurzen Moment des Erkennens und Anschauens, bevor die verbale Begrüßung einsetzt. Wenn Sie als Referent vor eine Gruppe treten, gibt es diesen kurzen Moment des Ankommens und des Redebeginns. Probieren Sie es einmal aus, welche Wirkung sich entfaltet, wenn Sie diese Zeitspanne verdoppeln oder verdreifachen. Mit ruhigem Blickkontakt, in voller Aufmerksamkeit! Anfangs mag das unmöglich erscheinen, und Sie denken vielleicht, dass man das nicht bringen könne, oder dass Sie das nicht aushalten. Mag sein, aber probieren Sie es trotzdem. Auf der nach oben offenen Souveränitätsskala werden Sie ein paar ordentliche Sprünge machen.

Gelobt, unterbrochen, angewiesen und angegeben wird von oben nach unten, sprich, es ist Ausdruck von Hochstatus. Besonders deutlich zeigt sich das in hierarchischen Verhältnissen. Wenn der Chef den Azubi unterbricht, ist das zwar unhöflich, wird aber als legitim akzeptiert. Und der Assistent wird sich hüten, seiner Chefin einen Befehl zu erteilen.

Wir alle kennen diese unangenehmen Zeitgenossen, die im Meeting dauerquasseln und prahlen, dass sich die Balken biegen. Das ist nicht nur nervig, sondern zwingt uns als still leidende Zuhörer auch in den Tiefstatus. Wenn Sie das nicht mehr wollen, machen Sie folgendes Experiment: Nehmen Sie eine beliebige Stelle im Vortrag des Quassel-Kollegen, und unterbrechen Sie ihn. Suchen Sie nicht lange nach einer geeigneten Stelle. Einfach rein! Ruhig, ohne Hast, ohne Ärger.

Ganz selbstverständlich. Seien Sie sicher: Das Signal wird verstanden, und Ihr Status erhöht sich.

Wer im Hochstatus ist, wird eher laut und direkt sprechen als leise und überhöflich.

Was ganz sicher im Tiefstatus mündet, ist das Verschwurbeln; das Reden vom Hölzchen zum Stöckchen. Beispiel: Frau bringt ein neues Kleidungsstück nach Hause. Mann fragt:»Das ist ja schön! Woher hast Du es?« – Frau antwortet »Ich bin heute morgen in die Stadt gefahren. Und da dachte ich mir, es wäre schön, erst mal einen Kaffee zu trinken. Da gibt's ja jetzt dieses neue Café am Platz. Superschön. Und Du glaubst es nicht, da hab ich die Tina getroffen. Du kannst Dir nicht vorstellen, was da zu Hause los ist. Dagegen sind unsere Probleme echt ein Pups. Na, ich hab mich da richtig festgequatscht. Danach bin ich dann zum A&B, aber die hatten wirklich nichts. Schrecklich, diese Saison. Nur Müllsäcke. Also bin ich rüber, da hat ja jetzt der neue CDE aufgemacht. Super süße Sachen haben die. Aber viel zu teuer. Ich bin dann doch wieder in die Boutique, wo ich so gerne hingehe, und da hatten sie noch genau ein Teil in meiner Größe. Da musste ich natürlich sofort zugreifen. Dann bin ich…« – »Danke! Das wollte ich wissen.«

Es gibt gute Gründe, viele Worte zu machen, den Tiefstatus zu wählen. Zum Beispiel hier:

Mann kommt nach Hause. Frau fragt: »Hallo Schatz, wie war dein Tag?« – Mann sagt: »Gut.« – Frau denkt: »Na fein, dass wir geredet haben…« (Auch gegenseitig möglich…).

Wenn es um wahrhaftige Beziehungen geht; wenn es darum geht, in tieferen Kontakt zu kommen, dann sind mehr Worte oft unbedingt angemessen. Hier ermöglicht der Tiefstatus Begegnung und emotionalen Austausch. Bei der reinen Übermittlung von *Informationen* hilft uns der Hochstatus weiter. Kurze Sätze, schnell auf den Punkt. (→ vgl. den Abschnitt Formulieren/Konjunktive)

Ich erinnere noch mal an die Regel, dass die Statussignale selbst *wertfrei* sind und kein Status besser ist als der andere.

Tiefstatus ist natürlich auch dann angesagt, wenn der Andere ängstlich oder traurig ist. Ganz instinktiv senken wir unsere Stimme und werden vager in unsere Formulierungen. Taktgefühl eben.

Schließlich noch: Wer fragt, der führt, und wer Antworten verweigert, der dominiert.

Hochstatus braucht nicht zwingend das markige Statement. Sie können sich auch dadurch in eine führende Position bringen, indem Sie Fragen stellen. Fragen, die keine Bitten sind, sondern Fragen, die den anderen in Zugzwang bringen; vielleicht sogar ins Schwitzen. Oder umgekehrt: Ihr Gegenüber fragt Sie etwas, und Sie verweigern einfach die Antwort... Ja, das ist unhöflich, und ja, dafür braucht man schon mächtig Cojones. Aber es wirkt!

Wenn wir über Statussignale diskutieren, höre ich fast immer den Einwand: »Das kann man doch nicht machen! Da ist ja unhöflich! Ich will doch niemanden verletzen!« Und so weiter. Alles richtig, aber: Dass diese Signale das Zeug dazu haben, uns selbst auf Kosten anderer zu erhöhen, heißt nicht, dass wir das auch tun *müssen*. Es ist wie beim Messer. Das Messer kann Andere verletzen – und ich kann damit Leben retten oder einen Knoten lösen oder ein Brot schmieren.

In diesem Kapitel über Statussignale geht es erst einmal darum, zu erkennen, *wie* die einzelnen Signale wirken. Und darum anzuerkennen, dass in jeder menschlichen Begegnung immer auch eine Statusklärung stattfindet. Die Signale selbst sind wertfrei.

Hochstatus heißt nicht, dass Sie andere unterbuttern müssen oder gar sollen. Wenn Sie allerdings wissen wollen, wie Sie sich durchsetzen und Respekt erwerben und warum Ihnen das Verhalten mancher Zeitgenossen so auf den Keks geht, dann macht es unbedingt Sinn, sich mit den Signalen des Hochstatus auseinander zu setzen.

Natürlich gilt: Viele Menschen, die in machtvollen Positionen sitzen, haben verlernt, in der passenden Situation in den Tiefstatus zu gehen. Sie poltern durchs Leben, dass die Schwarte kracht. Ein Blick in manche Führungsetage, in die Politik oder samstagabends ins Ausgehviertel genügt. Hier wimmelt es von Menschen, die eine reife und erwachsene Souveränität mit pubertärem und brutalem Dominanzgehabe verwechseln.

SIGNALE MIT DEN HÄNDEN

Ein Klassiker aus der Welt der Büro-Ekel: Chef tritt hinter sitzende Sekretärin, legt ihr seine Hand auf die Schulter und fragt nach dem Stand der Dinge. Wer nur einen Hauch Empathie besitzt, spürt sofort das Abstoßende dieser Situation. Aber was genau macht sie so schlimm? Der Chef war weder laut noch vulgär oder unfreundlich, er hat keine Schmerzen zugefügt. Und doch geht sein Verhalten gar nicht.

Jeden von uns umgibt eine unsichtbare Zone, die vom Körper weg ungefähr so groß ist wie eine Armlänge: Die Intimzone. Die Größe dieser Zone variiert nach kulturellen und individuellen Maßstäben.

Wir mögen es nicht, wenn uns Andere ohne Erlaubnis zu nahekommen; wir empfinden das als ein Ein-*dringen*, als einen Über-*griff*. Schon die Wortwahl zeigt, wie physisch, wie körperlich wir diesen unsichtbaren Raum empfinden. Er ist beileibe nicht nur eine Vokabel.

Was aber hat das mit Status zu tun?

Wer einen anderen Menschen berührt, dem wird in aller Regel der Hochstatus zugeschrieben; wer sich berühren lässt, der Tiefstatus. Und zwar im Sinne von Dominanz und Unterwerfung. Wenn so etwas im beruflichen Kontext passiert, in einem hierarchischen Abhängigkeitsverhältnis, potenziert sich diese Empfindung noch einmal.

Viel öfter zeigt sich das Statussignal der Berührung allerdings subtiler. Denken Sie nur an die Bilder im Fernsehen, wenn sich Politiker begrüßen. Sie geben sich die Hand, und zusätzlich berührt einer der beiden mit seiner anderen Hand den Körper seines Gegenübers. Diese Botschaft braucht keine Worte und ist glasklar: »Ich Keks, du Krümel.«

Ich habe mir mal folgenden Spaß erlaubt. In einem Restaurant traf ich zufällig einen ehemaligen Chef-Chef-Chef wieder. Wir lachten uns freundlich an und schüttelten uns die Hände. Und dann habe ich es gewagt, meine linke Hand noch auf seinen rechten Unterarm zu legen. Sein Gesicht sprach Bände! Binnen Millisekunden erstarrte er ob dieser Frechheit – und zack! hatte ich seine Linke auf meiner rechten Schulter. Und er konnte sich wieder entspannen; hatte er doch das alte Machtgefüge wiederhergestellt.

Einmal unabhängig davon, dass ein Eindringen in die Intimzone unangenehm und unangemessen sein kann: Berühren erfordert Mut. Diesen assoziieren wir in der Regel mit Hochstatus – und das Gewährenlassen mit Tiefstatus.

Flirt-Ratgeber empfehlen Männern, Frauen, die sie erobern wollen, so schnell wie möglich zu berühren. Nicht erst lange reden! Wer sich beim Baggern aufs Reden beschränkt, dem wird zwar gerne das Etikett *Toller Gesprächspartner* verliehen, aber oftmals auch eines mit der Aufschrift *Sexuell unattraktiv*. Eine fremde Frau zu Beginn der Kontaktaufnahme zu berühren, braucht Mut. Die Kunst ist es, dieses Hochstatussignal kreativ-charmant zu platzieren und nicht plump und übergriffig.

Wichtig: Niemand muss eine ungewollte Berührung dulden! Jeder hat jederzeit das Recht, sich dagegen zu verwehren. Man kann sich abwenden, aufstehen, einen Schritt nach hinten gehen, das Anfassen thematisieren, sich beschweren, Hilfe holen oder weggehen. Leider verfallen wir oft in überraschte Schockstarre und hören unseren inneren Beschwichtiger sagen »Ist doch nicht so schlimm. Lächle einfach.« Menschlich, aber demütigend.

Vielleicht denken Sie jetzt, dass das Leben ganz schon kompliziert wird, wenn man alle Berührungen verbietet. Da haben Sie recht. Das Leben würde dadurch wirklich fad. Schauen Sie einfach, dass Ihre Berührung erwünscht oder zumindest ok ist. Bei mir beschwerte sich mal ein Mann, dass seine neue Chefin jeden im Team wie selbstverständlich umarmt und er das nicht möchte. Ein anderer bekam den Vorwurf zu hören, er würde seine Mitarbeiterinnen begrapschen, dabei nutzte er einfach nur ab und an die Geste des hemdsärmeligen Schulterklopfens. Beide Führungskräfte waren nicht böse. Sie hatten nur noch kein Gespür dafür entwickelt, ob ihre Art des körperlichen Umgangs von ihren Mitarbeitern auch gewollt wird.

Daher: Umarmen Sie, berühren Sie, privat wie im Business – aber nur, wenn es keine Zweifel gibt, dass die Berührten das auch wollen. Wenn Sie nur einen Hauch von Zweifel spüren: lassen Sie es! Ganz im Sinne der Regel: »Nur ein euphorisches Ja ist ein Ja.«

Und wenn es mal schief geht: Entschuldigen Sie sich!

Ein hilfreicher Maßstab können auch die beiden Fragen sein: Bin ich gerade nur locker-freundlich, oder gibt es in mir auch einen Anteil, der gerne seinen Machtanspruch zeigen will? Würde ich diese Berührung auch hierarchisch nach oben wagen oder ausschließlich nach unten? Die Sache ist klar, oder?

Berührung als Statussignal hat noch einen zweiten Aspekt, der oft unterschätzt wird. Viele Menschen neigen dazu, bei Stress an sich herumzufummeln: Den

Bart kraulen, Löckchen drehen, Haarsträhnen ziehen, das Kinn kneten, die Stirn massieren, Hände kneten, Oberschenkel reiben, Nägel kauen usw. Sie berühren sich selbst, und die Wirkung ist die gleiche. Wer sich vor den Augen Anderer berührt – insbesondere in wichtigen Momenten wie Präsentation, Diskussion, Konfliktgespräch, Verhandlung etc. – dem wird in der Regel ebenfalls Unsicherheit unterstellt. Er versetzt sich sozusagen selbst in den Tiefstatus.

Das ist auch ein wesentlicher Grund dafür, dass Raucherrunden so entspannt sind; ganz unabhängig von Rang und Hierarchie der Beteiligten. Neben den Aspekten Genuss und Entspannung gibt es hier noch das Moment, dass man im *Kreis* steht, sich für alle sichtbar im Gesicht *berührt* und damit die Botschaft sendet: »Sieh her! Für die Dauer einer Zigarette bin ich Dein Freund und damit ungefährlich.« Friedenspfeife im Miniformat sozusagen.

Ein weiterer Aspekt der Selbst-Berührung: Schauen Sie sich an, was Sie mit Ihren Händen machen, während Sie sitzen. Setzen Sie sich auf Ihre Hände? Legen Sie sie auf die Knie? Krallen Sie sich an den Stuhllehnen fest? Wenn ja, probieren Sie mal, welche Wirkung Sie erzielen, wenn Sie Ihre Hände bewusst lockerlassen. Auf Ihren Beinen oder auf der Lehne, egal. Die subtile und doch eindeutige Botschaft lautet: »Das Gespräch ist zwar fordernd, aber ich bleibe locker und entspannt – sieh auf meine Hände!« Und das Schöne: Das Ganze wirkt nicht nur auf Ihren Gesprächspartner, sondern auch nach innen. Sie nähren damit Ihre Gelassenheit und stärken Ihr Selbstbewusstsein.

SIGNALE MIT ALLEM

Wenn Sie bis hierhin gelesen haben, wird es Sie nicht überraschen, dass folgende Signale meist als Hochstatus gelesen werden:

Sich Raum nehmen, sich Zeit nehmen / warten lassen, gewähren, retten, eindringen, nehmen, zielgerichtet handeln, beherzt ins Tun gehen, aktiv führen, aufrecht und energisch.

Als Tiefstatus wird gesehen:

Sich klein machen, überpünktlich sein / warten, erbitten, Opfer sein, aufnehmen, geben, sich treiben lassen, abwarten, passiv folgen, gebeugt, zögerlich.

Auch hier: Lassen Sie uns nicht um Begriffe streiten; man kann alles umdeuten. Es geht immer um den Gesamteindruck und die grundsätzlich durchscheinende Haltung.

Es ist verblüffend, wie sehr eine Kleinigkeit einen Gesamteindruck zerstören kann: wer beispielsweise mit hängenden Schultern zögerlich nach vorne geht, um eine Präsentation zu halten und sich dort auch nicht mehr gerade macht, wird es auch mit klugen Worten, einer tollen Stimme und einem offenen Blick schwer haben, diesen ersten (Tiefstatus-) Eindruck wieder wettzumachen. Und wer zu Verabredungen immer zu spät kommt, braucht sich nicht zu wundern, dass man ihn unsympathisch findet – auch wenn ansonsten alles im Lot ist.

»Es kann der Frömmste nicht in Frieden leben, wenn es dem bösen Nachbar nicht gefällt«, dichtete Friedrich Schiller in »Wilhelm Tell«. Das ist zwar schon über 200 Jahre her, aber Schillers Botschaft ist heute noch aktuell: Wenn jemand an unserem Stuhl sägt, wenn uns jemand mobbt, wenn jemand gegen uns intrigiert, dann müssen wir kämpfen (sofern uns das stört und wir diese Störung beenden wollen). Ich erlebe häufig Menschen, die hoffen, dass der böse Nachbar lieb wird, wenn sie nur lang und geduldig genug abwarten. Ich habe aber noch nie erlebt, dass diese Hoffnung auch erfüllt wird. Im Gegenteil: ein Chef, der unangemessenes Verhalten duldet, signalisiert dem gesamten Team »Mit mir kann man's ja machen«. Und dann macht das Team das auch. »Wer sich nicht wehrt, lebt verkehrt«, lautet eine Redensart, und Rio Reiser rief »Macht kaputt, was euch kaputt macht«.

Also: Das Verteidigen des eigenen Reviers ist ein kraftvolles Hochstatussignal. Ein Sich-Einrichten im Opfer-Status verströmt dagegen nie Respekt. Wer führen will, muss bereit sein, Macht anzunehmen und auszuüben. Wer dorthin geht, wo gekämpft wird, ebenfalls. Das ist nichts Verwerfliches, gleichwohl Macht immer noch von vielen als irgendwie unanständig abgewertet wird. Das ist schade, denn ohne Macht kann ich nicht viel machen und lande schnell in einer unangenehmen Form von Tiefstatus. Dort warte ich dann klagend und duldend auf rettende Hilfe oder gar auf eine Beförderung. Aber das geschieht nicht. Wir bekommen im Leben nur das, was wir fordern. Die Ausnahmen von dieser Regel dürfen wir genießen, aber die Regel bleibt.

Daher: Die Bereitschaft, Macht anzunehmen und auszuüben, ist ein wesentliches Hochstatussignal für alle, die auf der Karriereleiter oder als Unternehmer weiterkommen wollen. Ja, es gibt die Ausnahmen, die es durch Betrug, Schleimen, Erpressung oder Korruption schaffen. Aber wollen Sie ernsthaft dazu zählen? Und auch diese Verhaltensweisen sind eine (wenn auch pervertierte) Form von Machtausübung.

By the way: Wenn Sie das Wort *Macht* unangenehm finden, sprechen Sie einfach von *Empowerment*...

SIGNALE MIT DEM GEIST

Wer Menschen führen will, muss eine Entscheidung treffen. Und je höher die Hierarchiestufe, desto klarer: Will ich geliebt, oder möchte ich respektiert werden? Geht es mir im Kern darum, dass man mich mag oder dass man mich für mein Handeln schätzt? Tiefstatus oder Hochstatus?

Meine persönliche Erfahrung: Wer im Beruf in erster Linie nach Zuwendung sucht, wird sich kaum Respekt verdienen und oft auch nicht gemocht werden. Denn er ist nicht oder nur eingeschränkt in der Lage, Konflikte auszuhalten, Macht auszuüben, unangenehme Entscheidungen zu treffen. Genau dafür aber wird eine Führungskraft bezahlt; genau deswegen bekommt sie mehr Geld als die Mitarbeiter. Ich habe beides erlebt. Chefs, die letztlich nach der Liebe suchen, die sie als Kind nicht bekommen haben und Chefs, die sich darauf konzentrierten, dass Ihr Handeln respektabel war. Erstere kamen nicht weit, letztere schon – und wurden auf Dauer sogar immer auch gemocht. Nur umgehört funktioniert das nicht. Ein kleiner Test: Denken Sie an die Lehrer Ihrer Schulzeit. Wer fällt Ihnen spontan ein? Wahrscheinlich eher die harten Hunde als die weichen Grenzenlosen.

Ohne jetzt in eine Diskussion darüber abzugleiten, was gute Führung ausmacht, mag ich an dieser Stelle festhalten: Hochstatus und Tiefstatus können auf vielerlei Weise signalisiert werden. Diese vielen Signale kann man in Liebe/Nähe/Wir (Tiefstatus) bzw. Respekt/Distanz/Ich (Hochstatus) clustern.

So zeigt sich noch einmal, was ich vorhin schon behauptet habe: Kommunikation wird dann erfolgreich, wenn wir *beide* Status einnehmen können. Wer dauerhaft auf nur einer Seite bleibt, wirkt servil bzw. überheblich.

Welche innere Ausrichtung sendet noch Hochstatus?

- Ein Sinn für Konkurrenz, Wirkung und Wille – gegenüber Kooperation, Bienenfleiß und Lassen.
- Im Außen sein, aggressiv und linear-trennend – gegenüber Innigkeit, Verbindlichkeit und Ambivalenzfähigkeit
- Selbst-Definition über Leistung und Geliebt-Fühlen durch Sex – gegenüber Selbst-Definition durch So-Sein und Geliebt-Fühlen durch Nähe

- Zahlen-Daten-Fakten, Wissen, Haben – gegenüber Emotion, Intuition, Sein

Sie ahnen es schon. Das Thema Status weist Parallelen zu der Frage auf: Was ist weiblich? Was ist männlich? Yin und Yang. An dieser Stelle krachen mit voller Wucht die archetypischen und stereotypen Geschlechterbilder in die Debatte. Für den Moment lassen wie sie einfach erst mal krachen und kümmern uns später im Kapitel *Mann-Frau-Kommunikation* darum – an dieser Stelle konzentrieren wir uns noch ganz auf den Status-Aspekt.

Zum Schluss möchte ich zwei Statussignale erwähnen, die aus meiner Sicht einen ganz besonderen Charme besitzen.

Sie haben jetzt viele Signale kennengelernt, die Souveränität über ein eher dominantes, kraftvolles Verhalten vermitteln. Eine andere, ganz wunderbare Möglichkeit, in den Hochstatus zu gehen, ist Humor. Humor im Sinne von: Nicht gleich alles persönlich nehmen. Mal Fünfe gerade sein lassen. Sich nicht so wichtig nehmen. Über sich selbst lachen.

Bitte verwechseln Sie das nicht mit dem Erzählen von Witzen oder dem Reißen dummer Sprüche. Das hat damit gar nichts zu tun. Mit Humor meine ich eine Haltung sich selbst, dem Anderen und der Welt gegenüber. Eine Haltung, die sich sowohl selbstbewusst als auch dezent, erwachsen und mit einem Lächeln im Herzen zeigt.

Nicht alles gleich persönlich nehmen heißt auch nicht, alles zu dulden! Hören Sie auf Ihr Herz und Ihren Bauch: War das, was der Kollege da losgelassen hat, wirklich witzig – oder ging das unter Ihre seelische Gürtellinie? Dann heißt es Grenzensetzen! Die Instrumente dafür kennen Sie ja jetzt (später folgen noch weitere).

Eine schöne Metapher für angenehmen Hochstatus ist für mich das Bild eines guten Gastgebers. Ein Gastgeber ist jederzeit Herr im eigenen Hause und kümmert sich zugleich aufmerksam um seine Gäste: Fühlen sie sich wohl? Haben sie zu essen und zu trinken? Lernen sich die Menschen kennen? Stimmt die Atmosphäre? Kommen alle gut nach Hause? Der gute Gastgeber freut sich über die unterhaltsamen, freundlichen Gäste, und er komplimentiert die hinaus, die seine Gastfreundschaft missbrauchen.

In diesem Sinne ist auch das Tiefstatus-Pendant von großer Bedeutung. Als Gast platze ich nicht einfach hinein, zum Beispiel in eine Geburtstagsfeier oder in ein Vorstellungsgespräch oder als Berater in eine Teambesprechung. Zunächst ist vornehme Zurückhaltung angezeigt, und erst wenn der Gastgeber dem Gast Raum gewährt, wechselt der Gast in den Hochstatus.

Die beiden letztgenannten Statussignale zeigen noch etwas. Wer bewusst und angemessen in den Tiefstatus geht, sich dabei nicht klein macht oder unter Wert verkauft, strahlt ebenfalls Souveränität aus. Eine, die leiser und langsamer ist als die Hochstatus-Souveränität, aber dennoch präsent und wirkungsvoll. Genauso wirkt jemand, der permanent beweisen muss, wie stark er ist, am Ende peinlich und schwach. In jeder Stärke ist die Schwäche schon angelegt. Und umgekehrt.

Vielleicht denken Sie jetzt, …

…wie soll ich denn auf so viele Sachen achten, wenn ich kommuniziere? Da haben Sie recht; das geht nicht. Was aber geht, ist folgendes:

Suchen Sie sich *ein* Statussignal aus, das Sie in Zukunft gerne steuern möchten, und üben Sie es im Alltag ein. Erst in eher unkritischen Situationen; danach können Sie mutiger werden. Dann nehmen Sie sich das nächste Signal. Bald werden Sie merken, dass es immer leichter wird, dass ein Signal das nächste leichtfüßig hinter sich herzieht. Geduld, Beharrlichkeit, Vertrauen.

Ebenfalls hilfreich: Wenn Sie ein Signal identifiziert haben, das Sie bei sich selbst beobachten, aber nicht mögen – dann suchen Sie sich das geeignete Gegen-Signal und konzentrieren Sie sich eine Weile genau darauf. Eine unerwünschte Verhaltensweise zu lassen, gelingt leichter, wenn Sie dafür eine andere stärken. Beispiel: Wenn Sie auch in Situationen lächeln, in denen Ihnen eigentlich zum Heulen zumute wäre, dann trainieren Sie Ihr Pokerface. Das kann sehr befreiend wirken!

Vielleicht denken Sie ja auch, dass das Einnehmen von Hochstatus ein Zeichen von Überheblichkeit oder das Einnehmen von Tiefstatus ein Zeichen von Unterwürfigkeit sei. Das kann es natürlich sein. Aber nur dann, wenn Sie es in der entsprechenden inneren Ausrichtung tun – und wenn Sie es mit dem Signal *übertreiben*.

Noch einmal: Kein Status ist besser als der andere und erst einmal wertfrei.

Ein klarer, kraftvoller Händedruck verströmt in angenehmer Weise Selbstbewusstsein. Ein übertriebener Händedruck verströmt Rücksichtslosigkeit durch

Schmerz. Den anderen ausreden lassen, wirkt sympathisch. Sich in Sprachlosigkeit zutexten zu lassen, wirkt unterwürfig.

Es geht hier – wie so oft im Auftreten – um Maß, Balance und Taktgefühl. Jeder Versuch, Kommunikation mit Regeln, Paragrafen, Normen zu gestalten, muss fehlschlagen. Nicht nur Schwarz oder Weiß. Auch alles dazwischen und der Wechsel dazwischen.

Noch ein letzter Tipp: Betrachten Sie das Ganze wie ein *Spiel*. Es macht Spaß, auf der Klaviatur der Statussignale zu spielen. Sich auszuprobieren, Reaktionen zu provozieren, Wirkungen zu testen. Mal erreichen Sie, was Sie wollten, mal nicht. Das ist wie eine Forschungsreise. Ein Umfeld, wo uns das ganz selbstverständlich geläufig ist, ist der bereits erwähnte Flirt. Flirten ist ein Tanz zwischen Führen und Folgen, zwischen Dominieren und Sich-Fügen, zwischen Erobern und Locken, zwischen Nehmen und Genommen-Werden. Achten Sie einfach auf Ihr Gegenüber, um unnötige Grenzverletzungen zu vermeiden, und achten Sie auf sich selbst, ob Sie sich noch wohlfühlen. Viel Spaß!

3. Stimme

Hörbar klar kompetent

Damit sich gut anhört, was Sie zu sagen haben

»Die Stimme ist ein Aphrodisiakum, eine Verführerin«
- Bernhard Borgeest

»Wenn man das Wort mit dem falschen Klang sagt, ist alles verloren.«
- Sophie Rois

»Lebensfreude, Lebensenergie, Lebenslust will sich manifestieren durch Stimme.«
- Waltraud Meier

Der Ton macht die Musik

Worte sind Schall und Rauch

Im Brustton der Überzeugung

Das *stimmt*, sagen wir, wenn wir zum Ausdruck bringen wollen, dass etwas richtig ist. Wir *stimmen* uns ein, bevor wir zu einer wichtigen Begegnung gehen, damit wir auf der Skala unserer emotionalen *Gestimmtheit* nicht zu hoch und nicht zu tief ausschlagen. Das ist *stimmig* – so bringen wir unsere Anerkennung darüber zum Ausdruck, dass hier etwas im rechten Maß ist. Der Musiker *stimmt* sein Instrument, damit es die gewollten Töne korrekt hervorbringt.

Wir alle haben ein gutes Gespür dafür, ob sich eine Stimme gut anhört; selbst wenn wir nicht bestimmen können, was genau an ihr gut oder eben nicht gut klingt. Wir wenden uns ab – innerlich oder tatsächlich –, wenn wir jemanden nicht hören können, und mit *können* ist hier *wollen* gemeint, aber im Grunde ist es doch wirklich ein Nicht-Können, denn es bedarf oft superheldenähnlicher Kräfte, den Klang einer unangenehmen Stimme zu ertragen.

Ob wir den Klang einer Stimme mögen, hängt zum Einen davon ab, ob sie stimmig ist; ob also Tonhöhe, Lautstärke, Tempo, Betonung etc. im rechten Maß aufeinander und auf den Inhalt und den Rahmen und den Zuhörer abgestimmt sind, ob die Stimme gesund ist, ob sie auf einem guten mentalen Fundament ruht usw.

Zum anderen spielen kulturelle Vorlieben mit hinein. Manche Dialekte und fremdsprachlichen Akzente stoßen auf mehr Zuspruch als andere, und auch die Zeit und ihren Moden spielen eine Rolle:

»Deutsche Frauen sprechen heute deutlich tiefer als vor 20 Jahren. Das hat eine Messung bei 2.472 Leipziger Bürgern ergeben. Männer sprechen normalerweise durchschnittlich auf einer Frequenz von 110 Hertz, bei Frauen sind es heute 168 Hertz, früher 220. Damit liegt die Frauenstimme jetzt nur noch eine Quinte über der Männerstimme – früher war es eine ganze Oktave.«

So berichtet es Michael Fuchs, Professor für Phoniatrie und Pädaudiologie, in einem Interview des Tagesspiegel im Februar 2017. Hier spiegelt sich die Entwicklung des weiblichen Selbstbewusstseins wider: Weg von nett und süß hin zu klar und kompetent. Wenn man noch weiter zurück geht und sich manche Filme der 50er-Jahre anschaut, dann fällt diese stimmliche Entwicklung sogar noch deutlicher auf.

Das Trainieren der Stimme ist wie das Trainieren des körperlichen Ausdrucks ein komplexer Vorgang – und viel leichter, wenn man es in kleine Häppchen zerlegt. Daher unterteile ich auch das Kapitel über die Stimme in verschiedene Bereiche und gehe dort jeweils ins Detail.

Atmung – Grundnahrungsmittel einer schönen Stimme

Die Situation

Neulich erst erlebt… Ein Dutzend Leute steht zusammen bei Kaffee, Keks und Smalltalk. Plötzlich wird die Tür aufgerissen. Ein markerschütterndes Knurren durchdringt den Raum, und zwischen den erstarrten Köpfen breitet sich eine Wolke aus, die nach Blut und Verwesung stinkt. Dann kommt er herein. Schulterhöhe drei Meter. Zähne lang wie der Arm eines Kindes und spitz wie das Damaszenermesser im heimischen Küchenblock. Der letzte noch lebende Säbelzahntiger blickt hungrig in die Runde! Sehr hungrig. Jetzt gibt es nur noch eines zu tun. Eins, zwei oder drei – du musst dich entscheiden: Angriff, Flucht oder Erstarrung. Eine vierte Alternative ist nicht vorgesehen.

Das Problem

Wenn der Säbelzahntiger kommt, bekommen wir Angst. Wenn wir Angst bekommen, gehen wir in die *Hochatmung*. Und als wäre Angst nicht schon unangenehm genug, verändert sich mit der Hochatmung auch unsere Stimme ins Unangenehme, wodurch sich unsere Außenwirkung verschlechtert.

Leider gehen wir nicht nur dann in die Hochatmung, wenn die Angst durch den Säbelzahntiger ausgelöst wird – sondern auch wegen Angst vorm Meeting, vorm Vorstellungsgespräch, vorm Auftritt oder davor, den ersten Schritt zu wagen. Wir nutzen für diesen Gefühlszustand dann zwar das Wort Lampenfieber, aber letztendlich haben wir doch einfach nur Angst.

Bei der Hochatmung atmen wir in schneller Abfolge ein. Oft verbunden mit lauten Atemgeräuschen. Unser ganzes System legt es darauf an, so schnell wie möglich so viel frischen Sauerstoff wie möglich zu bekommen, um die Konzentration zu schärfen, den Blick zu fokussieren, explosionsartig in physische Aktion zu gehen. Das Problem ist, dass wir vergessen, die viele Luft auch wieder loszuwerden, also auszuatmen. Es bleibt ständig Restluft in der Lunge, auf die wir zusätzlich draufatmen.

Angesichts eines hungrigen Säbelzahntigers oder beim 100-Meter-Finale in Olympia macht das auch Sinn – beim ersten Date oder im Assessment Center dagegen nicht.

Wenn wir hochatmend vor Menschen stehen, machen wir keinen souveränen Eindruck. Unsere Nervosität dringt aus allen Poren. Und es hört sich weder vertrauenserweckend noch respekteinflößend oder gar verführerisch an, wenn wir so atmen, dass sich nur ein Bruchteil unserer Lungenflügel mit Sauerstoff füllt. Hecheln kommt nicht gut, wenn wir doch gerade deutlich machen wollen, dass wir ne echt coole Socke sind...

By the way: Es ist erstaunlich, wie viele Menschen auch ohne aktuellen Angst-Auslöser hochatmend unterwegs sind. Ja, man kann sich das tatsächlich angewöhnen. Dieser panische Dauerzustand findet seinen Ursprung meist in schlechten, angstauslösenden Erfahrungen; gerne in der Kindheit.

An dieser Stelle trifft Stimmtraining auf Coaching/Therapie/Persönlichkeitsentwicklung. Den eigenen Atem in den natürlichen Zustand zurückzubringen kann eine tief bewegende Erfahrung sein, und nicht selten darf erst die Seele heilen bevor man weiter an der Stimme werkelt.

Die Lösung

Die Lösung lautet – wer hätte es gedacht – *Tiefatmung*, also *aus*-atmen. Ein Vorgang, der uns zutiefst eigen ist. Natürlich und ungekünstelt.

Bei der Tiefatmung beatmen wir die gesamte Lunge. Das ist gesünder und verhindert hochfrequentes Dauerquasseln und Schnappatmung.

Wir atmen seltener, wodurch wir eine ruhigere Ausstrahlung bekommen und nicht (laut) hecheln müssen. Unser Fokus bleibt weiter; wir wirken souveräner.

Eine entspannte Tiefatmung ist das unabdingbare Fundament einer wohlklingenden und

einnehmenden Stimme. Alles, was Sie im Folgenden noch über Stimmtraining lesen werden, können Sie vergessen, wenn Sie sich (noch) für die Hochatmung entscheiden (müssen).

Tiefatmend können wir stundenlang sprechen ohne größere Anstrengung oder gar Heiserkeit. Wir wirken beruhigend und vertrauenserweckend. Ein Fels in der Brandung hechelt nicht.

Wie geht das?

Sie brauchen dazu einen guten Kontakt zu Ihrem Zwerchfell. Das Zwerchfell ist der Ort im Körper, wo wir Muskelkater hatten, als wir uns als kleine Kinder hemmungslos kaputtlachten oder unter üblem Husten litten.

Das Zwerchfell ist eine Platte aus Muskeln und Sehnen und sitzt unter unseren Rippen. Man nennt es auch Diaphragma (nein, nicht das Verhütungsmittel gleichen Namens…). Genau dorthin schicken wir unseren Atem beim Einatmen. Wir atmen sozusagen ins Zwerchfell hinein. Und das geht so:

Legen Sie Zeige- und Mittelfinger aneinander und halten Sie die flachen Fingerkuppen dorthin, wo Sie Ihr Zwerchfell vermuten. Geben Sie ein wenig Druck, so dass Sie die Finger gut spüren. Jetzt husten Sie kräftig. Das, was beim Husten in Ihnen vibriert – das ist das Zwerchfell.

Es kann sein, dass Sie Ihre Finger eine Weile suchend justieren müssen, bis Sie das Husten unmittelbar darin spüren. Nehmen Sie sich die Zeit; es lohnt sich. Manchmal hilft es, die Finger etwas einzuknicken und von unten nach oben in den Körper zu drängen. Jeder hat da so seine eigene Physiognomie. Bei Frauen versteckt sich dieser Punkt bisweilen genau unter dem BH-Bügel, und männliche Bierbäuche geben zwar eine gute Tarnung ab, können das Zwerchfell letztlich aber nicht verbergen.

Im nächsten Schritt drücken Sie die Finger noch etwas fester in Ihren Leib. Das darf ruhig ein klein wenig unangenehm sein. Jetzt versuchen Sie, mit dem nächsten Einatmen diesen Störenfried wegzudrücken, wegzuatmen. Visualisieren Sie, wie Ihr Atem als Sondereinsatzkommando durch Ihre Lungen jagt, um den Bösewicht zu verjagen. Mit jedem Einatmen drücken Sie Ihre beiden Finger nach außen weg.

Wenn Sie soweit sind, dass sich jedes Einatmen stabil auf Ihre Finger überträgt, können Sie die Finger wieder wegnehmen. Sie dienten nur dem leichteren Auffinden des Zwerchfells. Ab jetzt geht es darum, im normalen Alltag und bei normalen Haltungs- und Bewegungsabläufen so einzuatmen, dass sich dabei jedes Mal das Zwerchfell senkt. Erst beim Ausatmen hebt es sich wieder.

Der Punkt, wo wir unsere Finger behelfsweise platzieren, kennt im Übrigen viele Namen: Solarplexus, Sonnengeflecht, drittes Chakra. Hier bündeln sich viele

Nerven, und wer jemals auf diesen Punkt einen Schlag bekommen hat (Schulhoferinnerungen…), weiß, wie empfindlich wir dort sind.

Was unsere souveräne Wirkung betrifft: In diesem Punkt und aus diesem Punkt heraus präsent zu sein, verleiht uns innere und äußere Standfestigkeit, erhöht unsere Ausstrahlung, lässt uns gut stehen, auch wenn körperliche oder verbale Angriffe niederprasseln.

Also: Kultivieren Sie Ihr Gespür für diesen Bereich Ihres Körpers. Mit ihm in gutem Kontakt zu stehen, steigert Ihre Chance gut zu klingen und kraftvoll zu wirken, beträchtlich.

Sie erkennen eine gute Tiefatmung unter anderem daran, dass die Schultern beim Einatmen an ihrem Platz bleiben. Sie heben sich nicht, und sie senken sich nicht.

Dem ein oder anderen mag es schwerfallen, so zu atmen, dass sich der Körper beim Einatmen *aus*dehnt – man kann tatsächlich so atmen, dass sich der Körper dabei *ein*zieht. Klingt eigenartig und ist doch gar nicht so selten. Das kann ähnlich wie bei der dauerhaften Hochatmung ein Zeichen für eine Gewohnheit aufgrund eines starken seelischen Stresses sein. Schauen Sie ganz in Ruhe, ob Sie die Bewegung mit ein wenig Üben umdrehen können. Sie könnten es auch entspannt auf dem Rücken liegend probieren, indem Sie einen Gegenstand auf Ihr Zwerchfell stellen und versuchen, ihn beim Einatmen in die Höhe zu heben. Wenn das Allein-Üben nichts bringt, rate ich, einen Experten hinzuzuziehen, der Sie unterstützt.

Unser Atem ist das machtvollste Instrument, das unserem Körper zur Verfügung steht. Durch die Art und Weise, wie wir atmen, können wir uns in Sekundenschnelle in jeglichen mentalen Zustand bringen: Von tiefer Entspannung bis hin zu aggressiver Wut. Auch bei Grenzerfahrungen wie dem Rebirthing spielt Atmen eine zentrale Rolle. Nicht ohne Grund gibt es zum Beispiel auch die Atemtherapie, bei der man über viele Jahre lang lernt, die gesamte Schatzkiste unseres Atems zu erkunden und therapeutisch zu nutzen.

Vielleicht denken Sie jetzt, …

…wieso so viel Heckmeck ums Atmen? Schließlich atmen wir doch ganz automatisch, und es ist noch niemand an der frischen Luft erstickt. Das stimmt natürlich. Aber eine ungünstige Art des Atmens führt zu einer ungünstigen Gesamtwirkung, die unsouverän erscheint. Tiefes, entspanntes Ausatmen (wie bsp. beim Seufzen) ermöglicht uns, unser Lungenvolumen optimal zu nutzen.

Die meisten von uns haben im Laufe ihres Lebens gelernt, sich zurückzunehmen, sich nicht so wichtig zu nehmen, nicht zu viel nach außen zu zeigen (»was glaubt du eigentlich, wer du bist?!«). Stimmtraining aber bedeutet: »Ich nehme mich wichtig! Ich will gehört werden! Ich bin es wert, dass man mich sieht!«

Ja, vielleicht denken Sie auch, dass sich das alles irgendwie seltsam anfühlt. Seltsam unangenehm. Diesem Gedanken begegne ich oft in meinen Trainings, und er beruht meistens nur darauf, dass Stimmtraining mit dem *Körper*, insbesondere mit dem Gesicht stattfindet. Mit ein wenig Gewohnheit entspannt sich die Lage wieder.

Resonanzraum – Klangvolumen für Ausdruck mit Eindruck

Die Situation

»Get off my lawn!« Ein Mann beißt die Zähne zusammen, richtet seine Waffe auf die ungebetenen Betreter seines Rasens und presst eine Drohung durch den dünnen Schlitz seines zitternden Mundes. »Get off my lawn!«

Wer im Internet nach Videos mit typischen Clint-Eastwood-Szenen sucht, stößt nicht nur auf »Gran Torino.« Aus vielen seiner Filme kennen wir dieses Gesicht. Der Mund ein Schlitz; oft sogar noch verengt durch einen scheinbar festgetackerten Zigarillo. Das ganze Konstrukt gerade so weit geöffnet, dass Sprache gerade eben noch als solche erkennbar ist.

Das Problem

Man kann so sprechen. Natürlich. Und man kann man damit sogar mächtig erfolgreich sein, wie eben nicht nur Clint Eastwood, sondern noch eine ganze Reihe anderer Film- und Fernsehschurken beweisen.

Aber… Diese Art zu sprechen taugt nur sehr bedingt als Vorbild für den Alltag abseits des Action-Kinos.

Sprechen heißt, dass Luft aus unserem Körper herausströmt. Der Mund öffnet sich, und der Vokaltrakt (Rachen- und Mundraum von den Stimmlippen an aufwärts) entlässt strukturierte Töne in die Umwelt.

Dabei gilt die Losung: Eine Stimme klingt umso voller, je *entspannter* der Vokaltrakt und der Brustraum sind. Ein angespannter Kiefer mit zusammengepressten Lippen aber ist das genaue Gegenteil von Entspannung!

Je mehr wir uns innen weit machen, desto voluminöser wird der (Resonanz-) Raum unserer Sprachproduktion. Je enger wir uns machen, desto dünner wird unsere Spreche; sie verliert Fülle und Volumen, trägt nicht weit und lässt nur wenig interessante Abwechslung zu. Und es wird schwierig, auf *Eigenton* zu sprechen; dem Klang, der uns unwiderstehlich macht (mehr dazu im nächsten Kapitel).

Die Lösung

Es gibt verschiedene Wege, den Vokaltrakt zu entspannen und den oberen Resonanzraum zu vergrößern.

Zum Auftakt lade ich Sie ein, hemmungslos zu gähnen. Halten Sie nichts zurück, und versuchen Sie auch nicht, höflich zu sein und das weite Öffnen des Mundes zu unterbinden oder zu verstecken. Gähnen Sie! Laut und herzhaft. Wahrscheinlich haben Sie inzwischen schon gegähnt, denn meist reicht es aus, wenn wir jemanden Gähnen sehen oder wir das Wort Gähnen nur hören – und Sie haben das Wort in diesem Absatz inzwischen 5x gelesen…

Lassen Sie nun beim Gähnen Ton von unten aufsteigen. Es ist nicht nötig, zu pressen oder zu drücken. Besonders viel Spaß macht es, wenn man einfach nur zuschaut, wie sich dieser Ton entwickelt und verändert. Wahrscheinlich klingt er viel tiefer als ihre normale Sprechstimme (der Eigenton klopft an…).

Merken Sie sich folgende Eselsbrücke. Machen Sie beim A und beim E den Mund so weit auf, dass zwei Finger hineinpassen. Quer, nicht hochkant! Beim I, O und U *ein* Finger.

Immer geht es darum, den Kiefer zu lockern. Mit Kiefer ist dabei der Unterkiefer gemeint, denn der ist beweglich, während der Oberkiefer festsitzt. So wie sich Sportler dehnen und Musiker ihr Instrument einspielen, so können auch wir Sprecher unser Instrument vorbereiten. Nehmen Sie einmal den Unterkiefer in die Hand und bewegen sie ihn. Erforschen Sie, wie weit er sich öffnen und bewegen lässt. Erleben Sie, welche Kraft in ihm steckt und wie sehr wir uns bisweilen daran gewöhnt haben, permanent die Zähne zusammen zu beißen.

Machen Sie die Kuh. Das heißt, machen sie ausladende Kaubewegungen und produzieren Sie dabei die Klänge, die sich automatisch ergeben, wenn man genussvoll kaut… Mnjamm, njamm, njam…

Jetzt könnten Sie echte Worte einsetzen. Eher kurze Worte mit vielen Vokalen: Mama, Bluna, Bubu, Oma, Bibi, Emil, Ida usw. Machen Sie den Mund jedesmal soweit auf wie es Ihnen möglich ist. Weiter als Sie dies beim normalen Sprechen tun würden. Werden Sie laut. Seien Sie ein bisschen verrückt; dann macht es mehr Spaß. Und stellen Sie sich bitte unbedingt vor den Spiegel, um zu sehen, ob Sie auch wirklich und ehrlich übertreiben!

Es geht darum, ein Gespür dafür zu entwickeln, wie weit wir unseren Mund öffnen können, wie beweglich er ist, wie groß und weit wir im Vokaltrakt sein können. Denn anders als zum Beispiel bei Gesten mit der Hand können wir den Vokaltrakt ja nicht sehen. Wir müssen ihn vor allem spüren. Das gelingt um so leichter, je weniger wir uns anspannen und je weniger wir darauf geben, was die anderen jetzt über uns denken könnten.

Den Vokaltrakt zu weiten, gelingt auch gut über *mentale* Techniken. Stellen Sie sich vor, Sie würden eine kochend heiße Kartoffel ansatzlos in den Mund stecken und könnten sie nicht mehr ausspucken. Sofort würde Ihr Körper Bewegungen machen, die sicherstellen sollen, dass die heiße Kartoffel nicht in Kontakt mit der empfindlichen Mundschleimhaut gerät. Dazu würden Sie wahrscheinlich Laute ausstoßen wie »Hoh! Hoh! Hoh! Ha! Ha! Ha!« Immer mit weit geöffnetem Mund natürlich.

Oder Sie stellen sich vor, wie Sie Seifenblasen in die Luft pusten und versuchen, diese mit dem Mund zu schnappen. Und zwar so, dass in Ihrem Mund noch so viel Platz bleibt, dass sie nicht zerplatzen.

Oder Sie stellen sich vor, wie Sie versehentlich eine Murmel verschlucken. So eine kleine Glasmurmel, wie wir sie früher zum Spielen hatten. Reflexartig machen Sie Ihren Hals eng, damit die Murmel bloß nicht runterrutscht. Wenn Sie das Gefühl haben, so richtig eng zu sein, fangen Sie probehalber zu sprechen an. Klingt wahrscheinlich ziemlich dünn und unmelodiös. Dann, wie durch ein Wunder, lassen Sie die Murmel wieder verschwinden und setzen an ihre Stelle einen großen, gelben Tennisball. Sie wissen, wie groß so ein Tennisball ist! Also machen Sie in Ihrem Hals ordentlich Platz, damit es der Ball auch schön bequem hat. Visualisieren nennt man das. Durch die bildliche Vorstellung eine konkrete körperliche Reaktion hervorrufen. Gehen Sie jetzt wieder ins Sprechen. Laut. Wahrscheinlich klingt Ihre Stimme viel voller, kräftiger und lauter. Gut!

Vielleicht denken Sie jetzt, …

…ich bin nicht Clint Eastwood; also was soll der Zirkus? Das mag sein, aber diese Art zu sprechen – angespannt, mit dünner Mundöffnung und engem Vokaltrakt – haben sich dennoch viele zu Eigen gemacht.

Immer noch lernen viele Kinder, dass sie nicht so laut reden sollen. Dass sie mehr Zuneigung bekommen, wenn sie leiser sind. Dass sie stören, wenn sie sich (auch stimmlich) lebendig zeigen. Dass sie was auf die Bollen bekommen, wenn sie was wollen.

Diese Verbonsaiung unseres stimmlichen Ausdrucks fängt im Elternhaus an, setzt sich bei den verschiedenen Erzieherinnen fort, und im Großraumbüro ist es dann gar nicht mehr angesagt, laut zu sagen, was man zu sagen hat.

Langer Rede, kurzer Sinn: Nach meiner Beobachtung sprechen die wenigsten Menschen mit so viel Volumen wie sie eigentlich könnten. Sie haben sich mit ihrem Kleinsein-Sollen arrangiert und halten das für normal.

Vielleicht denken Sie auch, dass Sie völlig gaga aussehen, wenn Sie den Mund so weit öffnen, wie ich es oben beschrieben habe. Es wäre auch nicht verwunderlich, wenn Sie das denken. Schließlich haben Sie sich vielleicht seit Jahrzehnten daran gewöhnt, sich stimmlich eng zu machen, und wenn man dann plötzlich wieder aufmacht, zuckt der Gedanke durchs Hirn, dass das ziemlich behämmert aussehen muss. Als würde ein Gorilla laut durchs Büro brüllen.

Und doch ist das nur ein *Gedanke* – und nicht die Realität. Ganz im Gegenteil. In jedem Stimmtraining mache ich die Erfahrung, dass die Menschen, die mutig diesen Weg gehen, ausnahmslos positives bis begeistertes Feedback für ihre neu gewonnene Klangfülle bekommen. Und niemals sagt jemand, dass das doof aussähe. Wieder ganz im Gegenteil. Denn erst, wenn wir unseren Mund wirklich öffnen, haben unsere Gesichtsmuskeln die Chance, eine lebendige und ausdrucksstarke *Mimik* zu produzieren. Eine Mimik, der man gerne zusieht, die abwechslungsreich ist, die unseren Zuhörern hilft, uns leichter sympathisch zu finden.

Wir haben in unserem Gesicht viele Muskeln, mit denen unser Körper Mimik ausbildet, und die allerwenigsten davon steuern wir *bewusst*. Sie brauchen die Bewegungen beim Den-Mund-Weit-Öffnen und die damit verbundene Kraft und Emotion. Mimischer Ausdruck ist weniger ein Machen als ein (Die-Pferde-von-der-Leine-) Lassen.

Weiter oben sprachen wir bereits über das Pokerface. Das Pokerface entsteht, wenn wir uns so stark kontrollieren, dass keine Mimik mehr entsteht. Und wenn wir keine Mimik zeigen, sind wir für unser Gegenüber schwer einschätzbar. Beim Pokern super; im normalen Leben meist hinderlich.

Zauberton – Die Magie entfalten

Die Situation

Vier Frauen im Schwimmbad. Sie genießen die Sonne, ihre Körper, haben Spaß. Da entdecken Sie auf der anderen Seite des Pools einen Mann. 1,90 Meter, muskulös, kantiges Kinn. Klassisches Beuteschema. Der Kerl sieht die Ladys, fängt an zu posen. Die Stimmung steigt. Bald kommt er rüber und spricht die Frauen an – und dann: Fassungslosigkeit bei allen vieren. Sie biegen sich vor Lachen, bekommen sich gar nicht mehr ein. Je länger der Mann spricht, desto wilder wird das Prusten.

Diese Szene stammt aus der Kinokomödie »Kindsköpfe« – eine andere Szene dagegen war nicht fiktiv:

In einer holländischen Talkshow interviewte vor einigen Jahren ein Moderator seine Gäste. Einer der Gäste ist ein Mann. Als er zum ersten Mal an der Reihe ist und antwortet, geschieht etwas Schreckliches, Peinliches. Der Moderator erstarrt kurz und bekommt dann einen hemmungslosen Lach-Flash. Er schmeißt sich förmlich weg vor Lachen. Lange, sehr lange. – Was war passiert? Der Gast sprach mit einer ungewöhnlich hohen Piepsstimme, deren Tonlage für den Moderator ganz offenbar in einem enormen Kontrast zum Geschlecht seines Gastes stand, dass er alle Schranken von Anstand und Würde fallen ließ und sich der Komik der Situation hingab.

Das Problem

Dass beiden Szenen etwas Gemeines, Fieses haben – geschenkt. Aber sie zeigen uns ganz ungeschminkt auch, welchen Effekt eine Stimme haben kann, wenn sie uns *nicht* gefällt.

Jeder hat schon einmal Menschen gehört, deren Stimme ihm zu hoch vorkam. Unnatürlich hoch. Vielleicht sogar piepsig. Auch wenn in den beiden Beispiele oben über Männer gesprochen wurde, so gilt dies natürlich völlig unabhängig vom Geschlecht. Auch Frauen können so hoch sprechen, dass ihre Zuhörer dies als unangenehm piepsig empfinden.

Das Problem ist, dass eine Stimmlage, die sich deutlich von ihrer natürlichen sogenannten Indifferenzlage nach oben entfernt, auf die meisten Menschen komisch bis abstoßend wirkt.

Umgekehrt überschütten wir diejenigen mit Vorurteilen, die immer wieder auf *Eigenton* sprechen. Diese Menschen beurteilen wir spontan als kompetent, seriös, vertrauenserweckend, attraktiv, souverän.

Eine Stimme, die sich rund um den Eigenton aufhält, hat etwas Magisches. Wir beginnen beim Zuhören zu lächeln; wünschen uns, dass er/sie immer weitersprechen möge.

Der Eigenton ist nicht künstliches. Jeder hat ihn. Er definiert sich aus dem Zusammenspiel zwischen Kehlkopfgröße und Stimmlippenlänge. Er entsteht, wenn die Luft ohne Druck strömt, wir uns im Vokaltrakt maximal entspannen und die Tiefatmung nutzen.

Wir kommen sozusagen mit unserem Eigenton zur Welt. Bei Kindern ist er in der Regel höher als bei Erwachsenen – besonders deutlich zu beobachten bei Jungs (Stichwort: Stimmbruch) –, bei Frauen ist er meist höher als bei Männern (auch hier gibt es Ausnahmen; siehe zum Beispiel die Schauspielerin Mechthild Großmann).

Es geht im Stimmtraining also nicht darum, die sonore Stimmlage eines Stimmtrainers *nach*zumachen! Es geht vielmehr darum, sich den eigenen, persönlichen Eigenton *zurück*zuholen.

Wer den Eigenton zum Ausgangspunkt seines Sprechens macht, bekommt von seinen Zuhörern einen großen Vorschuss an Aufmerksamkeit. Wir hören solchen Menschen einfach gerne zu. Und es ist sehr viel unanstrengender, lange zu reden, wenn wir beim Reden unsere Stimme nicht in die Höhe pressen.

Leider verlieren wir im Laufe unseres Lebens unseren Eigenton häufig. Nach meiner Erfahrung die Frauen noch etwas öfter und stärker als die Männer. Vielen Erwachsenen gelten Mädchen dann als besonders süß und liebenswert, wenn sie mit einer hohen Stimme sprechen. Die kleinen Menschen verstehen das und kultivieren diese Stimmlage. Das Problem ist nur: Was mit 8 süß klingt, klingt mit 38 schrecklich.

Es ist ausgebrochen schwierig, sich mit einer Piepsstimme durchzusetzen, mit ihr zu beeindrucken, zu flirten, ernst genommen zu werden. Ja, das ist unfair und kann in echte Fiesheit ausarten (siehe die beiden Anekdoten zu Beginn). Aber es nützt nichts. Stimme wirkt. Sie wirkt unmittelbar, immer und direkt.

Die Lösung

Um den Eigenton wiederzufinden, ist ein erfahrender Stimmtrainer sehr hilfreich. Da der jetzt aber gerade nicht zur Hand ist, möchte ich Ihnen ein paar Tipps anbieten, die sie für sich selbst ausprobieren können.

Stellen Sie sich vor, Sie hören einem unfassbar langweiligen Menschen zu. Er erzählt und erzählt, und sie schlafen beinahe ein ob der Belanglosigkeit seiner Erzählungen. Aber Sie wollen höflich sein und hören weiter zu. Reflexhaft machen Sie Geräusche wie »Mhm«, »Mmmh« oder »Hmmh«. Geräusche, die keine Worte sind und durch Buchstaben nur näherungsweise darstellbar. Diese Geräusche sollen dem Gesprächspartner signalisieren, dass wir ihm aufmerksam und zustimmend zuhören. Sie entstehen einfach so aus dem Bauch heraus; sind nicht wirklich Sprache.

Genau diesen Ton können Sie nehmen und in Sprache überführen. Ziehen Sie den Ton mit kräftiger Stimme ein paar Mal in die Länge. Lassen Sie ihn dabei erst etwas tiefer werden, bevor Sie ihn am Ende wieder anheben. Machen Sie dies mit so viel Energie, dass Sie das Gefühl haben, der Ton trägt durch den ganzen Raum und kommt gut hörbar am Ende an.

Bisher war der Mund noch geschlossen. Die Zunge ist entspannt, die Zähne beißen *nicht* aufeinander.

Jetzt öffnen Sie den Mund. Denken Sie dabei an die oben erwähnte Eselsbrücke, und öffnen Sie den Mund so weit, dass zwei Finger hineinpassen.

Wiederholen Sie das Geräusch der Zustimmung in gleicher Weise – nur eben mit offenem Mund. Beiben Sie entspannt, atmen Sie tief. Verzichten Sie auf jegliches Drücken und Pressen. Und wieder tönt das Geräusch quer durch den ganzen Raum.

Nachdem Sie das drei, vier Mal gemacht haben, fangen Sie behutsam an, Sprache zu nutzen. Sagen Sie in »Eiiiiiiiins – zweeeeeeei – dreeeeeeei«. Weiterhin entspannt, locker, kraftvoll.

Nun können sie versuchen, etwas zu sagen. Eine Begrüßung, ihren Namen, was auch immer. Für den Anfang einen kurzen Satz. Dabei machen Sie wahrscheinlich folgende Erfahrung: Beim Tönen und vielleicht noch beim Zählen klang Ihre Stimme tiefer als jetzt beim Sprechen. Das passiert häufig, denn noch ist der Eigenton nicht fest installiert und rutscht zurück in die gewohnte Stimmlage. Das macht nichts. Wichtig ist nur, dass Sie es körperlich spüren, wenn Ihre Stimmlage langsam tiefer wird, und dass Sie diesem Absenken geduldig nachgehen.

Noch einmal: Es geht nicht darum, die Stimmlage eines anderen Menschen zu erreichen, die Ihnen besonders gut gefällt! Nehmen Sie sich Zeit, und finden Sie peu à peu zu sich selbst zurück.

Eine andere Möglichkeit, sich dem Eigenton zu nähern, ist das Imitieren, das Spiegeln. Holen Sie sich Hörbücher oder Gedichtrezitationen von professionellen Sprechern. Alle Top-Schauspieler und Synchronsprecher von Hollywood-Helden haben hier etwas im Angebot. Schauen Sie einfach, welche Stimmen Ihnen in TV und Kino besonders gefallen – und dann geben Sie die Namen dieser Schauspieler(innen) in die Suchmaske von Hörbuchanbietern ein bzw. googeln Sie vorab den Namen zusammen mit dem Begriff »Synchronsprecher«, und Sie bekommen den Namen der deutschen Sprecher von Bruce Willis, Jodie Foster & Co. Dann legen Sie das Hörbuch ein und versinken ganz im Klang der Stimmen. Sie werden merken, wie sich Ihr ganzes System darauf einstellt und unwillkürlich anfängt, sich auf die gehörten Tonlagen einzuschwingen. Sie könnten dann versuchen, einzelne Sätze nachzusprechen, zu imitieren. Natürlich gilt auch hier, dass Sie keine andere Stimmlage nachmachen sollen, aber als Trittleiter funktioniert das ganz gut.

Oder Sie fläzen sich auf Couch oder Sessel, strecken bequem beide Beine aus, lassen die Arme entspannt hängen, schließen die Augen und denken an etwas

Genussvolles. Lassen Sie das Bild und falls möglich auch das Geräusch und den Geschmack und und Geruch dessen aufsteigen, was Sie in einen Zustand tiefen Genießens versetzen kann. Dann lassen Sie ganz langsam einen Ton entstehen. Einen Ton, der wie ein lang gezogenes »Mmmmm« klingt. Ein Ton, dem man von außen anhört, dass Sie innerlich gerade sehr viel Spaß haben. Dieser Ton entsteht ähnlich wie das oben geschilderte Geräusch der Zustimmung eher unwillkürlich aus dem Bauch heraus; ist keine Sprache im eigentlichen Sinne. Es ist mehr ein Akt der Hingabe denn des aktiven Tuns. Und auch hier können Sie nach einer Weile damit beginnen, erste kleine Worte zu sprechen; zum Beispiel die oben erwähnten Zweisilber mit vielen Vokalen. Viel Spaß!

Vielleicht denken Sie jetzt, …

…wie soll ich denn wissen, ob ich auf Eigenton spreche? Interessanterweise *spüren* wir dies mehr als wir es hören. Das Sprechen auf Eigenton fühlt sich so an, als wäre in uns ein großer Raum voller Klang. Es vibriert in einem scheinbar riesigen Resonanzraum. Die Töne scheinen mehr zu kommen, als dass wir sie machen. Aus aller Erfahrung kann ich nur sagen: Sie *wissen* es, wenn der Eigenton da ist.

Vielleicht denken Sie auch, dass sich das irgendwie seltsam tief anhört. Unnatürlich. Hier ist es wie immer beim Stimmtraining. Was ungewohnt ist, empfinden wir anfangs als falsch. Aber das gibt sich. Machen Sie einfach weiter, und schauen Sie, wie sich die Reaktionen ihrer Mitmenschen verändern.

Wichtig: Es geht nicht darum, die Stimmlage mit Macht in den Keller zu drücken! Man kann auch zu tief sprechen, und das klingt dann wie ein komischer Knautschebär. Entspannung, Entspannung, Entspannung!

Artikulation – Klar, deutlich und verständlich

Die Situation

»Kind, sprich doch mal deutlich!« – So oder so ähnlich haben es wohl die meisten von uns als Pubertiere von ihren entnervten Eltern zu hören bekommen. In der Übergangszeit zwischen Kindheit und Erwachsensein geraten wir häufig ins Nuscheln, ins Undeutlich-Sprechen. Manche sagen, man würde *maulfaul*.

Meist gibt sich das mit der Zeit, aber viele bleiben auch dabei. Eine neue Gewohnheit ist geboren und wird liebevoll gepflegt.

Wenn Sie mögen, schauen Sie sich einmal um in Ihrem Gedächtnispalast (wie Patrick Jane es ausdrücken würde…); bestimmt fällt Ihnen jemand ein, der oder die ausgesprochen undeutlich spricht, Silben verschluckt oder Endungen terminiert.

Das Problem

Natürlich gibt es den Point of no return, das heißt ein Maß an Undeutlichkeit, bei dem es schwierig wird, überhaupt noch verstanden zu werden. Hier würde wohl niemand widersprechen, dass ein geeignetes Stimmtraining höchst sinnvoll wäre.

Nach meiner Erfahrung mit vielen Menschen, die eigentlich ganz normal sprechen – die also nicht mit einer besonders undeutlichen Sprache oder gar einem sogenannten Sprachfehler auffallen –, möchte ich dennoch dafür werben, sich mit dem Thema Artikulation zu befassen, denn darin steckt eine wirklich großartige Möglichkeit für mehr Erfolg durch eine bessere Wirkung.

In meinen Trainings lasse ich die Menschen meist paarweise üben. Einer trainiert, der andere steht als Übungspartner unterstützend zur Seite. Am Ende der Übungen frage ich immer zuerst den unterstützenden Teilnehmer nach seinem Vorher-Nachher-Erlebnis mit seinem Übungspartner, denn der erlebt die Veränderung besonders deutlich, überraschend und unmittelbar. Folgende fünf Adjektive fallen dabei unter dem Strich immer:

Klarer, deutlicher, kraftvoller, selbstbewusster, souveräner.

So würde der Übungspartner plötzlich klingen – und die, die das sagen, klingen ihrerseits beeindruckt und überrascht.

Es geht bei der Artikulation also nicht nur darum, Nuscheln zu beseitigen oder ein leichtes Lispeln oder einen störenden Akzent loszuwerden. Vielmehr geht es darum, worum es wirklich geht: Darum, als Persönlichkeit in einem viel höheren Maße als bisher zu überzeugen.

Die oben genannten Adjektive beschreiben ja nicht nur den *Klang* einer Stimme oder das Maß der Unterscheidbarkeit einzelner Buchstaben und Silben. Nein, diese Adjektive nennen die *Wertung*, die im Zuhörer ganz automatisch entsteht, nachdem wir artikuliert gesprochen haben.

Wenn eine präzise Artikulation dann noch mit dem Eigenton, einem voluminösen Resonanzraum und der Tiefatmung verbunden wird, dann *hört* sich dieser Mensch nicht einfach nur besser an – er *wird* nachgerade zu einem anderen Menschen.

Der gleiche Inhalt, dieselben Worte, können einen Menschen bedeutungslos oder souverän erscheinen lassen – einfach nur aufgrund der Qualität der Artikulation.

Das Problem auf den Punkt gebracht: Man kann gut durchs Leben kommen, auch wenn man nuschelt und undeutlich spricht. Aber man beraubt sich ohne Not eines machtvollen Hebels für mehr Erfolg im Beruf und mehr Freude im Privatleben. Eines Hebels, der nicht einmal schwer zu bedienen ist, wenn man weiß, wie.

Die Lösung

Um die Deutlichkeit unserer Aussprache zu steigern, können wir ein Prinzip nutzen, das wir aus dem Sport kennen. Sportler reisen in Höhenlagen, in denen weniger Sauerstoff zur Verfügung steht als in ihrer gewohnten Umgebung. Dort versuchen sie, trotzdem genau so gute Leistungen zu erzielen in der Erwartung, dass sie später im Flachland höhere Leistungen bringen als in der Zeit vor dem Höhentraining; ganz einfach, weil sie sich in der Höhe ganz *besonders* anstrengen mussten.

Man stellt dem Organismus sozusagen eine künstliche Behinderung zur Verfügung und motiviert ihn, *trotzdem* richtig gut zu sein.

Diese künstliche Behinderung gibt es auch im Stimmtraining.

Bestimmt haben Sie schon von der Methode gehört, sich einen Weinkorken zwischen die Zähne zu klemmen und dann zu versuchen, trotzdem deutlich zu sprechen. Ich persönlich mag diesen Ansatz nicht so gerne, weil man sich dabei einer gewissen Beweglichkeit beraubt, denn um den Korken am Herunterfallen zu hindern, müssen wir ihn mit den Zähnen festhalten. Zudem kann unsere Zunge an die Stelle, wo der Korken sitzt, selbst nicht hin, um Laute zu formen. Aber das Prinzip ist gut, und wir brauchen einfach nur eine andere, geeignetere künstliche Behinderung für unsere Zunge.

Gehen Sie mit Ihrer Zunge mal zu Ihrem letzten Backenzahn links oben. Dann nehmen Sie einen beliebigen Satz, zum Beispiel: »Wenn ich so spreche, hört sich das komisch an.« Sprechen Sie ihn so deutlich, klar und präzise aus wie nur irgend möglich.

Wichtig dabei: Sprechen Sie etwas lauter als gewöhnlich. Sagen Sie nichts anderes – nur diesen Übungssatz. Huddeln und schummeln Sie nicht. Entspannen Sie Ihren Körper; immer wieder aufs Neue. Konzentrieren Sie sich. Haben Sie Spaß dabei. Und machen Sie Ihren Mund auf.

Jetzt legen Sie Ihre Zunge an Ihren letzten Backenzahn oben rechts. Dann unten links, danach unten rechts. Dann machen Sie den Mund noch etwas weiter auf und drücken die Zungenspitze von innen an die hinteren Schneidezähne oben. Danach ganz nach oben an den Gaumen, und schließlich lassen Sie sie – ohne Druck und Anstrengung – nach hinten fallen. Nun führen Sie sie an die Schneidezähne unten, und zum Schluss lassen Sie sie einfach faul aus dem Mund heraushängen.

Neun Positionen für Ihre Zunge; neun künstliche Behinderungen.

Und jedesmal klar, deutlich und präzise. Laut und konzentriert. Ohne zu verkrampfen. Wenn möglich mit Eigenton. Man neigt in dieser Übung dazu, schnell zu machen, um es schnell hinter sich zu bringen. Aber dann bringt es nichts. Geben Sie sich Mühe.

Jetzt erweitern wir die Übung.

Alle Vokale des Übungssatzes werden nun in ein A verwandelt: »Wann ach sa spracha, hart sach das kamasch an.« Und wieder die neun Positionen.

Dann werden alle Vokale zum E, zum I, zum O, zum U.

6 Durchgänge à 9 Zungenpositionen.

Am Ende nehmen Sie einen tiefen Atemzug – und sprechen den Übungssatz laut und deutlich *ohne* jegliche Behinderung.

Hören – und vor allem – spüren Sie, welche Veränderungen Sie wahrnehmen. Oft nimmt man schon beim ersten Mal eine Veränderung wahr. Hörend und fühlend.

Ab dann ist Selbstdisziplin gefragt. Machen Sie die Übung 1x Tag. Üben Sie sauber und präzise. Schummeln raubt den Erfolg. Üben Sie in einer Umgebung, in der Ihre Konzentration nicht anderweitig vonnöten ist, also zum Beispiel nicht im Auto im Stadtverkehr. Oder beim Zeitunglesen. Diese Übung lebt von der *Genauigkeit* des Übens. Dann ist sie großartig.

Anfangs fällt diese Übung noch schwer, aber nach ein paar Mal gewöhnt man sich an diese ungewohnte Anstrengung, und dann fängt es an, Spaß zu machen.

Im Internet findet man noch eine ganze Reihe weiterer Übungen aus dem Bereich *Zungengymnastik*. Immer geht es darum, die Zunge zu trainieren, wieder ihre volle Beweglichkeit zurückzugewinnen.

Das Potenzial, das in dieser Übung auch noch steckt: Irgendwann reicht es sich diesen Satz 1x zu *denken* – statt ihn 54 mal zungenbrecherisch auszusprechen – und unser Körper justiert sich dank unseres Körpergedächtnisses sofort im gewünschten Artikulationsstatus.

Vielleicht denken Sie jetzt, …

…dass Ihnen das alles viel zu kompliziert vorkommt. Sie haben Recht, es ist nicht leicht, diese Übung schriftlich darzustellen. Eigentlich muss man Sie vormachen. Sprechend, zeigend, mit vollem Körpereinsatz. Und es ist hilfreich, einen Übungspartner zu haben, der einen unterstützt und gegebenenfalls korrigiert.

Aber auch wenn die Schriftform nicht die beste Weise ist, diese Übung kennenzulernen: probieren geht über studieren. Einfach machen. Und wenn Sie sich dabei doof vorkommen, weil Sie mit der künstlichen Behinderung doof aussehen, dann denken Sie sich einfach, dass jeder so aussah, der diese Übung schon mit Erfolg absolviert hat. Auch ich.

Und wenn Sie trotz meiner Beschwichtigungsversuche nicht in dieser Weise üben wollen, dann biete ich Ihnen jetzt und hier eine Alternative an. Nicht so effektiv, aber lustig und prima in fröhlicher Gemeinschaft zu machen.

Sprechen Sie Zungenbrecher. Als Zungenbrecher bezeichnen wir Lautfolgen, die so gestaltet sind, dass es unsere Zunge schwer hat, die Worte fehlerfrei auszusprechen. Jeder kennt zum Beispiel »Fischers Fritz fischt frische Fische. Frische Fische fischt Fischers Fritz.«

Auch hier gilt: Sprechen Sie so präzise wie möglich. Öffnen Sie den Mund. Sprechen Sie laut. Entspannen Sie sich. Und wenn Sie mögen, wählen Sie jedes Mal eine andere Emotion: Mal fröhlich, mal traurig, verärgert oder erstaunt. Bringen Sie Abwechslung hinein – los geht's:

- Wir Wiener Waschweiber würden weiße Wäsche waschen, wenn wir Wiener Waschweiber wüssten, wo weiches, warmes Wasser wär.
- Österreichisch »Tschüss« heißt tschechisch »Tschö«. Tschechisch »Tschö« heißt österreichisch »Tschüss«.
- Im dichten Fichtendickicht nicken die dicken Fichten. Die dicken Fichten nicken im dichten Fichtendickicht.
- Der dünne Diener trägt die dicke Dame durch den dicken Dreck. Da dankt die dicke Dame dem dünnen Diener, dass der dünne Diener die dicke Dame durch den dicken Dreck getragen hat.
- Große Staubschutzmaskensets sind Schutzsets mit Großstaubmasken zum Schmutzschutz.
- Zwei tschechoslowakische Chefchirurgen trafen sich beim tschechoslowakischen Chefchirurgenkongress.
- Max wachst Wachsmasken. Was wachst Max? Wachsmasken wachst Max.
- Zwischen zwei Zwetschgenzweigen sitzen zwei zechenschwarze zwitschernde Zwergschwalben.
- Mischwasserfischer heißen Mischwasserfischer, weil sie im Mischwasser Mischwasserfische fischen.
- Es saßen zwei zischende Schlangen zwischen zwei spitzen Steinen und zischten sich zärtlich zu.
- Es klapperten die Klapperschlangen, bis ihre Klappern schlapper klangen.
- Keine kleinen Kinder können Kirschkerne knacken. Kirschkerne können keine kleinen Kinder knacken.
- Vor dem Scheibenschießschützenhaus schätzen Schützen Scheibenschießdistanzen.
- Der Whiskymixer mixt den Whisky für den Whiskymixer. Für den Whiskymixer mixt der Whiskymixer den Whisky.

- Der Flugplatzspatz nahm auf dem Blatt Platz. Auf dem Blatt nahm der Flugplatzspatz Platz.
- Der Metzger wetzt das Metzgermesser mit des Metzgers Wetzstein. Mit des Metzgers Wetzstein wetzt der Metzger sein Metzgermesser.
- Der Cottbuser Postkutscher putzt den Cottbuser Postkutschkasten blank.
- Der Kaplan klebt klappbare Pappplakate an.

Betonung – Filter für eindrucksvolles Sprechen

Die Situation

Morgens früh auf dem Weg zur Arbeit. Noch müde von der viel zu kurzen Nacht drehe ich das Radio an auf der Suche nach den neuesten Neuigkeiten und ein wenig Ablenkung vom üblichen Berufsverkehr.

Die Nachrichtensprecherin gibt Vollgas. Jeder Satz ein Statement. Keine Chance zu entkommen. Nach einer Weile fällt mir auf, dass ich innerlich ganz hibbelig bin. So als wäre ich nervös und angespannt.

Warum das, frage ich mich, und rekapituliere die Infos, die mir die Stimme in den letzten Minuten ins Ohr gehämmert hat. Aber da war nichts Besonderes. Nichts, was mich erschreckt hätte und jetzt noch tiefer beschäftigte. Und trotzdem ist da diese Unruhe im Körper.

Das Problem

In der Schule haben wir gelernt: Am Ende des Satzes geht die Stimme runter. Zumindest, wenn der Satz mit einem Punkt abgeschlossen wird. Endet der Satz jedoch mit einem Doppelpunkt, geht die Stimme *hoch*. Damit signalisiert der Sprecher, dass jetzt gleich etwas Wichtiges folgt. Aufmerksamkeit wird eingefordert. Der Doppelpunkt ist der Cliffhanger in der Rhetorik, aber:

Viele Radiosprecher nutzen diesen Cliffhanger für: alles! Jedes Satzende brüllt ihren Hörern entgegen: »Bleib dran! Denn: jetzt: gleich: kommt die wirklich: absolute: ultimative Neuigkeit:«

Die kommt aber nur in den seltensten Fällen. Was jedoch garantiert kommt, ist ein Gefühl permanenter Erregung. Denn der Cliffhanger, also der Doppelpunkt, hat ja genau diese Aufgabe: uns zu erregen, unsere Aufmerksamkeit zu erregen. Letztendlich mit der Aufgabe, die viele Radiosprecher in ihre DNA geschrieben bekommen: Egal, was Du sagst: Hauptsache, Deine Hörer schalten nicht um! Halt Sie fest!

Diese Werbeplatzbeschaffungsmaßnahme greift im Übrigen nicht nur im Radio. Auch manche TV-Formate senden gefühlt mehr *Gleich-Sehen-Sie* als tatsächliche Inhalte.

Das Problem daran ist, dass die Zuhörer bei dieser Art des Sprechens auf Dauer in einen unangenehmen Zustand geraten. Aufgeregtheit, Nervosität, Unruhe. Und das bar jeden sinnvollen Anlasses. Wenn ein Kind an Heiligabend herzklopfend vor der abgeschlossenen Wohnzimmertür steht und darauf wartet, endlich zur Bescherung eingelassen zu werden, macht diese Unrast Sinn. Im täglichen TV-/Radiobrei: nicht.

Die Lösung

Wenn Sie möchten, dass man Ihnen gerne zuhört, dann nutzen Sie die passenden Betonungen an der richtigen Stelle.

Im Wesentlichen können Sie die *Lautstärke* variieren, die *Tonhöhe* und das *Sprechtempo*. Und es gibt die *Pause*.

Diese Variationen können Sie im Prinzip auf jede Silbe eines Satzes anwenden und damit Abwechslung erzeugen. Das macht Ihr Sprechen lebendiger und das Zuhören leichter.

Dabei ist es wichtig, die richtigen Silben zu betonen und weder zu viele noch zu wenige Betonungen zu platzieren. An den falschen Stellen entsteht Irritation, beim Betonen im Übermaß Druck und bei Sparsamkeit Langeweile. Im schlimmsten Fall wird die Aussage verfälscht – ähnlich wie bei Sätzen, die man im Internet unter der Überschrift »Kommas können Leben retten« findet:

- »Er will sie nicht.« -- »Er will, sie nicht.«
- »Was willst Du schon wieder?« -- »Was, willst Du schon wieder«
- »Wir essen jetzt Opa!« -- »Wir essen jetzt, Opa!«
- »Iss mein Kind!« -- »Iss, mein Kind«!

Wie ist es also mit den Satzzeichen?

- Punkt: Tonhöhe runter
- Ausrufezeichen: Stimme lauter
- Fragezeichen: Tonhöhe rauf, wenn das letzte Wort betont wird – Tonhöhe runter, wenn das erste Wort betont wird (»Du gehst ins *Schwimmbad*?« – »*Wann* gehst du ins Schwimmbad?«)
- Komma: Tonhöhe rauf
- Drei Punkte: Keine Veränderung der Stimme
- Bindestrich: Keine Veränderung der Stimme plus kurze Pause

Vielleicht denken Sie jetzt, …

…dass es schwierig ist, das Betonen zu üben, in dem man *liest*. So ist es. Sprechend ist es leichter, und noch viel besser ist es, dabei auch noch Feedback zu bekommen. Wer seine Stimme nachhaltig trainieren möchte, sollte sich unbedingt einen Trainer engagieren.

Bis dahin könnten Sie aber auch Ihr Smartphone nutzen. Nehmen Sie einen beliebigen Satz, betonen Sie ihn unterschiedlich, und nehmen Sie das Ganze auf. So bekommen Sie einen ersten Eindruck über die Unterschiede und Variationsmöglichkeiten, wie beispielsweise bei diesem wunderbaren Satz:

- »<u>Ich</u> liebe dich, mein Herz.« (Lautstärke rauf)
- »Ich <u>liebe</u> dich, mein Herz.« (Lautstärke rauf oder Tempo drosseln oder Tonhöhe rauf oder Tempo rauf)
- »Ich liebe <u>dich</u>, mein Herz.« (Lautstärke rauf oder Tonhöhe hoch oder runter)
- »Ich liebe dich, mein <u>Herz</u>.« (Lautstärke rauf)
- »Ich liebe dich, mein_Herz.« (Pause)

Vielleicht denken Sie auch, dass Sie für solche rhetorische Spitzfindigkeiten keine Zeit haben. Sie haben schließlich schon genug damit zu tun, Ihre Infos in der wenigen Zeit unterzubringen. Viel mehr als ein erhöhtes Sprechtempo ist da nicht drin!

Dazu ein Erfahrungswert: Wenn Sie merken, dass die Zeit nicht reicht, zum Beispiel in einer Präsentation oder in einem Vortrag, dann kürzen Sie bitte immer den Inhalt, statt das Sprechtempo zu erhöhen! Alles andere macht das Zuhören unerträglich und die Informationsaufnahme unmöglich.

Emotionen – Gefühle zeigen, Profi bleiben

Die Situation

Der Chef hält mal wieder eine seiner berüchtigten Präsentationen. Gefühlte 200 Folien in 60 Minuten. Trance pur. Doch er gibt sich viel Mühe, professionell zu wirken. Seine Stimme klingt beherrscht, er lässt sich den Stress der letzten Wochen nicht anmerken und auch nicht die Vorfreude auf den anstehenden Strandurlaub.

Das Problem

Viele verwechseln professionell mit eintönig. So als sei die Eliminierung von Emotionen aus der Sprache ein Ausweis für Profis. Dazu ein Gesicht, das eher einem Pokerface ähnelt als einer blühenden Mimik-Landschaft. Laaaaangweilig!

Man kann es nicht oft genug sagen: Unsere Stimmung überträgt sich auf unsere Zuhörer. Die emotionale Verfassung des Sprechers ist die Blaupause für den Gefühlshaushalt des Hörers.

Das Prinzip dahinter kennen wir alle, nutzen wir alle. Wenn beispielsweise unsere Kinder traurig sind oder sich weh getan haben, dann wählen wir instinktiv eine Tonlage, von der wir glauben, dass sie das Kind beruhigt. Es sind ja nicht die Worte, die dem Kind helfen, seine Gefühle wieder in den Griff zu bekommen – es ist der Klang der Worte als Ausdruck unserer Emotionen.

Oder im Rockkonzert. Wenn der Star auf der Bühne möchte, dass sein Publikum in Stimmung kommt, muss er diese Stimmung erst einmal selbst vorleben, muss sie spürbar und hörbar und sichtbar machen. Nur die trockene Information »Flippen Sie bitte jetzt aus« bringt die Arena nicht zum Kochen.

Die Lösung

Treffen Sie eine Entscheidung!

Tauchen Sie ein in die unendlichen Weiten der Gefühle, und wählen Sie die Emotion, die Ihrem Vortrag, Ihrer Präsentation, Ihrer Ansprache als zentrale Grundstimmung dienen soll.

Wenn Ihnen jetzt gerade kein Gefühl einfällt – hier ein paar Vorschläge:

Freude, Wut, Ekel, Furcht, Verachtung, Traurigkeit, Überraschung (die 7 Basisemotionen nach Paul Ekman)

Optimistisch, verliebt, fügsam, ehrfürchtig, enttäuscht, bereuend, passend, streitlustig, gelassen, froh, begeistert, akzeptierend, vertrauend, bewundernd, besorgt, ängstlich, erschrocken, verwirrt, überrascht, erstaunt, nachdenklich, traurig, betrübt, gelangweilt, ablehnend, angewidert, gereizt, verärgert, wütend (Plutchiks Rad der Emotionen)

Und die Liste ist noch lange nicht zu Ende…

Aber: *Gut, kompetent* oder *professionell* sind keine Gefühle!

Also treffen Sie Ihre Entscheidung, und dann lassen Sie dieses Gefühl, diese Grundgestimmtheit, in Ihnen entstehen. Beobachten Sie, welche Wege sich dieses Gefühl suchen will, um es körperlich und stimmlich wahrnehmbar zu machen – und geben Sie diesen Impulsen nach.

In dieser Haltung in den Vortrag zu gehen, bietet die große Chance, dass Ihr Publikum wach bleibt und nicht nach 30 Sekunden hinter glasigen Blicken wegschnarcht. Wählen Sie nur bitte eine Basisemotion, die Sie aufrichtig und wahrhaftig verkörpern können. So tun als ob gelingt nur ausgebufften Profis, und das auch nicht lange!

Hierzu mag ich Ihnen natürlich auch methodisch etwas anbieten.

Wenn man Emotionen mechanisch hörbar machen wollte, so könnte man dies durch geschickte Kreuzung von Lautstärke und Tonhöhe machen.

Nehmen Sie zum Beispiel den Satz »Herzlich willkommen – schön, dass Sie da sind.« Sprechen Sie diesen Satz erst einmal neutral und unbeteiligt aus. Wenig Betonung, wenig Abwechslung. Klar, hier kommt die Freude, von der in dem Satz inhaltlich die Rede ist, gefühlsmäßig nicht rüber.

Und jetzt probieren Sie folgendes aus: Betonen Sie die unterstrichenen Silben mit etwas mehr Tonhöhe:

»Herzlich willkommen - schön, dass Sie da sind.«

Sofort klingen Sie freundlicher. Je mehr Höhe, desto freudiger. Und wenn Sie dann noch ein Plus an Lautstärke mit reinbringen, geht es in Richtung begeistert.

Das ist übrigens auch der Grund, warum wir mit Babys instinktiv mit hohen Stimmen sprechen. Diesen süßen und schutzbedürftigen Wesen wollen wir ganz einfach freundlich und freudig begegnen.

Zweiter Versuch.

Diesmal mit dem Satz »Ich mache das seit zwanzig Jahren – Sie können mir vertrauen.«

Zunächst wieder neutral; danach betonen Sie die markierten Stellen mit mehr Tontiefe:

»Ich mache das seit zwanzig Jahren – Sie können mir vertrauen.«

Hier entstehen Emotionen wie verbindlich und vertrauenserweckend. Spaßeshalber können Sie an diesen Stellen ja mal Tonhöhe platzieren – sofort klingen Sie sarkastisch, bedrohlich, gemein, verschlagen und gefährlich. Nicht ohne Grund nutzen wir für Beruhigungen und Verführungen automatisch eine tiefere Tonlage.

Dritte Variante.

Jetzt lautet unser Übungssatz »Leg sie ins Regal.«

Stellen Sie sich vor, wie Sie mit einem Kind in der Quengelgasse vor der Supermarktkasse stehen. Das Kind sieht das Regal mit den Schokoriegeln und greift beherzt hinein. Sie möchten aber, dass das Kind seine Beute wieder zurücklegt und sprechen den oben genannten Satz.

Neutral gesprochen, wird er keinerlei Wirkung zur Folge haben, denn das Kind reagiert nicht auf den Inhalt, sondern auf den Klang bzw. auf das Gefühl und auf die Haltung, die dem Klang zugrundeliegen (wer mit Hunden oder Pferden kommuniziert, kennt das…).

»Leg sie ins Regal.«

An den unterstrichenen Stellen werden Sie jetzt ein klein wenig lauter. Sofort kommt mehr Klarheit in Ihre äußere Wirkung. Und wenn Sie die Lautstärke erhöhen, klingen Sie rasch bestimmend und autoritär.

Auf diese Weise – durch geschickte Kombination von Lautstärke und Tonhöhe – können Sie jede Emotion stimmlich darstellen.

Ganz wichtig #1: Gehen Sie sparsam mit der Anzahl der betonten Silben um! Ansonsten wirken Sie schnell peinlich – sehen Sie selbst: Nehmen wir noch einmal den Satz »Leg sie ins Regal.« Dieser Satz besteht aus 5 Silben. Sprechen Sie ihn jetzt so, dass Sie alle 5 Silben mit verstärkter Lautstärke belegen. Das klingt dann nicht mehr klar oder bestimmend, sondern hysterisch, cholerisch, hitzköpfig, nervenschwach – und lässt Sie peinlich wirken, zumal im beruflichen Kontext.

Ganz wichtig #2: Finden Sie das richtige Mischungsverhältnis zwischen Lautstärke und Höhe! Auch hier lauert die Chance, einen peinlichen Eindruck zu hinterlassen… Wieder der Satz »Leg sie ins Regal.« Diesmal sprechen Sie ihn an den markierten Stellen nicht nur lauter, sondern auch höher. Jetzt dürfte Ihre Stimme etwas kratzbürstiges, trotziges, beleidigtes bekommen – und wieder wirken Sie peinlich.

Ich persönlich denke, dass es die unterschwellige Furcht vorm Peinlich-Wirken ist, die viele dazu verleitet, sich die Emotionen gleich ganz zu verbeißen. Und es stimmt ja: wer sich in Meeting, Kundengespräch oder Verhandlung cholerisch oder zickig gibt (oder anbiedernd bei zu viel Tontiefe…), der muss auf inhaltlicher Ebene verdammt hart arbeiten, um diesen schlechten Eindruck wieder wettzumachen.

(Anmerkung: Ich verwende die Begriffe Gefühl und Emotion in diesem Zusammenhang synonym, das heißt so, als seien sie austauschbar. Streng genommen müsste man hier eine Unterscheidung treffen – für den vorliegenden Zweck brauche ich diese Unterscheidung jedoch nicht.)

Vielleicht denken Sie jetzt, …

…dass es gerade das ist, was Sie vermeiden möchten: authentisch Ihre Gefühlslage zu präsentieren. Schließlich wollen Sie ja einen professionellen Eindruck machen, und da passt es doch nicht, gefühlig aufzutreten!

Ja und nein. Authentisch sein heißt für mich nicht, in jedem Moment ungefiltert meine Emotionen rauszuhauen. Das wäre zwar authentisch, aber vor allem wäre es kindisch und pubertär.

Professionell wäre es dagegen, meine Gefühle zu regulieren und zwar so weit, dass ich in der Lage bin, während meines Auftritts jederzeit frei entscheiden zu können, welches Gefühl ich wann zeige. Aber wenn ich es zeige, dann authentisch, also echt und wahrhaftig und nicht gespielt.

So kann ich auch eine starke Emotion als Grundmotiv wählen und trotzdem einen professionellen Eindruck machen. Ich könnte mich dann beispielsweise dafür entscheiden, meine tiefe Sorge um die Zukunft des Projekts in mir zuzulassen – mich dann aber so zu regulieren, dass ich in meiner Präsentation nicht 45 Minuten lang Angst zeige, sondern eben auch Klarheit, Nachdenklichkeit, Ärger, Optimismus, Neugier usw.

Authentizität meets Gefühlsregulierung: dann können Gefühle auch im beruflichen Kontext gut ihren Platz haben.

4. Lampenfieber

Entspannung, wenn das Herz zum Halse schlägt

Aktiver Umgang mit Nervosität und Lampenfieber

Die Situation

Erinnern Sie sich noch daran, wie Sie mal so richtig das Muffensausen gepackt hat? Vielleicht kurz vor einem Auftritt, vor einer Prüfung, vor einem Vorstellungsgespräch?

Woran haben Sie *gemerkt*, dass Sie Lampenfieber hatten? Fühlte sich Ihr Kopf wie vernagelt an oder irgendwie entleert? Haben Sie stark geschwitzt? Bekamen Sie wacklige Knie? Mussten Sie öfter zur Toilette? Dachten Sie, plötzlich all Ihr Wissen verloren zu haben?

Fracksausen hat viele Gesichter; angenehm ist keines.

Dennoch hört man von Schauspielern oft den Satz: »Wenn ich irgendwann mal kein Lampenfieber mehr habe, hänge ich meinen Beruf an den Nagel.« Und manchmal genießen wir es sogar – nur sagen wir dann nicht *Lampenfieber*, sondern *gespannte Erwartung*.

Das Problem

Lampenfieber ist letztlich eine Form der Angst. Also eine Reaktion auf eine Situation, in der möglicherweise Gefahr droht. Adrenalin schießt ein, unser Blickfeld verengt sich, unsere ganze Aufmerksamkeit fokussiert sich auf die Gefahrenquelle.

Das macht hochgradig Sinn, wenn die Quelle der Gefahr der weiter oben bereits erwähnte Säbelzahntiger ist oder betrunkener Fußballfan nach einer krachenden Niederlage mit einem Eisenrohr in der Hand.

Meist aber geht es beim handelsüblichen Lampenfieber nicht um Tod oder Leben. Bedauerlicherweise differenziert unser System jedoch nur sehr grob und denkt sich: Angst ist Angst, Ende Gelände. Das kostet Kraft und Lebensfreude, und es wirkt – und darum geht es ja hier – manchmal befremdlich und unsouverän.

Die Lösung

Es gibt verschiedene Möglichkeiten, einen guten Umgang mit Lampenfieber zu finden: *Vor* der auslösenden Situation und *währenddessen*. Auf *körperlichem* Weg und *mental*.

Das machtvollste Instrument zur körperlichen Selbstregulierung ist unser Atem. Nichts anderes ermöglicht uns so schnell den Wechsel in eine andere Stimmungslage (→ vgl. den Abschnitt Stimme/Atmung).

Wer nervös ist, bekommt daher manchmal den Rat »Atme mal tief durch«. Das ist leider nicht ganz hilfreich, denn so kommt es schnell dazu, dass man tief *ein*atmet – und das verstärkt die Unruhe noch!

Ausgesprochen zielführend dagegen ist es, tief *aus*-zuatmen. Probieren Sie es gleich mal aus:

Stehen oder sitzen Sie in lockerer Haltung, atmen Sie normal ein – und dann atmen Sie so lange durch den Mund aus, bis Sie das Gefühl haben, dass nun auch wirklich gar keine Luft mehr in Ihrer Lunge ist. Schnell meldet sich der Atemreflex, und Sie atmen wieder frische Luft ein. Wiederholen Sie das drei-, viermal. Es sollte sofort eine Entspannung einsetzen. Das Ganze können Sie dadurch unterstützen, dass Sie beim Ausatmen den Mund leicht öffnen und Ton geben »Pffff...«; das Einatmen erfolgt dann über die Nase. Wichtig: Lassen Sie die Luft mehr einströmen, als dass Sie sie ruckartig einatmen. Der Schwerpunkt liegt auf dem Ausatmen.

Ausatmen als Instrument des Lampenfieber-Managements können Sie sowohl vor dem Auftritt nutzen als auch währenddessen. In dem Fall setzen Sie einfach eine kleine Pause (siehe den Abschnitt *Körper > Statussignale*) und atmen bewusst tief aus. Um es vor Publikum dezenter zu halten, lassen Sie dabei den Mund geschlossen und atmen über die Nase aus.

Aus diesem Grunde ist *Singen* auch ein ganz wunderbares Mittel im Umgang mit Lampenfieber. Denn der Körper kann nur während des *Aus*atmens singen. Wenn Sie also allein im Auto sitzen auf dem Weg zum Termin, der Ihnen Furcht bereitet: singen Sie, was das Zeug hält! Ob gut oder falsch, schön oder schräg, spielt keine Rolle.

Und natürlich: Kultivieren Sie Ihre Tiefatmung. Sie hilft präventiv und währenddessen und ist in wirklich jeder Situation einsetzbar (siehe den Abschnitt *Stimme > Atmung*).

Wenn wir Lampenfieber bekommen, neigen wir dazu, uns weniger zu bewegen. Das hängt wieder mit dem Adrenalin zusammen, das zur Einschränkung des Gesichtsfelds führt, damit wir all unsere Aufmerksamkeit auf den Feind richten. Hier aber hilft uns das nicht weiter. Im Gegenteil. Je weniger wir uns bewegen, je kleiner unsere Bewegungen werden (gehen, gestikulieren, mimikieren), desto größer die Gefahr, dass wir in die *Erstarrung* gehen, und dort lauert der gefürchtete Blackout; der Punkt, an dem gar nichts mehr geht. Der Punkt, an dem wir nur noch stammeln und unseren Text vergessen und uns mit Warp-Geschwindigkeit in die nächste Galaxie wünschen.

Eine gute Sache gegen allzu starkes Lampenfieber ist also Bewegen:

Sie können beispielsweise mit ein oder zwei Armen gestikulieren. Das geht übrigens auch im Sitzen; dann sind es eher die Hände als die Arme.

Bei einer Präsentation könnten Sie die gesamte Breite der Bühne nutzen und immer wieder hin- und hergehen (eher langsam, keinesfalls hektisch und bitte nicht vor und zurück). Wenn die Möglichkeit besteht, stellen Sie sich einfach zwei Flipcharts oder Metaplanwände hin, so dass Sie einen guten Grund haben, die Seiten zu wechseln. Oder Sie wechseln zwischen Sitzen und Stehen und Gehen.

Eine schöne Bewegungsübung habe ich bei meiner Kollegin Isabel García kennengelernt. Stellen Sie sich gerade hin und klopfen Sie mit flachen Händen Ihren gesamten Körper ab. Von der Brust über den Bauch, die Oberschenkel, die Schienbeine über die Waden, den Po, den Rücken, die Arme entlang nach unten. Wenn Sie mögen, geben Sie dabei laut Ton: »Ooooohhhh…«, und zum Schluss stampfen Sie einmal laut mit einem Fuß auf den Boden und rufen »Hah!« (dies machen Sie am besten *vor* dem Auftritt…). Hiermit regen Sie den Kreislauf an; man fühlt sich vitalisiert und dynamisch. Und die Aufregung ist schon ein ganzes Stück kleiner.

Oben sagte ich, dass wir bei Lampenfieber zur Anspannung neigen. In einem solchen Zustand den Befehl auszusprechen »Entspann dich doch mal!« hilft nichts, aber dennoch wäre *Ent*-Spannung dienlich. Sie könnten also folgendes probieren:

Strecken Sie beide Arme leicht nach vorne; die Handflächen nach oben. Ballen Sie die Hände zur Faust. Und zwar so fest wie Sie können. Spannen Sie an! Ballen Sie! Legen Sie all Ihre Kraft in Ihre zwei Fäuste! Die Arme dürfen dabei gerne zittern und das Gesicht sich verziehen. Halten Sie diesen Zustand für 5-7 Sekunden, und öffnen Sie schlagartig die Hände und hören auf, anzuspannen. Ganz so, als würden Sie die Spannung, die Sie zum Ballen der Fäuste gebraucht haben, aus Ihren Händen herauswerfen. Diesen Vorgang wiederholen Sie mit weiteren Muskelgruppen, zum Beispiel Oberschenkel oder Bizeps.

Was genau passiert hier? Statt sich darüber zu ärgern, dass man angespannt ist und nicht zur Ruhe kommt, nutzen wir die Anspannung aktiv aus. Wir nehmen sie sozusagen in die Hand, und dann übertreiben wir sie so stark es geht. Und lassen sie wieder los. Auf diese Weise entlädt sich ein Teil der (An-) Spannung, und unser Körper wird ruhiger.

Auch diese Übung macht man besser für sich alleine, wobei eine reduzierte Form auch besprechungstischtauglich ist. Legen Sie die Arme *unter* dem Tisch auf Ihren Beinen ab, und ballen Sie die Faust. Wenn Sie das nur so fest tun, dass sich Ihr Gesicht *über* dem Tisch nicht verzieht und Ihr Körper nicht zu zittern beginnt: kein Problem.

Schließlich könnten Sie auch gehen. Den Gang rauf und runter, einmal um den Block, zu Fuß zur Arbeit. Der Mensch ist sowieso fürs Bewegen gebaut und nicht fürs lange Sitzen. Manchmal ist stilles Sitzen sinnvoll, beispielsweise in der Meditation, aber wenn uns das Lampenfieber packt, dann brauchen wir Bewegung. Denn wenn wir unseren Körper bewegen, kommt auch unser Geist in Bewegung und es fällt ihm leichter, uns (wieder) kluge Sachen sagen zu lassen.

Ab und an liest man den Ratschlag »Stell dir deinen Chef einfach mit einer Pappnase vor oder nackig«. Hier wird versucht, sich selbst stärker zu fühlen, in dem man den anderen innerlich herabwürdigt. Kann man machen, muss man aber nicht. Hilfreicher und würdevoller ist es, bei sich zu bleiben und die eigene Stärke zu stärken. Dazu möchte ich Ihnen zwei Möglichkeiten zeigen.

Beantworten Sie folgende Frage: »Welches Tier symbolisiert für Sie Kraft, Mut, Souveränität, Stärke?« Nehmen wir an, es wäre ein Löwe. Nehmen Sie sich nun eine Minute Zeit, und laden Sie Ihren Löwen zu sich ein. Lassen Sie ihn in sich hineinkriechen. Unter Ihre Haut. Spüren Sie, wie Ihr Brustkorb sich ausdehnt, sobald der Löwe dort wohnt. Spüren Sie die Kraft seiner Kiefer, die Gefährlichkeit seiner Zähne, den kalten Blick. Lassen Sie die Pranken und die Beine des Löwen in Ihre Hände, Arme und Beine wandern, und spüren Sie auch hier der Kraft nach und der gespannten Ruhe, mit der der Löwe auf Beute lauert. Sie sind zugleich ruhig und bereit zum Sprung. Vielleicht fällt Ihnen diese Visualisierung anfangs noch leichter, wenn Sie die Augen geschlossen haben; dann schließen Sie sie. Und wenn Sie das Gefühl haben, dass Sie in einem guten Kontakt mit Ihrem Löwen sind, dann stehen Sie langsam auf und gehen durch den Raum. Nehmen Sie Kontakt zur jeder Faser Ihres Körpers auf; zu jedem Muskel; zu Ihren Haaren. Spüren Sie, wie Sie gehen, wenn der Löwe in Ihnen geht. Spüren Sie vor allem, wie Sie in die Welt blicken, wenn aus Ihnen heraus der Löwe schaut. Ruhig, lauernd, hungrig, gespannt, machtbewusst... Am Ende bedanken Sie sich bei Ihrem Löwen und lassen ihn wieder gehen.

Wir könnten die geschilderten körperlichen Veränderungen auch bewusst vornehmen: »Werde Dir der Kraft Deiner Kiefer bewusst; schaue klar und offen« usw. Aber die Erfahrung zeigt, dass dies den meisten Menschen schwerer fällt, als wenn man Ihnen sagt: »Stell dir vor, da wohnt ein Löwe in dir.« Die Assoziationen, die dann entstehen, greifen schneller, genauer und umfassender als bei der Steuerung übers Bewusstsein.

Statt eines Tieres könnten Sie auch mit Superhelden experimentieren; es gibt ja jede Menge davon. Spiderman, Wonder Woman, Hulk, Catwoman usw. Oder eine Romanfigur oder ein Fantasy-Wesen. Nehmen Sie das, was Ihnen besonders sympathisch ist und womit Sie sich leicht anfreunden können.

Ich bin mir übrigens sicher, dass Sie genau das schon mal erfolgreich ausprobiert haben. Damals waren Sie viel jünger als heute, machten es zusammen mit einem Spielpartner und nutzten den einleitenden Satz »Ich wär jetzt mal der/die…«. Kinder machen das instinktiv. Oft. Im Spiel schlüpfen sie in fremde Rollen, um auszuprobieren wie das ist mit dem groß und stark sein. »Ich tu jetzt mal so als ob…« oder in der Sprache der Persönlichkeitsentwickler: »Fake it until you make it.«

Ich erinnere mich noch gut daran, wie ich als 12-Jähriger aus dem Kino kam… Für eine gewisse Zeit *war* ich dann Bud Spencer und stärker als alle Bösewichter…

Dieses Prinzip hat etwas Humoriges – aber funktioniert auch sehr ernsthaft und tief:

Stellen Sie sich gerade hin, und nehmen Sie einen sicheren Stand ein. Stellen Sie sich vor Ihrem inneren Auge eine Situation vor, in der Sie stark mit Lampenfieber, Aufregung, Nervosität und Unruhe in Kontakt kommen. Gehen Sie innerlich so richtig rein in die Situation. Nun treten Sie einen Schritt zur Seite und überlegen, welche Personen Sie bei dieser Herausforderung gerne an Ihrer Seite hätten. Das können lebende und verstorbene Menschen sein. Reale oder fiktive. Sprechen Sie laut die Vornamen von zwei bis drei dieser Begleiter aus, und spüren Sie genau nach, wo sie sind: vor Ihnen, hinter Ihnen, an Ihrer Seite… Dann treten Sie wieder den Schritt vor in die Ausgangsposition, verbinden sich mit der lampenfiebrigen Situation und stellen sich vor, wie nacheinander jeder Ihrer persönlichen Begleiter eine Hand auf Ihre Schulter oder Ihren oberen Rücken legt und dabei sagt: »Ich bin bei dir. Du schaffst das. Ich glaube an dich. Du kriegst das hin«.

Diese Form der Visualisierung besitzt große Kraft. Mit ein wenig Übung spürt man tatsächlich eine körperliche Berührung – und wird dadurch im Innern, in der Seele berührt. »Ich bin nicht allein«, erkennen wir dann, »meine Lieben stehen hinter mir«.

Wer mag, stellt sich die ganze Ahnenreihe in den Rücken in dem Bewusstsein, dass all die, die vorher hier waren, darauf hingewirkt hätten, dass Sie jetzt hier stehen. Wir stehen auf den Schultern von Giganten.

Dieses Prinzip haben Sie bestimmt ebenfalls schon erlebt. Wenn ein Kind zur Schule geht, um dort eine Klassenarbeit zu schreiben, fragen die Eltern »In welcher Stunde schreibst du? Ich denk an dich!« Hier stellen sich die Eltern in den Rücken ihrer Kinder und stärken sie dadurch. Es hilft den Kindern, zu wissen, dass da jemand Wichtiges an sie denkt.

Die Visualisierung können Sie ebenfalls gut vor und während eines Auftritts nutzen. Wenn man diese Art zu denken und zu fühlen ein wenig kultiviert hat, kann man sie sozusagen jederzeit anknipsen. Diese Ressource ist dann immer da und bereit. Sehr hilfreich!

Nach den Aspekten Stimme, Bewegung und Visualisierung möchte ich Ihnen zuletzt noch eine vierte Möglichkeit anbieten, innerlich ruhiger zu werden.

Es geht um Selbstführung. Es geht um die innere Haltung, um Persönlichkeitsentwicklung, um Selbst-Bewusstsein, Selbst-Achtung und Selbst-Liebe. Um unsere Seele und die Art, wie wir über uns und die anderen denken. Weniger Tools und Methoden als Prozesse und innere Verwandlungen, die manchmal auch etwas mehr Zeit brauchen dürfen. Diesen Aspekten werden Sie im Verlaufe des Buches in vielen Kapiteln begegnen…

Vielleicht denken Sie jetzt, …

…was soll der Kinderkram?! Klopfen, tönen, stampfen, Fäuste ballen, Superheld spielen! Ja, wo sind wir denn?

Ich wünschte, ich könnte Ihnen einfach zwei, drei weise Affirmationen an die Hand geben, und alles wäre gut: »Ich bin ganz ruhig«, »Das Lampenfieber ist mein Freund«, »Nichts kann mich wirklich erschüttern« oder so.

Probieren Sie es aus, und wenn es funktioniert, schicken Sie mir bitte eine Nachricht!

Nach meiner Erfahrung ist es leider nicht so einfach, und wir brauchen die Bereitschaft, neue, unkonventionelle Wege zu beschreiten. Dabei gilt: je mehr Körper, desto besser. Lampenfieber lässt sich leichter weg-handeln als weg-denken.

Und auch hier ist es so: Übung macht den Meister. Gerade im Umgang mit Situationen, die prädestiniert sind, uns in Kontakt mit Nervosität zu bringen, ist Routine ein starker Helfer. Wer zum ersten Mal vorm Chef präsentiert, tut sich schwerer als wer es schon ein dutzend Mal hinter sich gebracht hat.

Daher: Werden Sie zum Gefahrensucher! Halten Sie die Augen offen für Situationen, die Ihnen Lampenfieber bescheren könnten – und springen Sie hinein. Immer wieder. Selbstdiszipliniert und mit Spaß an der Freud. Denn es gilt auch hier: Lampenfieber ist nichts Schlimmes. Es ist lediglich Ausdruck einer erhöhten Betriebstemperatur. Manchmal unangenehm aber eben auch auch nützlich.

5. Formulieren

Starker Eindruck mit gutem Ausdruck

Die wertvollsten Stücke aus der Schatzkiste der Rhetorik

Vielleicht kennen Sie diese Geschichte:

Vor langer Zeit wachte eines Morgens ein reicher Sultan auf. Er hatte fürchterlich geträumt. Er hatte geträumt, dass ihm alle Zähne ausfallen. Und was macht ein reicher Sultan bei einer solchen Gelegenheit? Genau! Er ruft einen Traumdeuter. Der kommt, hört sich die Geschichte an und wird kreidebleich. »Oh, Sultan, das ist ja furchtbar! Jeder Zahn, den du im Traum verloren hast, steht für den Tod eines deiner Lieben.« Das erschrak der Sultan, und er wurde zornig, und er rief: »Wie kannst du es wagen! Hinfort, und empfange 50 Stockhiebe.« So geschah es. Zwei Wochen später ereilte unseren Sultan der gleiche Traum erneut – und er rief einen zweiten Traumdeuter. Auch der kam, hörte sich die Geschichte an und rief: »Oh Sultan, das ist ja wunderbar! Wisst ihr, was dieser Traum bedeutet? Dieser Traum bedeutet, dass du all die deinen überleben wirst.« Da lächelte auch der Sultan, und er sagte: »Du hast weise gesprochen. Gehe hin, und empfange 50 Goldstücke.« So geschah es. Und auf dem Weg zur Schatzkammer konnte der Schatzmeister nicht an sich halten, und er sagte: »Jetzt mal unter uns! Du hast den Traum nicht anders gedeutet als dein Kollege vor zwei Wochen, und der hat 50 Stockhiebe bekommen.« Da lächelte der Traumdeuter, und der sagte: »Wisse, man kann alles sagen. Wichtig ist nur, wie man es sagt.«

In diesem Sinne: Herzlich willkommen zu dem Kapitel, in dem es darum geht, *wie* Sie Ihre Dinge sagen können, damit Sie den Erfolg und die Souveränität erlangen, die Sie sich wünschen.

In diesem Kapitel geht es über den Gebrauch der Worte. Welche Wörter, welche Sätze haben welche Wirkung? Es geht also um die Macht der Sprache.

Und statt aber – Damit Sie nicht zum Terminator werden

Die Situation

Nach Ihrer Präsentation kommentiert der Chef: »Das war eine tolle Darstellung des Projekts. Aber nächstes Mal liefern Sie bitte noch die aktuellen Zahlen.« Sie haben ein Lob bekommen, und der Chef hat »bitte« gesagt – und doch fühlen Sie sich mies.

Das Problem

Der Chef hat den absoluten Terminator-Terminus benutzt; die Killerphrase Nummer Eins. Jenes kleine Wörtchen *aber* hat nur vier Buchstaben und besitzt trotzdem eine unbändige Kraft. Denn es ist in der Lage, alles, was vor dem *aber* gesagt wurde – und sei es noch so wertschätzend – abzuwerten, niederzumachen, zu vernichten.

Die Lösung

Die Lösung kommt so unscheinbar daher wie das Problemwort. Ersetzen Sie das *aber* durch ein *und*: »Das war eine tolle Darstellung des Projekts. Und nächstes Mal bauen Sie noch die aktuellen Zahlen ein.« Dieses Feedback lässt das Lob stehen und schenkt dem Feedback-Nehmer die Möglichkeit den Hinweis zu nehmen, ohne sich schlecht zu fühlen.

Vielleicht denken Sie jetzt,…

…dass es so einfach nicht sein kann. Nach ungezählten Seminaren und Coachings darf ich sagen: Doch, es ist so einfach. Es gibt im weiten Feld der Rhetorik kaum eine Maßnahme, die mit derart wenig Aufwand eine so machtvolle Wirkung erzielt.

Natürlich geht es nicht darum, *aber* für immer zu erledigen. Es ist ein wichtiges Wort, aber wir sollten es nur dafür einsetzen, wofür es gedacht ist: eine klare Abgrenzung, einen Kontrast zu kommunizieren. Leider ist es vielerorts zur Gewohnheit geworden, mit diesem Wort den Beitrag eines Gesprächspartners zu relativieren, um sich selbst zu erhöhen, sich als besserwissend darzustellen, selbstgerecht zu wirken. Das *aber* macht so oft keinen Sinn, denn der Gesprächspartner fühlt sich zurückgesetzt, und es kommt rasch zu billigem Kräftemessen und Streit.

Es braucht ein wenig Aufmerksamkeit und Übung, um den Killer rechtzeitig durch das unschuldige *und* zu ersetzen, aber dann machen Sie die Erfahrung, dass Ihre Diskussionen konfliktfreier verlaufen und nicht mehr so oft in Streit ausarten.

Indikative statt Konjunktive – So machen andere, was Sie wollen

Die Situation

Meeting. Die Führungskraft sagt: »Wir haben einen neuen Kunden. Um den müsste sich mal jemand kümmern.« Und schaut bedeutungsschwanger in die Runde. Alle nicken. Zwei Wochen später springt die Führungskraft aus der Hose, weil sich doch niemand drum gekümmert hat.

Das Problem

Das kleine, aber gemeine Wörtchen *müsste* sendet die Botschaft, dass es zwar schön wäre aber nicht notwendig ist. Konjunktiv statt Indikativ. Möglichkeitsform statt Wirklichkeitsform.

Die Lösung

Wenn Sie möchten, dass eine Aufgabe erledigt wird, sprechen Sie in kurzen, klaren Sätzen: »Bitte kümmern Sie sich um den neuen Kunden.« »Bring den Müll runter, wenn Du gehst.« »Holen Sie die Unterlagen.« Subjekt, Prädikat, Objekt, Punkt.

Vielleicht denken Sie jetzt,…

...dass es unhöflich wäre, so zu sprechen. Das kann sein. Es kommt drauf an. Wenn Sie eine barsche Stimme nutzen und ein böses Gesicht machen, kommt sicherlich keine Freude auf.

Sie können aber auch direkt sein *und* freundlich. Gleichzeitig. Das geht. Und zweitens: Diese Regel gilt bei der sachlichen Aufgabenklärung. Etwas anderes ist es, wenn es vornehmlich um die Beziehungsebene geht. Dazu noch mal ein Griff in die Klischeekiste:

Mann kommt nach Hause und Frau fragt: »Na, wie war Dein Tag, Schatz?« – Schatz antwortet: »Gut.« – Frau denkt sich: »Wie schön, dass wir geredet haben...«

Wenn es um die Beziehung geht, machen Sie bitte mehr Worte – wenn Sie möchten, dass etwas erledigt wird, fassen Sie sich bündig. Wir hatten das ja schon... (→ vgl. den Abschnitt Status).

Möglichkeiten statt Absolutismen – Müssen muss ich gar nichts!

Die Situation

»Ihr müsst Euch immer darum kümmern, dass die Unterlagen für die Besprechung fertig werden. Das dürft Ihr nie vergessen.«

Das Problem

Klare Ansage, die die Kollegin da macht. Sie weiß ganz offenbar, was sie will und bringt es auch unmissverständlich auf den Punkt. Und doch...

Was haben Sie im ersten Moment gefühlt, als Sie die beiden Sätze oben gelesen haben? Gab es da so etwas wie Widerstand, Protest, Widerstreben?

Dann sind Sie in guter Gesellschaft. Die meisten Menschen tun sich schwer damit, wenn Sie Arbeitsaufträge in Befehlsform bekommen. Befehle lassen keinen Spielraum, und Menschen möchten immer ein Stück weit selbst bestimmen, wann wie wo sie was machen. Das geht schon kleinen Kindern so und hört nach der Pubertät nicht auf. Der Mensch als Subjekt statt als Objekt, wie Gerald Hüther es formulieren würde.

Die Lösung

Bauen Sie Spielräume in Ihre Kommunikation ein. Schaffen Sie sprachlich Korridore der Möglichkeit. Verzichten Sie darauf, Ihre Gesprächspartner unnötig einzuschränken.

Typische Worte, die gut geeignet sind, inneren Widerstand zu erzeugen: alle – keiner – immer – jede – nie – müssen

Experimentieren Sie vielleicht einmal mit: meistens – oft – manchmal – selten – viele – einige – vielleicht – eine Menge – wollen – mögen – irgendwie – ein wenig

Mit anderen Worten: Wenn man Sie unterstützen muss, dann verkneifen Sie sich ab sofort und für alle Zeiten jede Form von Formulierungen, die letztlich immer nur Widerstand erzeugen! Stattdessen könnten Sie, wenn Sie wollen, vielleicht einmal damit experimentieren, so zu kommunizieren, dass es ein wenig entspannter klingt. Viele Menschen mögen das und sind dann eher dazu bereit, Ihnen unter die Arme zu greifen. Nicht immer natürlich, aber doch öfter als manchmal. Merken Sie was?

Vielleicht denken Sie jetzt, …

…was soll denn das Geschwafel? Wir sind doch hier bei der Arbeit! Wer sich mit Wattebäuschen bewerfen will, kann das im Kindergarten tun.

Außerdem hieß es doch gerade erst im Abschnitt über Konjunktive, dass wir geradeaus sprechen sollen, wenn wir wollen, dass etwas erledigt wird. Was gilt denn nun? Gute Frage, klare Antwort: Beides!

Zum einen geht es darum, *worum* es geht. Bei eindeutigen Arbeitsaufträgen, die hierarchisch von oben nach unten diktiert werden, wird eine absolute Sprache eher akzeptiert. Wenn es aber darum geht, dass man Sie unterstützt, dass Sie Hilfe brauchen, dass Sie agil arbeiten sollen, dass es um Absprachen auf lateraler Ebene geht – um Augenhöhe also –, dann wird eine relativierende Sprache eher zum Erfolg führen.

Zum anderen geht es tatsächlich oft nur um Worte. Stellen Sie sich vor, Sie wollen gerade die Wohnung verlassen und Ihr Partner oder Ihre Partnerin hegt den Wunsch, dass Sie bei dieser Gelegenheit den Müll mit runternehmen. Bei welcher Formulierung fällt es Ihnen leichter, diesen Wunsch zu gewähren?

»Du musst noch den Müll mit runternehmen, wenn du gehst.«

»Könntest Du den Müll mit runternehmen, wenn Du gehst?«

Oder der Klassiker in der Kindererziehung:

»Alle in meiner Klasse dürfen auf die Party. Nur ich nicht.«

»Aus meiner Klasse dürfen schon einige auf diese Party. Es wäre so schön, wenn ich das auch dürfte.«

Kindern fällt die zweite Variante in der Regel nicht ein, und so machen sie es ihren Eltern leicht, Nein zu sagen…

Vielleicht denken Sie auch, dass das Haarspalterei ist, was ich hier schreibe. Ein wenig ja. Rhetorische Haarspalterei, gewissermaßen. Es geht hier um Fein-Tuning. Um Taktgefühl. Um ein Gespür für Zwischentöne. Aber genau das ist der Hebel für den Erfolg. Menschen mögen Menschen, die des Taktgefühls fähig sind und nicht nur holzschnittartig reden.

Dass Sie überhaupt Spielraum lassen, ist der Türöffner.

Und zu guter Letzt: Immer dann, wenn jemand mental angeschlagen ist – traurig, verletzt, verzweifelt, geschockt –, fahren Sie sehr gut damit, nicht absolut und drängend zu sprechen.

»Ich weiß nicht, was ich machen soll… Gerade habe ich die Nachricht bekommen, dass ich bei der nächsten Entlassungsrunde dabei bin… Was soll ich denn jetzt tun…«

Antwort im Befehlston: »Komm schon! Man findet immer was Neues, wenn man nur wirklich will! Das weiß doch jeder.«

Dann doch lieber so: »Verdammter Mist… Ich kann gut verstehen, dass du nicht weißt, was du jetzt tun sollst… Vielleicht setzen wir uns mal zusammen… Ich könnte mir gut vorstellen, dass du rasch was Neues findest… Meld dich, wenn es passt.«

Positiv statt Negativ – Frustrationen eliminieren

Die Situation

Endlich! Endlich sind Sie an der Reihe. Nach langem Warten auf einem schmucklosen Büroflur betreten Sie die Amtsstube, tragen Ihr Anliegen vor – und bekommen zu hören: »Dafür bin ich nicht zuständig.« Das war's. Und tschüss. In einer Mischung aus Fassungslosigkeit, Wut und Verzweiflung beißen Sie in die nächste Tischkante...

Das Problem

Jetzt könnte man sagen: »Informier dich halt besser vorher.« Oder: »Ist jetzt eben so; frag einfach, wer dir weiterhelfen kann.«

Natürlich. Aber das ist nicht der Punkt.

Der Punkt ist die Mauer, die der Gesprächspartner ruckartig hochzieht, und zwar ohne den geringsten Hinweis darauf, wie Sie diese Mauer überwinden können oder wo vielleicht eine Tür ist:

- »Wir schließen gleich!«
- »Keine Zeit!«
- »Das hat noch nie funktioniert!«
- »Ham wa nich!«
- »Oh, das wird schwer...!«

Und so weiter, und so weiter. Problemorientierung pur; Kundenorientierung null.

Die Reaktion auf solche Äußerungen sind immer gleich und schwanken in der Regel zwischen genervtem Augenverdrehen und blanker Wut. Was aber nie im Reaktionsportfolio steckt: Verständnis, Gleichmut, Freundlichkeit.

Die Lösung

Formulieren Sie positiv. Positiv im Sinne einer in die Zukunft weisenden Information.

- »Oh, das tut mir leid. Der Kollege, der unser Experte für Ihr Thema ist, sitzt in einem anderen Büro. Jetzt haben Sie ganz umsonst hier gewartet. Ich ruf ihn gleich mal an.«
- »Guten Tag. Kann ich Ihnen weiterhelfen? Wir schließen leider in 5 Minuten. Bekommen Sie das noch schnell hin, oder wollen Sie lieber morgen noch mal wiederkommen, wenn wir mehr Zeit für Sie haben?«
- »Sorry, jetzt gerade passt es leider nicht. Lass mir deine Nummer hier; ich rufe dich nachher an.«
- »Spannend! Bisher hat dieser Ansatz hier noch nur funktioniert. Aber ich bin ehrlich neugierig, wie du das angehen willst.«
- »Diesen Artikel haben wir im Moment noch nicht im Sortiment. Aber Sie können sich etwas anschauen, was mindestens genauso gut ist. Kommen Sie einfach mal mit.«
- »Wow! Das ist echt ein dickes Brett… Mal schauen, wie wir das am besten hinbekommen…«

Vielleicht denken Sie jetzt, …

…das wäre Schönfärberei. Ja und Nein. Schönfärberei im übertragenen Sinne ist es nicht, weil die Fakten Fakten bleiben, und es wird nicht so getan, als gäbe es sie nicht.

Schönfärberei im wörtlichen Sinne: ja. Ein unschöner Umstand bekommt einen schönen Anstrich, damit ihn der Gesprächspartner leichter akzeptieren kann – und: wiederkommt, freundlich bleibt, nicht ausrastet, gut über einen spricht.

Ich weiß, es gibt Menschen, die sich auf den Standpunkt stellen, man hätte keinen Anspruch auf Freundlichkeit. Doch, hat man! Freundlichkeit, Hilfsbereitschaft, Einfühlungsvermögen sind der soziale Kitt, ohne den eine Gesellschaft auf Dauer nicht funktioniert. Und eine erfolgreiche Kunden- oder Mitarbeiterbeziehung schon gar nicht.

Verben statt Substantivierungen – Wegweiser statt Stoppschilder

Die Situation

Ein Beispiel aus dem wahren Leben. In einem Artikel über geheime Absprachen mehrerer Autohersteller in Sachen Partikelfilter zitiert der SPIEGEL am 20.7.2018: »Das Ziel einer Vermeidung einer kostenintensiven Maßnahme wie Partikelfilter wird seitens der E-Leiter bestätigt.« und »Die Antriebsleiter unterstützen eine gemeinsame Vorgehensweise.«

Klingt doch im ersten Moment seriös, zielorientiert, anpackend. Positiv also.

Das Problem

Substantivierungen sind Substantive (Nomen, Hauptworte) die aus Verben (Tu-Worten) gebildet wurden:

- gehen → Gang
- respektieren → Respekt
- beachten → Beachtung

Der Vorteil: Sätze mit vielen Substantivierungen sind kürzer als ohne solche.

Der Nachteil: Sie sind schwerer zu verstehen, weil Substantivierungen *abstrakt* sind – und was abstrakt ist, muss unser Gehirn zunächst rück-übersetzen, um sie zu verstehen.

Aber: Die Rück-Übersetzung von Substantivierungen braucht Zeit. Die fehlt bisweilen, weil der Sprecher ja bereits weiterspricht und weitere Informationen liefert, die ebenfalls verarbeitet werden wollen. Außerdem birgt die Rück-Übersetzung eine hohe Wahrscheinlichkeit für Fehldeutungen.

Betrachtet man also das eingangs zitierte Statement genauer, könnte die Rück-Übersetzung so lauten:

»Die Führungskräfte, die für das Entwickeln von Automotoren zuständig sind, weigern sich ausdrücklich, ihre Motoren so umzubauen, dass die Motoren diejenigen Teilchen herausfiltern, von denen Menschen krank werden können. Denn das ist ihnen schlicht zu teuer.« und »Die Führungskräfte sind dafür, hierfür Absprachen mit der Konkurrenz zu treffen, selbst wenn diese eventuell ungesetzlich sind.«

Ein weiteres wunderbares Beispiel für Verschleierung durch Verben-Vernichtung: Statt zuzugeben »Wir schaffen das nicht«, heißt es: »Wir sehen die Aufstockung der Planer-Kapazitäten als eine Investition, die unseren Planungszeitplan sichert« (Zitat der Bühnen der Stadt Köln im Kölner Stadt-Anzeiger vom 23.10.2018).

Substantivierungen dienen oft der Verschleierung, und sie klingen, als könne man ihnen kaum widersprechen. Deshalb werden sie nicht nur von Abgas-Betrügern genutzt, sondern gerne auch von Mächtigen aller Art sowie von Ämtern und Anwälten.

Ende 2015 fielen einige Manager mit einer ganz besonders kreativen Substantivierung auf. Zahlreiche namhafte deutsche Firmen verkündeten, den Anteil von Frauen im Vorstand zu erhöhen und beschlossen eine Frauenquote mit der »Zielgröße Null«, weil ihnen dieses Ziel in Wirklichkeit gegen den Strich ging.

Zielgröße Null! Wasch mir den Pelz, aber mach mich nicht nass. Das Eine sagen, das Andere meinen.

Auch auf Seiten derer, die ehrlich um Verständigung und Toleranz ringen, kommt es zum Spagat zwischen Begriff und Gemeintem. Was ist ein Mann? Was eine Frau? Sobald es um den Bereich der *Identität* geht, wünschen sich immer mehr Menschen neue Substantive, weil sie sich mit den alten nicht wirklich gemeint fühlen. Auch die Suche nach einem Plural gehört dazu. Kein Bürgermeister kann mehr »Liebe Mitbürger« sagen ohne wütenden Protest zu provozieren. »Liebe Mitbürgerinnen, liebe Mitbürger« muss es heißen; gefolgt von den Diskussionen über das Binnen-I, das Gender-Sterchen usw. Wenn Gewissheiten und Routinen veralten, muss auch die Sprache neue Lösungen finden. In Stellenanzeigen wurde so aus *m/w* zum Beispiel *m/w/d*.

Manchmal ist das gar nicht so leicht. Immer alle Geschlechter mitzusprechen macht das Sprechen rücksichtsvoller, aber sperrig. Den »Geflüchteten« haftet nicht mehr der Klang der Verächtlichkeit an wie den »Flüchtlingen« – nimmt ihnen aber auch das Leid und das Drama, das im alten Wort noch mitschwang, während der neue Begriff auch den Verbrecher bezeichnen kann, der vor der Polizei flieht. Und ein »Studentenviertel« besitzt mehr Flair als ein »Studierendenviertel«. Wandel, Übergang, Zeit des Suchens und Ausprobierens.

Am Ende des Tages geht es immer darum, wer wie handelt.

Was bedeutet das zum Beispiel für den bekannten Satz des ehemaligen Bundespräsidenten Wulff, der sagte, dass der Islam zu Deutschland gehört? Seitdem streitet Deutschland darüber, was er damit *gemeint* hat und wie man es *meinen sollte*. Auch hier: Wer oder was ist »der Islam«? Sobald klar ist, dass das nur eine Substantivierung ist (für *Menschen, die dem muslimischen Glauben angehören*), beginnen die Mühen der Ebenen. Geht es um die Menschen, die sich zu ihm bekennen? Zu wem oder was genau? Wie tun sie das? Wie möchte man, dass sie es tun? Wie nicht? Und was ist dann mit dem Koran? Wie soll man ihn verstehen? Wörtlich? Metaphorisch?

Und noch ein paar Fragen mehr: Wer bin ich? Was bin ich? Bin ich zum Beispiel ein »Lehrer«? Also ein Mensch, der lehrt? Wie mache ich das genau? Dogmatisch, Kooperativ, modern, althergebracht, dozierend, diskutierend? Bin ich dann vielleicht nicht eher ein »Lernbegleiter« oder ein »Coach«? Und wieder: Bezeichnet »Lehrer« nicht immer nur denjenigen, der sich zusätzlich auch als »Mann« versteht? Was ist mit den Frauen und was mit denen, die sich als Nicht-Mann oder als Nicht-Frau verstehen?

Viele verdrehen hier Augen und stöhnen auf. »Probleme gibt's«, mögen sie denken. Ich lade Sie ein, Ihre persönliche *Meinung* zu diesen Diskussionen für einen Moment zur Seite zu stellen und nur das zu betrachten, worum es hier geht: Menschen suchen nach neuen Möglichkeiten, eine sich immer schneller verändernde Welt zu verstehen und sprachlich auszudrücken.

Und: Sprache ist immer auch Machtinstrument. Wenn alte Machtstrukturen fallen, müssen auch deren Sprachkonstruktionen fallen und neuen Vereinbarungen weichen. Genau das erleben wir zur Zeit. Menschen vereinbaren neue Weisen des Sprechens, weil sie sie vereinbart haben, dass manche Gewissheiten nicht mehr gelten (was ist zum Beispiel »Familie«?) und neue Möglichkeiten entstehen.

Sprache ist nichts Statisches. Sie bildet Veränderungen ab, und das ist manchmal kompliziert und anstrengend. Und bisweilen treten Menschen oder Gruppen auf den Plan, um mit Sprache bewusst zu diffamieren und Hass zu säen, wie aktuell bsp. die Nazis und Rechtsradikalen. Dann sind wir gefordert, genau hinzuhören und uns nicht verwirren zu lassen.

Die Lösung

Nehmen Sie sich Zeit, nehmen Sie sich Raum. Sofern Sie verstanden werden möchten…

Sätze mit Verben sind länger als Sätze mit Substantivierungen. Das heißt, eine bessere Verstehbarkeit fordert den Preis eines geringeren Inhalts. Es geht also um die Entscheidung, was Ihnen wichtiger ist.

Ein Beispiel:

»Denken Sie an die Einhaltung der Sicherheitsvorschriften.«, könnte der Team-Chef zu seinen Mitarbeitern sagen – und hoffen, dass alles gut geht.

Oder er nimmt sich mehr Zeit und sagt: »Bitte ziehen Sie immer die Sicherheitsschuhe an, achten Sie darauf, die Brandschutztüren zu schließen, und nehmen Sie jedes Jahr an einem Erste-Hilfe-Kurs teil.«

Braucht mehr Zeit, braucht mehr Raum – aber ist eindeutiger in der Aussage und dadurch wirkungsvoller.

Verben statt Substantivierungen – diese Empfehlung gilt auch in diesem Bereich:

Werte, Unternehmenswerte werden fast immer in Form von Substantivierungen formuliert. Dann heißt es, Vertrauen wichtig sei, Respekt, Kreativität oder Offenheit. Das klingt gut, und kann leicht von jedem bestätigt werden, aber es bleibt eben auch unverbindlich.

Denn was genau heißt das denn? Was bedeutet es im praktischen, alltäglichen Handeln, wenn solche Werte in der Eingangshalle hängen?

Vertrauen… Möchte ich vertrauen können? Wem? Meinem Chef, meinen Mitarbeitern, der Arbeitsplatzsicherheit? Oder stehe ich zuvörderst auf dem Standpunkt, dass man *mir* vertrauen kann? Und was heißt das dann genau? Man kann mir alles erzählen, ohne dass ich es weitertrage? Ich erfülle alle Anforderungen, die an mich gestellt werden? Ich verhalte mich loyal zu meinem Arbeitgeber, ganz gleich, was der anstellt?

Werte in substantivierter Form zu formulieren, ist leicht aber Quatsch. Denn es klingt zwar beeindruckend, bringt aber nichts. Auch hier also: Zeit nehmen, Raum nehmen, konkret werden – mit Verben.

Vielleicht denken Sie jetzt, …

… dass es aber gar nicht immer so gut ist, ganz genau zu sagen, was man meint. Denn dann wird man hinterher drauf festgenagelt und dann kann man kann sehen, wie man da wieder herauskommt. Natürlich, wenn Sie das nicht möchten, dann nutzen Sie weiterhin Substantivierungen.

Vielleicht ist es Ihnen auch schlicht zu *mühsam*, Ihre Sprechweise umzustricken, und sie wollen lieber weiter reden wie Ihnen der Schnabel gewachsen ist. Auch das ist ok. Wägen Sie einfach ab, was Ihnen im Einzelfall wichtiger ist. Verständlichkeit oder Bequemlichkeit. Wirkung oder Ego. Es bleibt immer Ihre eigene Entscheidung.

Vielleicht nutzen Sie auch eine *Fachsprache*. Jede Fachsprache hat ihre typischen Ausdrücke und Begrifflichkeiten, und die kommen oft in Form von Substantivierungen daher. Das ist kein Problem, denn wenn Fachleute miteinander sprechen, dann wissen sie normalerweise, welche Bedeutungszusammenhänge sich hinter einem abstrakten Begriff verstecken. Und dann ist das ok.

Schwierig wird es dagegen, wenn Fachchinesisch auf Laien trifft. Wenn Behörden »Bescheide« verschicken und Juristen »Paragraphen« anwenden und dabei bisweilen das Gefühl von Gerechtigkeit auf der Strecke bleibt. Um im Dauerfeuer der unverständlichen Abstraktionen nicht unterzugehen, braucht's dann professionelle Übersetzer.

Beim Thema Fachsprache mag ich noch auf ein Phänomen hinweisen, das wir seit einiger Zeit beobachten können. Im Bereich von Coaching, Training, Persönlichkeitsentwicklung und Beratung werden immer öfter *englische Begriffe* genutzt, und zwar nicht nur, weil sie vermeintlich lässiger klingen, sondern weil es im Deutschen keine wirkliche Entsprechung gibt.

Schon für einen Begriff wie »Coach« wüsste ich kein deutsches Wort. »Purpose« ist mehr als »Ziel«, »Zweck« oder »Absicht«; auch mehr als alle drei zusammen. »Storytelling« meint ebenfalls viel mehr als »Geschichten erzählen«, und ein »World Café« weckt andere Assoziationen als eine »Welt-Kaffeestube«.

Und genau darauf kommt es unter dem Strich an: Welche Assoziationen weckt ein Begriff? Was denkt mein Gesprächspartner bei meinen Worten? Der Empfänger entscheidet über den Erfolg einer Kommunikation, nicht der Sender.

Füllwörter – Brauchen Sie schlicht nicht mehr!

Die Situation

Gleich beginnt die Präsentation. Der Redner tritt vor sein Publikum, schaut kurz hoch und hebt an zu einem bedeutungsschwangeren »Jaaa«. Bald ist er gut in Fahrt, und immer öfter dekoriert er seinen Vortrag mit angehängten »genau« und »nicht wahr«. Dazwischen sorgt er für Kontakt und Verbindung: ein beherztes »em« hält die Sätze zusammen und lässt keinen von ihnen alleine zurück.

Das Problem

Füllwörter füllen etwas, das besser in Freiheit bleiben würde.

Füllwörter senden Botschaften, die mit dem Inhalt des Vortrags nichts zu tun haben – Ihre Botschaften zeugen vom mentalen Zustand des *Vortragenden*: im Kern von seiner Unsicherheit.

- Wer den kurzen Moment der Stille zu Beginn nicht aushält, schenkt seinem Publikum keinen entspannten Blickkontakt mit Pause, sondern ein sinnbefreites »Jaaa«.
- Wer meint, dass die Inhalte allein nicht bedeutsam genug sind, kommuniziert Bekräftigungen wie »genau« oder »nicht wahr«.
- Wer sich in einem Wettkampf mit seinem Publikum wähnt und seinen Status erhöhen will, schiebt am Satzende aggressive Kurzlaute ein: »ne«, »ey« usw.
- Wer glaubt, sich beim Sprechen keine Zeit zum Denken nehmen zu dürfen, füllt jede noch so kleine Lücke mit einem »em«.

All das ist nicht schlimm. Souveräner und eleganter aber wirkt man allemal, wenn man darauf verzichtet. Es macht auch nichts, wenn man solche Füllwörter ab und an verwendet – das machen auch die Profis –, problematisch wird es erst dann, wenn Anzahl, Lautstärke oder Positionierung der Füllwörter dergestalt daherkommen, dass das Publikum sie bemerkt – und ihnen *Aufmerksamkeit* schenkt. Das lenkt ab, nervt und führt auf Dauer zu einer negativen Bewertung durch die Zuhörer.

Die Lösung

Leider tut sich unser Gehirn schwer mit Anweisungen wie »Lass das« oder eben »Ab sofort nutze ich keine Füllwörter mehr«. Unser Hirn ist verwöhnt, wenn es sich an etwas gewöhnt hat. Es will einen mindestens adäquaten Ersatz für die liebgewonnene Routine. Jeder, der schon mal versucht hat, Verhaltensweisen abzustellen, weiß, wie standhaft unsere neuronalen Vernetzungen sein können…

Was also können wir unserem Hirn anbieten, damit es das Füllworten bleiben lassen kann?

Zwei Dinge: Vertrauen und Pausen.

Über die Macht der Pause habe ich weiter vorne bereits geschrieben (*Körper > Statussignale*). Sie könnten Ihre Füllwörter peu á peu durch Pausen ersetzen. Diese Pausen sind beileibe kein *Nichts* sondern ein *Etwas*. Sie werden bewusst gesetzt. Mit einem Anfang und einem Ende. Und so oft wie möglich mit präsentem Blickkontakt und möglichst immer mit ruhigem Weiteratmen.

Wenn Sie hier etwas Routine gewonnen haben, können Sie *Pausen für Fortgeschrittene* ausprobieren. Dehnen Sie Ihre Pausen aus. Anfangs nur einen Hauch. Nur um genau die Länge, dass Ihr Publikum kurz zuckt. Eine Pause, die länger gesetzt wird als erwartet, setzt beim Zuhörer einen inneren Prozess in Gang: es sucht nach *Bedeutung*. Er denkt, dass gerade etwas *Bedeutsames* geschieht, denn sonst würde der Redner dem ja nicht so einen ungewöhnlich großen Raum geben.

Auf diese Weise können Sie sowohl besonders wichtige Inhalte betonen als auch Ihre eigene Bedeutsamkeit als Redner/Mensch hervorheben, also in den Hochstatus gehen. Darüber hinaus entspannt es auf Dauer ungemein, sich Pausen zu gönnen anstatt dem Imperativ eines ständigen Weiter-Weiter-Weiter zu folgen.

Um Pausen gut setzen zu können, braucht es *Vertrauen*. Wir müssen darauf vertrauen, diese Phasen des Nicht-Sprechens nervlich auszuhalten. Wir müssen darauf vertrauen, dass das, was wir sagen, so gut ist, dass es keiner lautmalerischen Bekräftigung bedarf. Wir müssen darauf vertrauen, dass unser Publikum auch klug ist. Viele Sprecher wiederholen das eben Gesagte noch einmal mit anderen Worten, weil sie tief im Innern glauben, dass ihre Zuhörer zu dumm, zu langsam, zu müde, zu uninteressiert sind, um ihnen wirklich folgen zu können. Gerade der letztgenannte Aspekt taucht öfter auf als man denkt – und besitzt auch einen ganz besonderen Nerv-Faktor beim Publikum.

Wie nun gewinnt man Vertrauen? Neben Routine und Erfahrung geht es hierbei vor allem um die innere Stärke (weiter hinten im Buch…).

Vielleicht denken Sie jetzt, …

… dass das doch der helle Wahnsinn ist: Sich Gedanken um *Pausen* zu machen! Schließlich haben Sie schon genug zu tun, Ihre *Inhalte* beisammen zu halten und halbwegs anständig rüber zu bringen.

Ja. Die Inhalte gehen vor. Wenn der Inhalt nicht stimmt – die Kompetenz –, dann nützen auch tolle Pausen nix. Dann nützt auch das ganze erste Kapitel dieses Buches nichts.

Aber wenn der Inhalt steht, werden Kapazitäten frei für den nächsten Schritt: diesen Inhalt so zu transportieren, dass er seine Wirkung vollständig entfaltet und seinem Transporter zu Ruhm und Ehre verhilft.

Es heißt oft, dass der Inhalt nur ca. 10 Prozent der Wirkung ausmache. Diese Meinung ginge zurück auf Studien des Psychologen Albert Mehrabian, dessen Erkenntnisse jedoch meistens falsch interpretiert werden. Die Wirkung hängt keineswegs immer zu etwa 90 Prozent von Stimme und körperlichem Ausdruck ab, sondern in diesem hohen Maße nur dann, wenn der Zuhörer einen deutlichen *Widerspruch* zwischen Inhalt und Ausdruck wahrnimmt. Und das ist zum Glück doch eher selten der Fall.

Wenn Sie also Ihrem Team sagen wollen, dass es wirklich einen großartigen Job gemacht hat im letzten Jahr, dann muss auch Ihr Ausdruck Elemente enthalten, die diese Bewertung sichtbar, hörbar, spürbar machen: Etwas größere Bewegungen zum Beispiel, eine lautere Stimme, ein anerkennendes Lächeln, lebendige Körperspannung. Über Großartigkeit zu sprechen und dabei Blickkontakt zu meiden, zu flüstern, hängende Schultern zu zeigen, ironisch zu grinsen: erzeugt Widerspruch zwischen Inhalt und Ausdruck – und macht Sie als Gesamtpaket unglaubwürdig. Da stimmt Mehrabians Regel.

Aber wenn es keine eklatanten Widersprüche gibt, dann zählt der Inhalt. Wer nur auf Wirkung setzt, weil er meint, dass das 90 Prozent der Miete ausmacht, der wird bald als Schaumschläger entlarvt.

Satzlänge – Auf die Größe kommt es an

Die Situation

»Ich, der mit meinem Haufen eben in einem Wirtshause abgestiegen und auf dem Platz, wo diese Vorstellung sich zutrug, gegenwärtig war, konnte hinter allem Volk am Eingang einer Kirche, wo ich stand, nicht vernehmen, was diese wunderliche Frau den Herren sagte; dergestalt, dass, da die Leute einander lachend zuflüsterten, sie teile nicht jedermann ihre Wissenschaft mit, und sich des Schauspiels wegen, das sich bereitete, sich sehr bedrängten, ich, weniger neugierig, in der Tat, als um den Neugierigen Platz zu machen, auf eine Bank stieg, die hinter mir im Kircheneingang eingehauen war.«

So formulierte es einst der deutsche Erzähler Heinrich von Kleist. Und zweihundert Jahre später scherzboldet #Gedankenbalsam auf Twitter: »Die Möglichkeiten der deutschen Grammatik können einen, wenn man sich darauf, was man ruhig, wenn man möchte, sollte, einlässt, überraschen.«

Das Problem

Die deutsche Sprache gestattet es, sich zugleich korrekt *und* unverständlich auszudrücken. Im Englischen steht das Verb gleich vorne und zwar vollständig – im Deutschen kann das Verb viele Worte lang warten, bevor es sich in Gänze zeigt:

»When I go home the next day, Wednesday in May, full of glory,…«

»Wenn ich am nächsten Tag, einem Mittwoch im Mai, voller Freude nach Hause gehe,…«

Oder es zerlegt sich in zwei Teile mit ellenlangem Abstand:

»I'll pick you up later before we go to the movies together, which I'm really looking forward to.«

»Ich hole dich nachher, bevor wir zusammen ins Kino gehen, worauf ich mich sehr freue, ab.«

So zu formulieren ist, wie erwähnt, korrektes Deutsch – aber bisweilen schwer zu verstehen.

Die Lösung

Hier helfen folgende Mittel:

- Bauen Sie eher kurze als lange Sätze
- Bilden Sie mehr Haupt- als Nebensätze
- Setzen Sie eher öfter als seltener einen Punkt
- Platzieren Sie Nebensätze *hinter* dem Hauptsatz, seltener davor oder dazwischen
- Sprechen Sie Sätze, die nicht länger sind als das, was man in 3 Sekunden *lesen* kann, also ca. 6-9 Wörter.
- Nach 10-12 Sätzen könnten Sie eine Pause machen, in denen der Gesprächspartner Gelegenheit hat, einzuhaken, zu fragen, nachzudenken.

Vielleicht denken Sie jetzt, ...

… dass dann ein Deutsch entsteht, das nicht sehr ansprechend klingt. Dazu eine wichtige Regel: *Sprech*sprache ist nicht *Schreib*sprache! Sprecher können sich mehr herausnehmen als Schreiber. Ja, wirklich. Unbedingt. Da kann ein Satz auch mal mit nur ein oder zwei Worten daherkommen. Und sogar ohne Verb.

Es ist faszinierend, wenn Redner geschliffenes Deutsch sprechen. Wenn man das Gefühl hat, Thomas Mann steht vor einem und spricht wie er schreibt. Aber zum einen ist diese Gabe nur wenigen gegeben, und zum anderen geht es im Alltag nicht um intellektuelle Faszination, sondern um *Verständlichkeit*. Und vielleicht sogar noch um Unterhaltung und Humor.

Deshalb macht es auch hochgradig Sinn, Vorträge, Reden, Elevator Pitches und Präsentationen sprechend zu formulieren und nicht schreibend. Denn Geschriebenes muss man auswendig lernen, und genau so klingt es dann auch.

Nehmen Sie sich lieber die Freiheit so zu sprechen wie Sie sprechen. Und wenn Sie eine gewisse Routine erlangt haben, können Sie sich immer noch darum kümmern, komplexere Formulierungen zu wagen.

Und: In diesem Buch geht es nicht um Kunst und Literatur. Hier geht es um ein souveränes Auftreten und Wirkung.

Stilfiguren – Fesselnde Redekunst fürs Meeting

Die Situation

Sizilien, 466 vor Christus. Die Menschen entscheiden sich, ihr Zusammenleben nicht länger nach tyrannischen Maßstäben zu organisieren, sondern auf gesittete, politische Diskussionen zu setzen. Die Folge: Es gilt nicht länger die Macht der *Fäuste* – künftig setzt sich durch, wer andere mit *Worten* überzeugen kann. Die Feder wird sozusagen mächtiger als das Schwert.

Zeitgleich setzt man auch in Griechenland verstärkt auf die überzeugende Rede und das Betrachten eines Themas aus verschiedenen Perspektiven. Mangels Fernsehen, Radio und Internet ist das Medium die öffentliche Versammlung auf dem Marktplatz mit direktem Feedback durch das anwesende Publikum. Real-Life-Likes sozusagen.

Das Problem

Schnell zeigt sich, dass es nicht reicht, klug zu sein. Wer auf dem Marktplatz überzeugen will, muss auch Eindruck machen, muss äußere Wirkung erzielen. Das Problem ist, dass das jeder versucht und dass es keine Patentrezepte gibt. Ein Wettbewerb *Versuch-Und-Irrtum* entsteht. Was nicht zündet, wird fallen gelassen; was sich bewährt, wird bewahrt, wiederholt und verfeinert.

Ähnlich vielleicht wie aktuell beim *Click Baiting*, bei dem Versuch also, Internetnutzer durch bestimmte Begriffe zum Klicken zu animieren. Trial and Error auch hier; nur eklig…

Die Lösung

Als besonders nützlich erweisen sich die sogenannten rhetorischen Stilfiguren – Formulierungen, die es dem Zuhörer besonders leicht machen zuzuhören und zuzustimmen.

Diese Stilfiguren wurden seitdem gepflegt, geübt und weiterentwickelt, und heute werden beispielsweise auf Wikipedia rund 150 Varianten aufgeführt. Aus einem persönlichen Learning by Doing hat sich in zweieinhalbtausend Jahren so eine umfangreiche Disziplin geformt, dass man heute »Rhetorik« sogar im

Rahmen eines Universitätsstudiums erlernen kann, wo auch vieles von dem besprochen wird, worum es in diesem Buch geht.

Aber zurück zu den rhetorischen Stilfiguren oder auch Stilmitteln.

Jedes Stilmittel hat einen eigenen Namen, der so charmant klingen kann wie Hendiadyoin und so majestätisch wie Pluralis Majestatis. An den Namen zeigt sich die antike Herkunft, und schon viele Schülergenerationen haben diese Begriffe verflucht…

150 Stilfiguren. Viel zu viele für dieses Buch, gleichwohl sie alle interessant und nützlich sein können. Ich beschreibe daher nachfolgend nur ein paar wenige – wer tiefer einsteigen möchte, dem seien die zahlreichen spezialisierten Websites und Fachbücher hierzu empfohlen. Aber schon, wenn Sie nur diese sechs Mittel nutzen oder sogar nur die Hälfte davon, wird sich Ihre äußere Wirkung verbessern, und das ist ja das Ziel dieses Buches.

STILMITTEL DER WIEDERHOLUNG

Sie dienen vor allem der Betonung und Bekräftigung:

Wiederholung von Worten am Anfang aufeinanderfolgender Sätze:

- »Ich sage, was ich weiß. Ich sage, was ich denke. Ich sage, was ich möchte.«
- »Wie uns gelingt? Durch Einsatz, durch Zusammenhalt, durch Willen zum Erfolg.«
- »Respekt heißt die Lösung. Respekt ist unsere Basis.«

Wiederholung am Satzende:

- »Ich lebe Offenheit. Ich fordere Offenheit.«
- »Vielleicht halten Sie mich für verrückt. Ja, wer Neues wagt, gilt oft als verrückt.«
- »Die Werte von Müller. Die Leitlinien von Müller. Die Ziele von Müller.«

Gleicher Anfangslaut bei aufeinanderfolgenden Wörtern:

- »Da fliegen die Fetzen.«
- »An allen Ecken und Enden.«
- »Hier und heute sage ich Ihnen.«

STILMITTEL DER ÄHNLICHKEIT

Sie dienen dazu, das Gesagte bildhafter und dadurch abwechslungsreicher und lebendiger zu gestalten.

Ein Wort wird durch einen bildhaften Ausdruck ersetzt:

- «Am Fuße des Berges.«
- »Zusammen durchschreiten wir die Talsohle.«
- »Wir müssen die Kuh vom Eis bekommen«

Ersetzen eines Wortes durch ein anderes, gleichbedeutendes:

- »Das ist kein Hund, das ist ein Kläffer.«
- »Sagen Sie mal! Hören Sie mal! Sehen Sie mal!«
- »Es geht um Erfolg. Es geht ums Gelingen, um den Triumph und um den Gewinn.«

Veranschaulichen durch einen Vergleich:

- »Stark wie ein Löwe.«
- »Groß wie ein Haus, klein wie eine Maus.«
- »Der schläft ja wie ein Murmeltier.«

Vielleicht ist Ihnen ja bei der Lektüre dieses Buches aufgefallen, welche rhetorische Stilfiguren *ich* gerne nutze?

- Enumeration: Aufzählung. Damit kann man Aussagen bekräftigen, verstärken und hervorheben.
- Ellipse: Auslassung von Satzteilen. Ja, genau. Da fehlt dann schon mal ein Wort. Aber nicht immer.
- Neologismus: Wortneuschöpfung. Das mache ich beispielsweise, wenn ich gern ein Verb hätte, die deutsche Sprache aber nur Substantiv-Verb-Konstruktionen anbietet (Mimik zeigen statt mimikieren). Dieses Stilmittel ist übrigens viel verbreiteter als man denkt – Beispiel: Aus »Ich suche etwas bei Google« wurde in kurzer Zeit »googlen«.

An dieser Stelle ist es mir ein persönliches Bedürfnis, auf eine unangenehme Variante des Neologismus hinzuweisen. Man findet sie vor allem in menschenfeindlichen Zusammenhängen. Man nennt dieses Stilmittel »Neusprech«, und es wurde vom Schriftsteller George Orwell in seinem Buch »1984« als Mittel zur Manipulation im Rahmen totalitärer Herrschaft beschrieben.

Diese sprachliche Unart findet man aber nicht nur bei Diktatoren und Tyrannen, sondern auch dort, wo jemand zu feige ist, die Dinge beim Namen zu nennen. Hier ein Beispiel: Der Leiter einer Polizeiwache will sagen, dass seine Mitarbeiter an einer bestimmten Stelle in der Stadt verstärkt Obdachlose kontrollieren, weil sie den Anrainern unangenehm sind. Dafür nutzt er Neusprech und macht aus den staatlich Drangsalierten kurzerhand Menschen, die sich genau diese Behandlung gewünscht haben:

»Natürlich haben wir auch Stellen, die wir häufiger überwachen, weil sich dort Personen treffen, die unserer besonderen Aufmerksamkeit bedürfen.« (General-Anzeiger, 24.10.2018).

Ich sag es ganz offen: Bitte lassen Sie das bleiben! Gönnen Sie sich und Ihren Gesprächspartnern den Respekt, klar und offen zu reden und dafür einzustehen, was Sie denken und sagen. Ekelsprache ist unter Ihrem Niveau!

Vielleicht denken Sie jetzt, …

…dass das alles akademisch abgehoben klingt. Außerdem sind Sie ja auch kein alter Grieche, und lateinische Fachbegriffe sind auch nicht wirklich prickelnd.

Alles richtig. Und doch ist es so, dass es nur deshalb rhetorische Stilfiguren gibt, weil sie sich in der *Praxis* bewährt haben, und zwar in einer knallharten Praxis: Entweder der Redner packte sein Publikum, oder er konnte selbst einpacken. Marktplatz, statt akademischer Elfenbeinturm.

Daher: Picken Sie sich für den Anfang einfach mal *eine* Figur aus – den Fachbegriff können Sie getrost ignorieren –, und spielen Sie damit. Sie können sie übrigens im selben Vortrag ruhig mehrmals einsetzen. Und dann schauen Sie, welche Wirkung Sie erzielen. Wenn es Ihnen hilft: gut. Wenn nicht, dann nehmen Sie eine andere.

Darüber hinaus hilft Ihnen die Beschäftigung mit diesem Thema auch, fiese Manipulationsversuche schneller zu erkennen und ihnen entgegen zu treten.

Und denken Sie immer daran, was Helmut Thoma sagte: »Der Wurm muss dem Fisch schmecken und nicht dem Angler!« Auf den Zuhörer kommt es an, nicht auf den Sprecher. Barack Obama ist sein »Yes, we can« sicher auch irgendwann zu den Ohren rausgekommen – aber sein Publikum hat es geliebt.

Das Publikum liebt es, wenn Sprache abwechslungsreich, überraschend und phantasievoll daherkommt. Und wenn Sie als Sprecher diese Liebe bedienen, werden Sie wirkungsvoller und souveräner.

Personalpronomen – Tarnmantel oder klare Sicht?

Die Situation

Zwei Freunde sehen sich nach langer Zeit wieder. Jeder erzählt, was so geschehen ist. Einer der beiden sagt: »Nach der Uni ging's dann los. Man hat den ersten Job angefangen und sich was aufgebaut. Und zwei Jahre später hat man dann geheiratet und so. Kinder, Haus, das volle Programm. Tja, und dann steht man da: War das schon alles? Was kann einem jetzt noch wichtig sein?«

Das Problem

Die Sinnkrise dieses Mannes lasse ich mal außen vor… Was hier ins Auge fällt, ist das Personalpronomen, das er benutzt. Personalpronomen nennt man auch *persönliche Fürworte*; sie dienen dazu, in einer Kommunikation Personen eindeutig zu identifizieren.

Was also ist hier los? Da spricht jemand *inhaltlich* über *sich*; tut dies aber in einer Sprache, die sich vom Sprecher *distanziert*. Der Mann sagt nicht *Ich* oder *Mir* sondern *Man* und *Einem*.

Distanz ist in einem Gespräch, das eine persönliche Atmosphäre haben soll, kontraproduktiv; die Kommunikation verliert an Wirkung und schwächt durch Unklarheit den Sprecher.

Die Lösung

Sagen Sie *Ich*, wenn Sie von sich sprechen. Sagen Sie *Du* oder *Sie*, wenn Sie Ihr Gegenüber meinen. Ganz einfach.

Vielleicht denken Sie jetzt, …

…das mache ich doch sowieso. Ist doch klar. Was will der Berenfänger von mir?

Es ist tatsächlich erstaunlich, wie viele Menschen nicht wissen, dass sie von sich selbst zumeist in der man-Form sprechen. Wenn ich Klienten oder Teilnehmer darauf aufmerksam mache, ist die Reaktion immer die gleiche: Zuerst Verwirrung wegen Nichtverstehen – dann Überraschung – schließlich Fassungslosigkeit.

Leider fällt es vielen schwer, zurück ins *Ich* zu wechseln. Zum einen greift die Macht der Gewohnheit, zum anderen sprechen sie ja nicht ohne Grund so. Sie haben ehrenwerte Gründe, sich selbst nicht zu benennen. Meist ist es ein unbewusster Glaubenssatz wie »Nimm dich nicht so wichtig« oder ein innerer Kritiker tadelt »Was glaubst du eigentlich, wer du bist?!« Auch fehlender Mut zum offenen Visier ist eine gern genutzte Motivation, das *Ich* zu meiden:

- »Da muss man doch mal…«
- »Das kann man doch nicht machen.«
- »Da darf man jetzt aber nicht mehr länger schweigen!«

Eine Variante des *Man* kann das *Wir* sein. Wenn der Chef in der Mitarbeiterversammlung sagt »Wir müssen nächstes Jahr Vollgas geben«, dann meint er wahrscheinlich nicht sich und die Anderen, sondern *nur* alle anderen. Auch so kann man von sich ablenken.

Vielleicht denken Sie jetzt, der Berenfänger hat in diesem Buch doch auch ganz oft das *Man* gewählt. Das stimmt. Aber (hoffentlich) immer nur dann, wenn ein *generalisierendes* Personalpronomen angemessen war; es also gerade nicht um eine konkrete Person ging, sondern um eine allgemeingültige Aussage.

In diesem Buch spreche ich Sie, liebe Leser, liebe Leserinnen, direkt an. Dann sage ich *Sie*. Manchmal aber auch *Wir*, wenn ich deutlich machen möchte, dass hier niemand von oben nach unten belehren möchte, sondern dass hier jemand auf Augenhöhe über Dinge spricht, die auch für ihn gelten (also für mich…). Und manchmal benutze ich auch das *Man*. Ich mag Abwechslung beim Formulieren.

Fragen – Lieber offen für gute Lösungen

Die Situation

Kunde betritt den Laden. Verkäufer fragt: »Darf ich Ihnen unser aktuelles Sonderangebot zeigen?«

Chef fragt Mitarbeiter »Haben Sie es schon mal versucht?«

Mann fragt Frau »Kommst du mit in den neuen Club?«

Das Problem

Es gibt Fragen, die man fast nur mit »Ja« oder »Nein« beantworten kann. Sie bergen die hohe Gefahr, eine Ablehnung zu kassieren, was vor allem im Vertrieb oder im Flirt ein Desaster sein kann. Diese Fragen nennt man *geschlossene Fragen*.

Das Problem ist also, dass nach einem kurzen »Ja« oder »Nein« die Kommunikation erst einmal beendet ist und es viel Mühe erfordert, sie wieder ans Laufen zu bringen.

Die Lösung

Nutzen Sie stattdessen *offene Fragen:*

- »Wie könnte ich Ihnen am besten weiterhelfen?«
- »Was haben Sie bisher versucht?«
- »Wo würdest Du jetzt am liebsten mit mir hingehen?«

Diese Fragen lassen dem Antwortenden mehr Spielraum. Sie öffnen einen Raum, in dem mehr als zwei Alternativen möglich sind, und vielleicht sogar bisher Unerwartetes. Die Kommunikation geht weiter.

Wenn ich nur eine Alternative habe, bin ich wie ein Roboter. Bei zwei Alternativen stecke ich in einem Dilemma. Freiheit beginnt ab drei Alternativen. Und Menschen fühlen sich gerne frei.

Vielleicht denken Sie jetzt, …

… dass Sie manchmal aber gar nicht möchten, dass Ihr Gesprächspartner freie Gedanken entwickelt. Ganz im Gegenteil, er soll denken oder tun, was Sie wollen.

In diesem Fall machen offene Fragen natürlich keinen Sinn. Da bieten sich eher *rhetorische Fragen* an:

»Sind Sie nicht auch für mehr Gerechtigkeit?«

Ganz ähnlich sind die *alternativen Fragen*:

»Wenn du jetzt ins Bett gehst: ziehst du dann den blauen oder den grünen Schlafanzug an?«

Oder die *suggestiven* Fragen:

»Möchten Sie nicht auch Geld sparen?« (»Dann unterschreiben Sie hier.«)

Und manchmal ist eine klare Ansage ehrlicher und mutiger als eine Frage:

»Geh jetzt bitte ins Bett« statt »Möchtest du nicht langsam mal ins Bett gehen?«

Natürlich gibt es auch jede Menge Situationen, in denen geschlossene Fragen das Mittel der Wahl sind: Bei der Abschlussfrage im Verkaufsgespräch etwa oder um Verbindlichkeit herzustellen:

»Sind wir uns da einig?«

»Rechts oder links rum?«

Aber immer dann, wenn Ihnen an einem ebenbürtigen, kreativen, überraschenden, offenen Fortgang eines Gesprächs gelegen ist, dann wählen Sie *offene Fragen*. Was meinen Sie: Wo würden Sie das am liebsten mal ausprobieren?

Warum – Alternativen für die Todeskillerfrage

Die Situation

Chef fragt »Warum kommen Sie zu spät zur Arbeit?«

Vater fragt »Warum hast Du keine bessere Note geschrieben?«

Frau fragt »Warum hast Du keine Lust?«

Therapeut fragt »Warum sind Sie traurig?«

Freund fragt »Warum gehen wir nicht endlich?«

Das Problem

Das Warum fragt nach der *Ursache* oder dem Motiv eines Geschehens und zielt damit in die *Vergangenheit*. Oft geht es uns aber gar nicht um die Ursache von etwas, das längst geschehen ist – eigentlich wünschen wir uns viel eher, dass in *Zukunft* etwas anderes geschieht. Neuen Lösungen aber kommt man mit dem »warum« kaum auf die Spur.

Die Lösung

Verzichten Sie öfter mal auf »wieso«, »weshalb«, »warum«, und fragen Sie stattdessen:

- »Wie werden Sie sicherstellen, dass Sie ab morgen wieder pünktlich zur Arbeit kommen?«
- »Was wirst Du tun, um beim nächsten Mal eine bessere Note zu bekommen?«
- »Womit könnte ich Dich begeistern?«
- »Wozu ist es gut, dass Sie noch Ihren alten Gedanken nachhängen?«
- »Wann gehen wir?«

Eine prima Ergänzung kann hier das Wörtchen »genau« oder »konkret« sein: »Was konkret werden Sie tun…« oder »Wie genau machst Du das,…

Diese Ergänzung richtet das Denken des Gesprächspartners auf eine ganz konkrete Lösungsfindung aus und verhindert allgemeine oder blumige Floskeln.

Vielleicht denken Sie jetzt, …

… dass Sie manchmal aber sehr wohl daran interessiert sind, die Ursache von etwas zu erfahren.

In diesem Fall brauchen Sie selbstverständlich das »warum«. Bitte prüfen Sie sich nur, *wozu* Sie die Ursache erfragen.

Zum Beispiel, wenn immer wieder etwas schief geht. Oder wenn eine Konstruktion nicht funktioniert. Oder es einen unerwarteten Fehlschlag gab, der sich nicht wiederholen soll.

Brauchen Sie das Wissen um die Ursache unverzichtbar als Grundlage, damit künftig bessere Lösungen möglich sind? Dann her mit dem »warum«? So wie in der Sesamstraße: »…wieso, weshalb, warum, wer nicht fragt, bleibt dumm.«

Oder geht es Ihnen (auch) darum, dem anderen einen reinzudrücken? Ihn abzuwerten (»wie blöd kann man sein…?«). Dann lassen Sie es.

Beobachten Sie einmal Ihre nächsten Konflikte; insbesondere Beziehungskonflikte. Sobald das »warum« ins Spiel kommt, betritt der Feind von Würde und Selbstachtung das Spielfeld: die Rechtfertigung. Wenn die auftaucht, ist es in aller Regel vorbei mit einer konstruktiven Diskussion. Dann landet man schnell beim kindergartenhaften »Aber du!« – »Selbst!«

6. Argumentieren

Einen wirklich guten Grund finden

Kreativer kommunizieren in Konflikt und Verhandlung

Die Situation

Sie hätten gerne einen neuen Dienstwagen und überlegen sich, wie Sie Ihre Vorgesetzte am besten davon überzeugen. Im Gespräch kommt es dann so, wie es kommen musste: Man lässt Sie abblitzen. Ihre Strategie verfängt nicht. Emotionen machen sich breit. Frust, Ärger, Hilflosigkeit. Sie nehmen Ihren ganzen Mut zusammen und werden nachdrücklich. So richtig nachdrücklich. Sie betonen noch mal, wie sinnvoll Ihr Anliegen ist und warum Sie im Recht sind. Es nutzt alles nichts.

Das Problem

»Der Wurm muss dem Fisch schmecken und nicht dem Angler.« Heißt: Das Argument, das Sie für stichhaltig halten, muss Ihre Chefin noch lange nicht zwingend finden. Aber genau darum geht es. Es geht nicht um Sie, sondern um Ihr Gegenüber. Und in aller Regel wissen wir nicht, wie der andere denkt.

Die Lösung

Wechseln Sie nicht Ihre *Emotion*, sondern die *Struktur* des Arguments. Einfach das bisherige Argument zu wiederholen und ein paar laute Gefühle draufzupacken nützt nichts. Am Ende hinterlassen Sie lediglich einen beleidigten und unsouveränen Eindruck. Entscheiden Sie sich stattdessen dafür, drei verschiedene Argument-*Arten* in petto zu haben.

DAS PLAUSIBLE ARGUMENT

»Ich brauche einen neuen Dienstwagen, weil der alte schon zehn Jahre alt ist und überhaupt nicht mehr zum modernen Erscheinungsbild unserer Firma passt.«

Vorteil des plausiblen Arguments: Es ist sofort einleuchtend. Nachteil: Man kann es schnell aushebeln: »Waren Sie nicht letzte Woche erst mit Ihrem alten Wagen beim Kunden XY und haben dort den größten Abschluss Ihrer Karriere gemacht?«

DAS RATIONALE ARGUMENT

»Ich brauche einen neuen Dienstwagen, weil der erheblich niedrigere Verbrauchs- und Wartungskosten hat. In meiner Präse können Sie sehen, dass sich die Anschaffungskosten bereits ab dem dritten Jahr amortisieren.«

Vorteil des rationalen Arguments: Es ist kaum zu widerlegen. Nachteil: Es ist langweilig. Wenn wir Menschen immer zugänglich wären für rationale Argumente, hätten wir längst ein Tempolimit, würden viel weniger Fleisch essen und keiner würde mehr rauchen…

DAS MORALISCHE ARGUMENT

»Ich brauche einen neuen Dienstwagen, weil alle anderen Abteilungsleiter auch schon den neuen Wagen haben. Nur ich nicht. Das ist unfair.«

Vorteil des moralischen Arguments: es ist sehr machtvoll. Kaum jemand möchte als unfair gelten. Nachteil: Man wirkt schnell lästig und unangenehm moralisierend.

Die Lösung lautet: Legen Sie sich von jeder der drei Argument-Arten ein bis zwei Alternativen zurecht, und schauen Sie dann, wo Ihr Gegenüber zugänglich ist und wo nicht.

Den Wurm, der ihm nicht schmeckt, lassen Sie einfach fallen und bieten so lange einen neuen Wurm an, bis er anbeißt.

Das Argument wechseln – nicht die Emotion!

Und wenn sie mögen, können Sie diese Herangehensweise jetzt noch verfeinern und optimieren...

Ist Ihnen das auch schon einmal passiert? Sie wachen morgens auf; es ist Sonntag und die Sonne scheint; Sie haben frei und genießen den jungen Tag. Sie machen sich den ersten Kaffee und dann! Dann springen Sie aus dem Bett und sagen zu Ihrem Schatz: »Komm Süße! Lass uns eine Haftpflichtversicherung kaufen! Da hab ich jetzt so richtig Lust drauf.« Ist Ihnen noch nicht passiert? Ach so... Na gut...

Manchmal ist es eben etwas schwerer, Menschen dazu zu bewegen, zu tun, was man möchte. Sei es beim Verkauf von Produkten und Dienstleistungen oder wenn es darum geht, den Arbeitgeber von einer Gehaltserhöhung, einem neuen Dienstwagen oder der teuren Fortbildung zu überzeugen. Dann kann es hilfreich sein, die Argumentation so aufzubauen, dass der Gesprächspartner auf dem Gebiet der *Grundbedürfnisse* angesprochen wird.

Grundbedürfnisse sind Bedürfnisse, die langfristig erfüllt sein müssen, damit es uns gut geht. Im Gegensatz zu Bedürfnissen, die eher nice-to-have sind. Wir alle möchten:

- Gewinn machen *und* Verlust vermeiden
- Sicherheit gewinnen *und* Unsicherheit vermeiden
- Verbundenheit spüren *und* Einsamkeit vermeiden
- Neues entdecken *und* Rückschritte vermeiden

Wenn es Ihnen gelingt, eines oder mehrere Grundbedürfnisse bei Ihrem Gegenüber anzusprechen, steigt die Wahrscheinlichkeit, dass Sie sich mit Ihrer Argumentation durchsetzen, beträchtlich.

Der Autoverkäufer könnte einfach nur die technischen Merkmale runterbeten und auf die schicke Innenausstattung hinweisen –, oder er könnte sagen:

»Wenn Sie sich für dieses Modell entscheiden, können Sie Ihre Benzinrechnung deutlich reduzieren, und bei unserer aktuellen Treue-Aktion bekommen Sie am

Ende des Jahres sogar noch einen Bonus erstattet. Außerdem können Sie dich darauf verlassen, in dem Auto mit der besten Sicherheitsausstattung zu fahren, so dass Ihre Familie bestmöglich geschützt ist. Werden Sie jetzt Teil einer wachsenden Community, die mehr will als bloß ein Auto, einer Community, in der keiner alleingelassen wird, wenn es drauf ankommt. Sie können natürlich auch das ältere Modell nehmen – das tut es immer noch ganz gut –, aber, Hand aufs Herz, haben Sie nicht Lust, mal etwas ganz Anderes zu machen, etwas Neues auszuprobieren?«

Die oben genannten Grundbedürfnisse sind elementar. Schauen Sie beispielsweise, wie massiv Kinder leiden, wenn Sie aus ihrer Peergroup ausgestoßen werden. Wir sind soziale Wesen; wir wollen nicht nur, wir müssen zu einer *Gemeinschaft* dazugehören. Einsamkeit macht krank.

Oder das Phänomen iPhone. Jedes Jahr gibt es Menschen, die vor dem Apple-Laden übernachten, um am nächsten Morgen das süße Gefühl zu genießen, als Erster das *neueste* Modell in den Händen zu halten. Immer wieder Neues zu entdecken, steckt uns tief in den Knochen. Sonst hätte Mode nicht solche Kraft, sonst würde niemand Ü-Eier kaufen oder auf Entdeckungsreise gehen. Oder fremd.

Schauen Sie sich die Werbung für Ver-*sicher*-ungen an. Darin wimmelt es von netten Kindern und süßen Babys, denn die Macher setzen auf die Horrorvorstellung, dass ihnen – bzw. der eigenen Familie – etwas zustoßen könnte und dass dann das nötige Geld fehlt, um den Schaden zu reparieren.

»Geiz ist geil« – lang und laut hallte dieser Ruf durch unsere Warenwelt. In nur drei Worten koppelte sich dieser Slogan direkt an das Bedürfnis an, *Schnäppchen* zu machen, also unnötige Verluste zu vermeiden.

Bei dieser Art von Argumenten geht es um den Mehrwert, also darum, was ich jenseits dessen, um was es inhaltlich geht, *gewinne* (bzw. vermeide). Sie lassen sich übrigens oft hervorragend mit den 3 Argument-Arten verbinden, die ich eingangs beschrieben habe (plausibel, rational, moralisch).

Und das verstehen schon unsere Kinder:

»Mama, Papa, ich brauche das neue Smartphone«, sagt die 10-Jährige, und die Eltern sind gespannt, ob Ihr Kind tatsächlich ein Argument bringt, das dieses Brauchen nachvollziehbar macht. Und dann kommt:

»Alle in der Klasse haben das«

Übersetzung: »Ihr wollt doch nicht, dass ich bald zu den Ausgestoßenen gehöre?! Das wäre doch ungerecht, und Ihr seid doch keine ungerechten Eltern?! Ihr sagt doch immer, man muss mit der Zeit gehen, und mein Handy ist schon drei Jahre alt!«

»Dann könnt Ihr mich immer erreichen!«

Übersetzung: »Ihr habt doch jetzt schon dauernd Angst um mich – wäre es nicht ein beruhigendes Gefühl für Euch, immer zu wissen, wo ich gerade bin?«

»Der Akku hält viel länger!«

Übersetzung: »Der Stromverbrauch ist viel niedriger; Ihr spart also jede Menge Geld, weil ich seltener aufladen muss! Das Handy geht nicht plötzlich aus; es gibt also keine Zeiten mehr, in denen Ihr mich plötzlich nicht mehr erreichen könnt!«

Aber! So ausgeklügelt Ihre Argumentationen auch immer sein mögen: Es gibt kein Argument, dem man nicht irgendwie widersprechen könnte. Das heißt, wir müssen uns darauf einstellen, dass der Andere unser Anliegen (erst einmal) ablehnt, ganz gleich, wie gut unsere Gründe auch immer sein mögen.

Deshalb macht es Sinn, sich vor dem Gespräch auch zu überlegen, wie der *Widerstand* gegen das Anliegen konkret aussehen könnte. Und genau für diesen Widerstand bereiten Sie dann ebenfalls eine Argumentation vor. Damit fühlt man sich gleich viel sicherer, wodurch die Außenwirkung souveräner erscheint. – Ein Beispiel:

»Sie meinen, ich brauche gar keinen neuen Firmenwagen? Ja, genau zu diesem Punkt würde ich Ihnen gerne etwas zeigen: Ich verbringe im Moment noch jeden Monat 80 Stunden damit, mit dem Auto von Kunde zu Kunde zu fahren. In diesen 80 Stunden auf Autobahn und Landstraße verkaufe ich nichts. Verlorene Zeit für unser Unternehmen. Mit dem neuen Firmenwagen spare ich jeden Tag 1 Stunde, denn er ist schneller und benötigt weniger Pausen fürs Tanken, Instandhalten und Reparieren. Das heißt, ich hätte ab sofort 20 Stunden mehr Zeit im Monat zur Verfügung, um Akquise zu betreiben. 20 Stunden mehr! Einfach so. ich denke, diesen Zeitverlust, der ja letztlich auch pure Geldvernichtung ist, könnten wir uns künftig sparen. Und sind wir nicht immer auf der Suche nach Quick Wins?«

Was die Platzierung der Antwort auf den Widerstand angeht, so gibt es zwei Möglichkeiten. Sie können warten, bis man Sie auf diesen Punkt anspricht. Oder Sie bauen die Antwort proaktiv in Ihre Argumentation mit ein:

»Ich bin mir bewusst, dass es beim Thema Tempolimit nicht nur um die Aspekte des Umweltschutzes geht, die ich hier dargestellt habe, sondern auch um die Perspektive der persönlichen Freiheit. Deswegen habe ich mir im Vorfeld auch dazu Gedanken gemacht.«

Vielleicht denken Sie jetzt,…

…wann soll ich das denn alles machen!? So viel Zeit habe ich nicht.

Es stimmt, diese Herangehensweise braucht etwas Vorbereitungszeit. Aber alle Erfahrung zeigt, dass wir unser Wunschergebnis schneller und öfter erreichen, wenn wir uns diesen Aufwand gönnen. Das heißt, am Anfang müssten Sie mehr Zeit investieren, aber hintenraus gewinnen Sie.

Außerdem wird es Ihnen in den Gesprächen viel besser gehen, wenn Sie auf diese Weise vorbereitet sind. Denn Sie fühlen sich sicherer, flexibler und stärker. Das wiederum steigert Ihre souveräne Ausstrahlung.

7. Schlagfertigkeit

Nie wieder sprachlos!
Mit leichter Hand Bomben entschärfen und Attacken abwehren

Der Duden definiert die *Gretchenfrage* als »unangenehme, oft peinliche und zugleich für eine bestimmte Entscheidung wesentliche Frage (die in einer schwierigen Situation gestellt wird).«

Eine solche Frage, eine solche Entscheidung steht am Anfang des Umgangs mit verbalen Angriffen.

Stellen Sie sich vor, Sie halten eine Präsentation. Da meldet sich ein Zuhörer mit den Worten »Das wissen wir doch schon alles!« und zwingt Ihnen damit plötzlich die Gretchenfrage auf: Sie müssen sich eindeutig entscheiden zwischen

Variante A: Es handelt sich um einen wertvollen Hinweis, da Sie bisher tatsächlich keinen genauen Überblick über den Wissensstand Ihres Publikums hatten.

oder

Variante B: Es handelt sich um einen verbalen Angriff mit dem Ziel Sie zu verunsichern und zu einer unsouveränen Reaktion zu provozieren.

A oder B? Das ist hier die Frage. Wie entscheiden Sie sich?

Wenn Ihre Antwort A lautet, wird es verhältnismäßig einfach. Dann reicht ein freundliches »Oh! Danke für den Hinweis. Das wusste ich noch nicht. Dann schlage ich vor, dass wir direkt zum nächsten Punkt übergehen. Sind alle damit einverstanden?« Thema erledigt.

Wenn Ihre Antwort B lautet, wird es kniffliger. Denn dann gilt das, was vorhin schon Friedrich Schiller wusste: »Es kann der Frömmste nicht in Frieden leben, wenn es dem bösen Nachbar nicht gefällt.«

Der böse Nachbar wäre in diesem Fall der Kollege am Besprechungstisch, der Ihnen mal eben eine verpasst hat; nicht mit Fäusten aber dennoch schmerzhaft. Und wenn Ihnen der böse Nachbar den Krieg erklärt, können Sie nicht so tun als hätte der das nicht getan: Sie müssen also ebenfalls zu den Waffen greifen.

Im Buchhandel und im Internet gibt es massenweise Listen mit originellen und schlagfertigen Antworten für solche Verbalscharmützel. Nur: die fallen einem in der Regel nicht ein, wenn einem nur wenige Millisekunden bleiben zwischen Reiz und Reaktion!

Und genau das ist das eigentliche Ziel verbaler Angriffe: Das Opfer zu überrumpeln und zu einer Reaktion zu provozieren, die es schwach wirken lässt. Sei es, weil die Reaktion schwächlich-stotternd ausfällt oder patzig-aggressiv.

Im Folgenden zeige ich Ihnen 3 Möglichkeiten, wie Sie trotz des emotionalen und zeitlichen Drucks gut aus einer solchen Situation herauskommen.

Das Wichtigste zuerst: Wer attackiert, braucht jemanden, den er attackieren kann. Niemand attackiert in den luftleeren Raum. Druck sucht Gegendruck. Deshalb besteht das zentrale Ziel im Umgang mit verbalen Angriffen darin, dem Angreifer die Angriffsfläche zu nehmen.

Vorab noch ein Wort zu dem Punkt, wie man denn überhaupt erkennen kann, ob es sich um eine legitime Frage oder um einen verbalen Angriff handelt. Das ist manchmal gar nicht so leicht.

Ich möchte Ihnen empfehlen, Ihr Bauchgefühl, Ihre Intuition zu kultivieren. In unserem Kulturkreis setzen wir für gewöhnlich sehr einseitig auf den Kopf, auf den Verstand. Aber der ist für eine solche Entscheidung meist zu unsensibel. Der Bauch ist da ein besserer Hinweisgeber. Sie kennen das bestimmt: Nachdem etwas schiefgelaufen ist, sagen wir uns mit einem Schlag vor die Stirn: »Eigentlich habe ich es doch gleich gewusst! Ich hatte direkt so ein komisches Gefühl!« Das heißt nicht, dass Sie den Verstand ausschalten sollen – nein! Bloß nicht! Nehmen Sie nur Ihren Bauch *hinzu, und hören Sie*, was er sagt. Wenn Ihnen der Bauch ein Störgefühl meldet, dann hören Sie auf ihn – und nutzen Ihren Kopf, um der Sache nachzugehen. Nur ignorieren Sie Ihren Bauch nicht!

Davon abgesehen gibt es natürlich Merkmale, die nahezu immer auf einen verbalen Angriff hinweisen und nicht auf eine legitime Rückfrage:

- Das meiste, was mit Ihren *Äußerlichkeiten* zu tun hat: Geschlecht, Alter, Religion, Familienstand, sexuelle Neigung, sexuelle Identität, Kleidung, Haarfarbe, Frisur, Aussehen, Unternehmensposition, Rang usw.

- Das meiste, was in Form pauschaler *Bewertungen* daherkommt: »Alles Mist!«, »Gibt's die Präsentation auch in gut?«, »Langweilig!« usw.

- Das meiste, was auf das Zuschreiben von *Schuld* setzt: »Das können Sie doch nicht machen!«, »Wussten Sie das nicht?«, »Warum haben Sie nicht…?« usw.

Es ist eigentlich ganz einfach: Wer eine legitime Frage stellt bzw. einen legitimen Hinweis gibt, hat ein Interesse an einem guten *Fortgang* der Kommunikation – wer angreift, will die Kommunikation mit einem Knall *beenden*.

Und schließlich möchte ich Ihnen auch noch meine *6 Freunde* empfehlen, die Sie immer unterstützen, wenn Sie mit Störungen zu tun haben: Blickkontakt halten, Pausen setzen, weiteratmen, Angebote ausschlagen, niemals rechtfertigen:

(1) Wer Ihnen verbal eine semmelt, geht davon aus, dass Sie ihm nicht standhalten können. Dass Sie weggucken, dass Ihr Blick zittert, dass Sie nach dem berühmten Mäuseloch im Boden suchen oder nach der schlagfertigen Antwort an der Zimmerdecke. Im Abschnitt Körper/Statussignale haben Sie schon über die Kraft der Hochstatussignale Blickkontakt und Pokerface gelesen. Die lege ich Ihnen auch und gerade in diesem Zusammenhang sehr ans verunsicherte Herz. Wenn es Ihnen gelingt, Ihrem Angreifer trotz aller Unverschämtheit weiter in

die Augen zu schauen, gewinnen Sie massiv an Ausstrahlung. Sie brauchen dabei auch gar nichts zu sagen. Einfach nur gucken. Wie ein interessierter Forscher eine ihm bisher unbekannte Pflanze voller Neugier betrachtet.

(2) Nutzen Sie bei verbalen Angriffen immer auch das Hochstatussignal der Pause. Wer auf diese Weise angreift, wünscht sich nichts sehnlicher als dass Sie sich zu einer reflexhaften, unsouveränen Antwort hinreißen lassen. Je bewusster Sie stattdessen auf das Sprechen zunächst verzichten und stattdessen eine Pause setzen – so etwa zwei bis fünf Sekunden – desto leichter gelingt es Ihnen, Ihrerseits den Angreifer zu verunsichern.

(3) Atmen hilft nicht nur kolossal beim Überleben, weiteratmen ist gerade dann wichtig und hilfreich, wenn Ihnen förmlich die Luft wegbleibt und der Atem stockt ob der Frechheit eines verbalen Angriffs. Nutzen Sie die Pause, um bewusst tief auszuatmen und den Atemrhythmus zu stabilisieren, und es wird Ihnen viel leichter fallen, eine gute Antwort zu geben.

(4) Man kann verbale Angriffe als Angebote des Lebens betrachten, sich für eine gewisse Zeit schlecht zu fühlen. So wie auf der Autobahn zum Beispiel. Da schneidet uns irgendein Idiot, und wir regen uns auf. Eine kurze Aufregung macht Sinn, denn sie hilft uns, die Schreck-Energie abzuführen. Sich den ganzen restlichen Tag aufzuregen aber macht keinen Sinn; solche Angebote zum Sich-Schlecht-Fühlen dürfen wir ausschlagen. Sich gut zu fühlen ist ebenso wie sich schlecht zu fühlen, eine persönliche Entscheidung. Natürlich gibt es Ereignisse, die es uns leicht machen, uns schlecht zu fühlen, aber beim Gros der alltäglichen, zwischenmenschlichen Begebenheiten ist ein langes Aufregen die Sache nicht wert.

(5) Schließlich einer der wichtigsten Punkte überhaupt für Diskussionen und Streitgespräche. Rechtfertigen Sie sich nicht! Niemals! Für nichts! Wer sich rechtfertigt, macht sich klein, und wer sich klein macht, wird getreten. So ticken wir Menschen leider. Hinter Rechtfertigungen steckt der Wunsch, den anderen zu beschwichtigen. So wie damals als Kind, als wir inständig hofften, dass Mama und Papa hoffentlich bloß nicht böse sind und schimpfen, nur weil wir die Tapete bunt angemalt haben. Genau diese Hierarchie – kleines Kind vs. übermächtige Eltern – schwebt als Subtext im Raum, wenn wir uns rechtfertigen. Und das mag niemand hören. Denn es klingt klein, feige, unreif, devot. Was dagegen geht: Fakten richtigstellen und Verantwortung übernehmen. Also statt »Es tut mir so leid, dass ich schon wieder zu spät bin. Ich habe mich total beeilt.

Ehrlich.« besser ein »Sie haben Recht. Ich war zu spät. Kommt nicht wieder vor.« oder »Wir hatten gestern abgesprochen, dass ich heute später anfange. Erinnern Sie sich?«. Oder Sie schweigen einfach (siehe oben) oder nutzen die 3 Möglichkeiten, die Sie in den nachfolgenden Abschnitten kennenlernen.

Ich hatte Ihnen 6 Freunde versprochen, die Ihnen immer beistehen werden, bisher aber nur 5 geliefert. Der sechste Freund braucht ein bisschen mehr Raum, deswegen habe ich ihm ein eigenes Kapitel spendiert, das jetzt kommt. Danach folgen dann die 3 vorhin versprochenen Möglichkeiten, wie Sie verbal reagieren können.

Erste Hilfe – Verbal-Aikido für Angegriffene

Die Situation

Frau Arglos steht gerade in der Küche und lässt sich einen Kaffee aus der Maschine. Ihr gegenüber steht Kollege Wüterich und beobachtet sie. Plötzlich, wie aus dem Nichts, hebt der seine Hand und streckt seiner Kollegin den Zeigefinger mitten ins Gesicht: »Mann, Mann, selbst in der Küche langsam wie ne Schnecke!« Frau Arglos erstarrt. Sprachlos. Regungslos.

Das Problem

Herr Wüterich verhält sich kotzbrockig und ist damit natürlich ein Problem – das Problem aber, um das es hier gehen soll, ist ein anderes; nämlich das auf Seiten von Frau Arglos. Das Opfer seines verbalen Angriffs wusste sich nicht zu helfen ob der Plötzlichkeit und der emotionalen Wucht der Attacke – und wählte von den drei Alternativen Angriff, Flucht oder Erstarrung die letztere: Der Körper wird bewegungslos, der Blick klebt starr am Angreifer, die destruktive Energie des Wüterichs prallt ungebremst auf das Opfer und löst diverse unangenehme, physische Reaktionen aus: Hitze, Beklemmung, Zittern, Enge, Schwäche…

Die Lösung

Es gibt wie bereits erwähnt jede Menge Listen mit schlagfertigen Antworten. Sie alle nützen nur nichts, wenn es der Angreifer erst einmal geschafft hat, sein Opfer in die Erstarrung zu bringen bzw. innerlich massiv zu erschüttern. In solchen Momenten setzt das *Denken* aus. Wir werden zurückgeworfen in einen archaischen Zustand, wo es ums nackte Überleben geht. Angriff, Flucht, Erstarrung. In diesem Zustand gibt es keinen Raum mehr für originelle Antworten mit Verve und Esprit – in diesem Moment zählt nur eines: Raus aus der Situation! Weg! Sofort! Zur Not in die innere Verkapselung, die nach außen aber leider unsouverän wirkt.

Manchmal kann das Mittel der Wahl tatsächlich das vollständige Verlassen der Situation sein. Raus aus dem Zimmer. Weit weg vom Angreifer. Oftmals würde uns diese Form der Flucht aber aussehen lassen wie einen Verlierer, der gedemütigt vom Schlachtfeld kriecht. Auch nicht hilfreich.

Daher lade ich Sie ein, beim nächsten Mal folgende Variante auszuprobieren. Sobald Sie körperlich die emotionale Wucht eines Angriffs wahrnehmen, gehen Sie wortwörtlich aus der Schusslinie. Drehen Sie Ihren Oberkörper leicht zur Seite. Um etwa 45 Grad. Konzentrieren Sie sich ganz auf Ihren Körper. Wo geschieht was? Atmen Sie weiter. Vor allem tief aus! Bleiben Sie vorerst ganz in der inneren Wahrnehmung. Jeglicher Gedanke an den Angreifer oder an eine irgendwie originelle Antwort wäre verfrüht. Nach etwa 3 Sekunden – die Ihnen wahrscheinlich wie 3 Stunden vorkommen – drehen Sie Ihren Oberkörper langsam wieder in seine Ausgangsposition zurück. Und immer noch gibt es nicht zu sagen, nichts zu denken. Erst einmal nehmen Sie wieder Blickkontakt auf (bis hierhin haben Sie Ihren Angreifer nicht angesehen!). Schauen Sie jetzt dem Wüterich in Ruhe in die Augen. Ohne zu sprechen. Auch für etwa 2 Sekunden. Dann erst beginnen Sie zu sprechen. Welche *Worte* Sie dann nutzen können, erfahren Sie nachher in den folgenden drei Abschnitten, die ich Ihnen versprochen habe.

Vielleicht denken Sie jetzt, …

…dass man das doch nicht bringen kann. Sich einfach wegdrehen. Ist das nicht unhöflich oder feige? Ich sage es offen: Wenn Sie in einer solchen Situation in sich eine Stimme hören, die sagt »Mach es allen recht!«, dann wird es Zeit, sich einen Coach zu suchen. Die sogenannten inneren Antreiber (»Beeil dich!«,

»Streng dich an!«, »Sei perfekt!«, »Sei stark!« und eben »Mach es allen recht!«) können sehr unbarmherzig sein. Aber die Ansprüche, die sie an uns richten, stammen nicht von uns selbst und aus unserer eigenen Wertewelt, sondern meist von unseren Eltern und deren Versuch, sich ihre Kinder zurechtzubiegen.

Es ist völlig unerheblich, ob es *irgendjemand* unhöflich findet, wenn *Sie* Ihren Körper erst einmal aus der Schusslinie nehmen wollen. Niemand hat es nötig oder gar verdient, sich als Zielscheibe missbrauchen zu lassen. Sie verschaffen sich lediglich die Zeit, die Sie brauchen, um wieder einigermaßen geradeaus sprechen zu können – ohne zu stottern, ohne impulsiv beleidigt zu reagieren, ohne ungefiltert in den Gegenangriff überzugehen.

Vielleicht fragen Sie sich auch, was das denn bringen soll? Der Angriff des Wüterichs wird ja nicht dadurch ungeschehen gemacht, nur weil Sie sich wegdrehen. Das stimmt natürlich. Aber wie oben schon geschrieben: es geht bei verbalen Angriffen nicht um das, was der Angreifer inhaltlich sagt, sondern um die *Wirkung*, die der Angriff *beim Opfer* auslöst.

Und es verblüfft immer wieder, wie befreiend es ist, seinen Körper aus der Gefangenschaft zu befreien, die durch die emotionale Wucht einer verbalen Attacke aufgebaut wird. Sie kennen das vielleicht aus dem Aikido. Hier geht es nicht darum, den Angreifer zu besiegen, sondern darum, ihn mit seinen Angriffen ins Leere laufen zu lassen, indem man dem Druck seines Angriffs nicht mit Gegendruck begegnet, sondern mit einem Umleiten der Angriffsenergie.

Genau das geschieht hier auch. Der Angreifer sendet Druck aus – nicht mit einem physischen Angriff, sondern mit Worten –, und das Opfer versucht nicht, mit möglichst viel Kraft dem Druck standzuhalten; vielmehr leitet es die Energie des Angreifers um: von sich weg ins Leere. Dadurch entsteht die Chance, sich einen friedlichen Geist zu bewahren, statt seinerseits in die Niederungen eines Wüterich-Charakters abzusinken und dann ebenfalls auf diesem Niveau zu reagieren.

Es braucht ein wenig Mut, das Beschriebene auszuprobieren und auch ein wenig Übung, daraus eine Routine zu machen, die genauso selbstverständlich abläuft wie die Verteidigung eines Aikido-Kämpfers. Aber es ist machbar, und es funktioniert.

Und jetzt endlich die 3 Möglichkeiten des *verbalen* Reagierens!

Die überraschende Zustimmung – Mit nur einem Wort gewinnen

Die Situation

Plötzlich und unerwartet trifft Sie die verbale Attacke. »Na, Sie haben aber komische Schuhe an.«, »Typisch Frau!«, »Sie glauben wohl, Sie hätten immer Recht!«, »Ihnen gehen wohl die Argumente aus!« usw. Gerne in Verbindung mit süffisantem Grinsen. Und was machen die meisten von uns in einer solchen Situation? Genau, wir gehen in den Gegenangriff oder in die Rechtfertigung. Unsouverän sehen wir in beiden Fällen aus und fühlen uns mies.

Das Problem

Die meisten von uns sind dazu erzogen worden, eine Antwort zu geben, die es Mama/Papa/Lehrerin recht machte, wenn sie uns kritisierten. Dieses alte Mental-Muster springt an, wenn uns jemand destruktiv angreift und versucht, uns aus der Fassung zu bringen, uns zu überrumpeln, uns unserer Stärke zu berauben.

Der Fehler, den wir dann machen, besteht darin, dass wir auf die Attacke *inhaltlich* eingehen. Dabei spielt der Inhalt überhaupt keine Rolle! Dem Angreifer geht es nur die Auswirkung seiner Worte, das heißt um unsere nachfolgenden Emotionen. Deswegen ist jede inhaltliche Antwort der Anfang vom Ende unseres souveränen Auftretens.

Die Lösung

Nehmen Sie zwei tiefe Atemzüge, schauen Sie Ihrem Gegenüber ruhig in die Augen, und dann sagen Sie einfach nur »Ja« oder »Stimmt« oder »Da hast Du völlig Recht«. Setzen Sie wieder eine kurze Pause, dann fahren Sie fort: »Und genau, weil das so ist, …« und jetzt nennen Sie einfach Ihr Argument und gehen überhaupt nicht weiter auf die verbale Blutgrätsche ein, die Ihnen der Andere vorhin zwischen die Beine geworfen hat.

Vielleicht denken Sie jetzt, …

…wie soll das denn gehen? Ich kann den Angriff doch nicht einfach ignorieren. Und dem Idioten schon gar nicht recht geben. Doch, das können Sie. Das müssen Sie sogar. Denn der Angreifer rechnet ja gerade damit, dass Sie sich rechtfertigen und dass Sie sich die Blöße geben, beleidigt-zickig zurückzuschlagen. Ihm geht es ja gar nicht um die Sache. Und genau deswegen ist die überraschende Zustimmung ein ganz wunderbares rhetorisches Mittel zur verbalen Selbstverteidigung.

Probieren Sie es einfach mal aus – Sie werden staunen, wie schnell Sie plötzlich aus heiklen Situationen herauskommen und wie souverän Sie dabei auf andere wirken.

Hier noch ein paar Kurz-Antworten im Überblick – suchen Sie sich einfach Ihren persönlichen Liebling aus:

- Ja / Richtig / Sicher
- Wunderbar / Hervorragend / Interessant / Gut / Perfekt
- Guter Hinweis / Wichtige Info
- Das stimmt / Da hast Du hast recht
- Danke dafür
- Nein
- Und gerade, weil das so ist…
- Ok, machen wir weiter

Die rhetorische Retoure – Den Angriff zerbröseln lassen

Die Situation

Der Teamleiter will mal wieder zeigen, wo der Hammer hängt und dröhnt mit wichtiger Stimme: »Ich will Kreativität, Leute! Kreativität ist der Schlüssel. Verstanden, Müller?«

Das Problem

Was soll Müller da schon sagen? Niemand würde ja ernsthaft was dagegen haben, wenn bei der Arbeit Kreativität Einzug hielte. Gleichzeitig sagt Müllers

Bauch: »Vorsicht… Ich glaube, dem Chef geht's hier gar nicht um unsere Arbeitsweise, sondern darum, sich auf meine Kosten aufzublasen.«

Wichtigtuer, die Substantivierungen (vgl. auch *Formulieren > Substantivierungen*) als Waffen nutzen, ist auf den ersten Blick nicht leicht beizukommen. Denn ihre Forderungen wirken meist angemessen, klug und weitsichtig. Wer wollte schon die Hand heben und verkünden, dass das Quatsch wäre: Kreativität, Offenheit, Sicherheit, Mut, Vertrauen und was man noch so alles fordern könnte…

Die Lösung

Wenn Sie sich sicher sind, dass es Ihrem Gegenüber tatsächlich nicht darum geht, konstruktiv über neue Lösungen zu sprechen, sondern darum, sich auf Ihre Kosten wichtig zu machen, dann könnten Sie wie folgt kontern:

Sagen Sie als erstes freundlich bis begeistert: »Ja!«

Dann nehmen Sie die Substantivierung, um die es im Kern geht und stellen davor eine Phrase: »Und es gibt zwei Arten von [Kreativität]:«

Nennen Sie nun zwei Gegensätze: »Innovative oder traditionelle«

Und zum Schluss spielen Sie den Ball zurück: »Welche möchten Sie haben?«

Es ist immer wieder eine Freude zu beobachten, was Erstaunen und Verblüffung mit einem Gesicht anrichten können…

Meine Empfehlung: Bleiben Sie ganz bei dieser Struktur, denn die ist tatsächlich sehr ausgefuchst. Sie beginnen mit einer überraschenden Zustimmung, die allein schon große Kraft hat. Dann zeigen Sie, dass Sie von der Ansage des Chefs keineswegs überfordert sind *und* sie außerdem bereits antizipiert *und* weitergedacht haben! Und dann – zackbumm! – fällt dem Wichtigtuer sein Wichtigetue ratzfatz auf die eigenen Füße.

Das macht Spaß und bereitet Genugtuung, aber Achtung: Enthalten Sie sich bitte jeglichen Triumphes! Keine Ironie, kein Sarkasmus, keine Angriffslust. Bleiben Sie ganz in nüchterner Sachlichkeit. – Das ist sehr wichtig und gilt im Übrigen für *alle* Arten verbaler Angriffe!

Vielleicht denken Sie jetzt, …

…dass das künstlich und unauthentisch klingt. Richtig ist, dass diese Form vorgegeben ist und von Ihnen zunächst auswendig gelernt werden müsste. Aber wenn es Ihnen gelingt, ruhig und sachlich zu bleiben, während Sie so sprechen, werden Sie staunen, wie wirkungsvoll das ist.

Vielleicht denken Sie auch, dass Sie doch nicht immer und in allen Fällen das Gegensatzpaar »innovativ oder traditionell« nutzen können. Passt ja schließlich nicht auf alles. Da haben Sie recht – und deshalb finden Sie nachfolgend ein paar Alternativen. Und machen Sie sich nicht allzu viele Gedanken, ob Ihr Gegensatzpaar wirklich perfekt passt. Darum geht es gar nicht. Wenn es nicht völlig abwegig ist, tut es schon seine Wirkung.

- wild – ruhig
- intellektuell – pragmatisch
- proaktiv – reaktiv
- global – detailliert
- sicherheitsbewusst – risikoreich
- individuell – allgemeingültig
- sachlich – emotional
- geplant – spontan
- respektlos – wertschätzend
- beruflich – privat
- laut – leise
- kompetitiv – kooperativ
- alt – neu
- strukturiert – flexibel
- kommunikativ – distanziert
- idealistisch – realistisch
- sensibel – bodenständig
- wild – sachlich
- statisch – dynamisch

Die elegante Rückgabe – Muster erkannt, Gefahr gebannt

Die Situation

»Alle in meiner Klasse dürfen auf die Party!« – »Du hast mir keine Blumen mitgebracht. Du liebst mich nicht!« – »Sie muss doch wissen, was ich denke!« – »Das ist hier eben so!« – »Mit dem kann ich einfach nicht arbeiten!« – »Ich muss das nicht machen!«

Und so weiter, und so weiter. Es gibt eine Art verbaler Angriffe, die sind eher nervtötend als verletzend. Gleichwohl haben Sie das Zeug, schlechte Stimmung zu verbreiten.

Das Problem

Bei solchen Sprüchen spüren wir meist sofort (Bauchgefühl!), dass es Blödsinn ist, was der Andere sagt. Nur leider spüren wie im gleichen Atemzug, dass wir nicht sagen können, was konkret der Punkt ist, weshalb das Blödsinn ist. Dann stellen sich Frust und Ohnmacht ein, und wir antworten unsouverän: »Menno!«, »Aber du!«, »Stimmt doch gar nicht!«

Die Lösung

Die allermeisten dieser Angriffe folgen einem von 6 Mustern. Diesen Angriffs-Mustern entsprechen einfache Muster-Antworten. Wenn es Ihnen also gelingt, das Muster hinter dem Angriff zu identifizieren, ziehen Sie einfach Ihren Muster-Abwehr-Colt und strecken den Angreifer nieder…

MUSTER 1 – DER VERLORENE ERZÄHLER

Das Gesagte kommt mit dem Nimbus eines ehernen Gesetzes daher. Es klingt wie eine zweitausend Jahre alte Weisheit. Anderer Ansicht zu sein scheint völlig absurd.

- »Das ist eben so«
- »Reden ist Silber, Schweigen ist Gold«
- »Das gehört sich nicht«

Der machtvolle Eindruck entsteht dadurch, dass etwas weggelassen wurde; nämlich die Person, die es sagt – die Autorität hinter der Behauptung.

Und so lautet die Muster-Antwort: »*Wer* sagt das?«

Entweder folgt dann eine tatsächlich eine wichtige Information (»Das hat der Vorstand gestern so beschlossen«), oder ein peinliches »Ich«. Thema erledigt.

MUSTER 2 – DIE HÄLFTE FEHLT

Der machtvolle Eindruck entsteht dadurch, dass etwas sehr Wichtiges weggelassen wurde; nämlich die entscheidenden Details, die den Angreifer zu seinem Statement gebracht haben.

- »Das ist mal wieder ein Mist!«
- »Die haben sie doch nicht alle!«
- »Das bringt doch nichts.«

Und so lautet die Muster-Antwort: »Was *genau* ist Mist?« oder »Wer *konkret* hat sie nicht alle?«

Die Wörtchen *genau* und *konkret* besitzen geradezu magische Kräfte. Sie zwingen den Anderen, sich über das einfach so Hingesagte tatsächlich Gedanken zu machen und Farbe zu bekennen. Kam der Angriff noch spontan-global daher, so muss die Begründung plötzlich überlegt-spezifisch sein. Meist hat es sich dann erledigt.

MUSTER 3 – UNAUSGESPROCHENE REGELN

Der machtvolle Eindruck entsteht dadurch, dass eine bestimmte Gruppe von Worten genutzt wurde; die der sogenannten Modaloperatoren. Das sind Verben, die entweder eine Notwendigkeit oder eine Möglichkeit ausdrücken: müssen, sollen, wollen, möchten, können, dürfen.

- »Du kannst gar nicht anders«
- »Sie müssen das tun!«
- »Ich will das nicht machen!«

Und so lautet die Muster-Antwort: »*Und wenn* Du es müssen/sollen/wollen/möchten/können/dürfen würdest? Was würdest Du dann tun?«

Sie wiederholen also einfach den Modaloperator und zwingen Ihr Gegenüber in das Kinderspiel »Ich tu jetzt mal so als ob«.

Sie könnten auch so anfangen: »Nur mal angenommen... *Was wäre, wenn* Sie es müssen/sollen/wollen/möchten/können/dürfen würden?« Diese Art der Rückfrage löst beim Gegenüber sofort einen Reflexionsprozess aus, in dessen Zuge er darüber nachdenkt, wie er das Gegenteil dessen denken könnte, was er gerade eben noch behauptet hatte.

MUSTER 4 – UNFAIFRE GLEICHUNG

Der machtvolle Eindruck entsteht dadurch, dass so getan wird, als läge hier eine Kausalbeziehung vor; eine logische Folge von Ursache und Wirkung.

- »Der guckt immer so. Das nervt mich.«
- »Du hast mir keine Blumen mitgebracht. Du liebst mich nicht.«
- »Immer, wenn einer so spricht, bekomm ich so einen Hals.«

Und so lautet die Muster-Antwort: »*Was an* meiner Art zu Gucken *veranlasst dich* dazu, genervt zu sein?« oder »*Was an* der Tatsache, dass ich keine Blumen mitgebracht habe, *bringt Dich dazu*, an meiner Liebe zu zweifeln?«

Wir nehmen also die beiden Bestandteile der vermeintlichen Kausalbeziehung wieder auseinander und führen dem Sprecher seine Eigenverantwortung vor Augen. Dieses Muster ist besonders tricky, denn die Angriffe, die auf diese Weise erfolgen, sind extrem verdichtet. Auf der einen Seite steht eine Aussage, die auf einer objektiven *Wahrnehmung* beruht: Jemand sieht, hört, spürt, riecht, schmeckt etwas. Diese Wahrnehmung ist real; man kann sie nicht wegdiskutieren. Auf der anderen Seite steht ein *Gefühl*: Ich fühle mich genervt/ungeliebt/verärgert usw. Das ist etwas zutiefst Persönliches. Mit Hilfe der Satzkonstruktion wird aber so getan, als würde das persönliche Störgefühl nur deshalb auftreten, *weil* es jenes objektive Ereignis gab. Oder umgekehrt: Weil es ein eindeutig erfolgtes Geschehen gab, muss es dem Anderen zwangsläufig schlecht gehen. Und das ist natürlich Unsinn. Zu Beginn dieses Kapitels hatten wir schon gesehen, dass jeder seine Gefühle selbst macht; niemand von außen macht Gefühle in uns. Schon gar nicht mit Alltäglichkeiten wie in den oben genannten Beispielsätzen.

MUSTER 5 – GEDANKEN LESEN

Der machtvolle Eindruck entsteht dadurch, dass jemand behauptet, man hätte Zauberkräfte; nämlich Gedanken-Lesen oder In-Die-Zukunft-Sehen.

- »Du musst doch wissen, was ich denke.«
- »Wir kennen unsere Pappenheimer«
- »Ich bin mir sicher, wie Sie gleich wieder reagieren«

Und so lautet die Muster-Antwort: »*Woher* weißt du das?«

Gerade in langen Beziehungen finden wir dieses Muster. Dort, wo Abläufe und Transaktionen zu Routinen geworden sind. Wo aus Wünschen Erwartungen wurden. Wo sich Toleranz in Arroganz verwandelt hat.

MUSTER 6 – VERALLGEMEINERUNGEN

Der machtvolle Eindruck entsteht dadurch, dass so getan wird, als gäbe es hier etwas Absolutes; nämlich etwas, das keine Ausnahme vertrüge.

- »Alle Politiker sind Verbrecher«
- »Es ist immer das Gleiche mit Ihnen«
- »Jeder sagt das«

Und so lautet die Muster-Antwort: »*Wirklich* alle/jeder/keine/immer/nie/niemand?«

Mit dieser Muster-Antwort haben Sie den Angriff mit nur zwei Worten vom Hals, und Ihr Gegenüber muss zugeben, dass es sehr wohl Ausnahmen gibt und dass das Problem also nicht so groß ist wie zunächst behauptet.

Vielleicht denken Sie jetzt, …

…dass das aber ganz schön kompliziert ist und Sie nicht alles auswendig lernen wollen. Ja, KISS! Keep it small and simple. Für den Anfang reicht das Wort »genau«: Was genau… Wie genau… Wer genau: Wo genau… Wenn Sie da mit der Zeit Sicherheit erlangt haben, nehmen Sie sich das nächste Muster vor.

Vielleicht denken Sie auch, dass man auf manche Angriffe auch mit mehreren Muster-Antworten antworten kann. Ja, das stimmt. Probieren Sie aus. Gönnen Sie sich Flexibilität. Kombinieren Sie. Seien Sie kreativ.

8. Storytelling

Mit Geschichten begeistern
Geliehen oder persönlich: Jenseits der Fakten die Herzen gewinnen

Die Situation
Vor Jahren, als ich noch als Angestellter gearbeitet habe, war ich mit meiner beruflichen Situation unzufrieden. Also habe ich ein Abfindungsprogramm genutzt, das mein Arbeitgeber zur Personalreduzierung einsetzte, und machte mich selbständig. Manchmal muss man halt mal was Neues machen.

Das Problem
Und? Reißt Sie das vom Hocker? Fühlen Sie sich jetzt motiviert, ebenfalls Ihr Leben zu ändern?

Nein, sicher nicht. Natürlich nicht. Denn ich habe für diese Anekdote aus meinem Leben eine langweilige Form gewählt. Wer Menschen mitreißen, begeistern, inspirieren möchte, darf sich nicht allein aufs Informieren beschränken, sondern muss auch unterhalten, Bilder erzeugen, Erinnerungen anzapfen, die Gefühlsebene ansprechen.

Die Lösung
Menschen lieben es, unterhalten zu werden, Menschen lieben Geschichten. Tausende von Jahren versammelten wir uns ums Lagerfeuer und hörten zu, was die Alten, Weisen, Schamanen, Krieger, Narren und Barden zu sagen hatten. Im wärmenden Schein des knisternden Feuers erzählten sie uns, wie man erfolgreich Tiere jagt, Wunden heilt, die Götter anbetet, ein ordentliches Leben führt, mit Feinden umgeht, ein anständiger Mensch wird.

Und das machten Sie nicht mit Flipchart oder Powerpoint… Sie machten das mit Erzählungen, denn wir Menschen sind Geschichte(n)! Sie erzählten uns von Helden, von Kämpfen und Herausforderungen, von Guten und von Bösen, von wilden Tieren und süßen Verlockungen, von bitteren Niederlagen und glorreichen Siegen.

Im Prinzip hat sich daran bis heute nichts geändert – nur sehen die Lagerfeuer jetzt anders aus. Die Krimi-Reihe *Tatort* wird als letztes Lagerfeuer der Nation bezeichnet, nachdem *Wetten dass* eingestellt wurde: Eine Gemeinschaft trifft sich zu einem festen Zeitpunkt an einem festen Ort (um 20.15 Uhr vor dem Fernseher) und sieht/hört sich zusammen dieselbe Geschichte an, um hinterher über das Erlebte emotional zu diskutieren (Twitter, Facebook, Büroküche). Mit einer sachlich-trockenen Doku über abseitige Verbrecher und beziehungsgestörte Kommissare würde das nicht gelingen…

In allen Teilen der Welt erzählen sich die Menschen Geschichten. Und sie tun das im Prinzip überall in der gleichen Art und Weise. Es gibt immer einen Helden in seinem Alltag; ein Mensch wie Du und ich. Dieser Held hört plötzlich einen Ruf, das heißt, er oder sie erhält eine Nachricht, etwas zu tun und zwar etwas, das vollkommen anders ist als alles, was er bisher tat. So anders und so beängstigend, dass der Held zurückschreckt und sich windet. Er will den Ruf nicht hören, nicht annehmen – zugleich ahnt er, dass es genau das ist, was jetzt im Leben für ihn dran ist. Also tritt er an die Schwelle; an die Grenze. Im Bewusstsein, dass nach dem Übertreten der Schwelle alles anders ist als bisher. Jenseits der Schwelle gibt es kein Zurück; nur Ungewissheit. Sobald der Held den Schwellenraum überwunden hat, geht das Abenteuer so richtig los. Neue Freunde, neue Feinde, Kämpfe bis aufs Blut, Mutproben, seltsame Begleiter, hilfreiche Waffen, unbekannte Orte. Am Ende, nach dem ultimativen Kampf gegen den ultimativen Gegner, gewinnt der Held den ultimativen Preis und kehrt zurück in seine alte Gemeinschaft. Und ist dort nicht mehr der Alte. Er ist ein Neuer, hat sich erneuert, gehäutet, entwickelt, verwandelt und inspiriert damit seine Gemeinschaft, sich ihrerseits auf neue Wege zu wagen.

Heldenreise nennt man diese Form, mit den Herausforderungen des Lebens umzugehen. Heldenreise nennt man diese Form, Geschichten zu erzählen. Und das tun, wie oben erwähnt, die Menschen in allen Kulturkreisen dieser Erde. Denn die Heldenreise als Story-Form spricht etwas Tiefes, Wahres in uns an. Etwas schon immer Dagewesenes, Ideelles, etwas, das wir auf einer unbewussten Ebene sofort verstehen.

Und es unterhält uns. Die Heldenreise ist eine spannende und aufregende Form, Wissen weiterzugeben. Und so könnte meine Anekdote vom Beginn dieses Kapitels auch so lauten:

Ich erinnere mich noch gut daran, wie ich mit 25 anderen Menschen in ein enges Büro eingepfercht arbeiten musste. Dicht an dicht saßen wir; ohne Privatsphäre und unter ständiger Beobachtung. Dieser Ort war nicht gut für mich, aber ich wusste nicht, wie ich das ändern könnte, und so fügte ich mich in mein Schicksal. Dann, geschah etwas, das mein ganzes Leben verändern sollte. Auf einer Firmenfeier höre ich aus der Ferne ein Wort. Nur ein einziges Wort: »Abfindungsprogramm«. Es war laut dort, und so denke ich heute manchmal, es war ein Wunder, das dieses Wort überhaupt bis zu mir vordrang. Es ließ mich nicht los. Nachts träumte ich unruhig, und am nächsten Tag entschloss ich mich, der Sache auf den Grund zu gehen. Ich erzählte in der Personalabteilung von meinem Erlebnis – und plötzlich lag alles vor mir: Wir hatten zu viel Personal, und wer bereit war, sofort zu kündigen, der würde ein Startgeld für ein neues Berufsleben bekommen. Ich war wie betäubt. Diese Information packte mich und schüttelte mich, ließ mich nicht mehr los. Was passiert hier?, dachte ich. Zuhause sprach ich mit meiner Frau, mit meinen Kindern, mit meiner Steuerberaterin. Was soll ich tun? Klar war: Genauso wie es ein Nur-Ein-Bisschen-Schwanger nicht gibt, gibt es auch kein Nur-Ein-Wenig-Kündigen. Hopp oder topp. Bleiben oder gehen. Ich schwitzte. Am nächsten Wochenende fuhr ich mit ein paar Männern in die Natur und erzählte, wo ich gerade stand und was mich umtrieb. Da stand einer der Männer auf, sah mir in die Augen und sagte: »Harald, es ist doch ganz einfach, ein guter Mann zu sein. Liebe Deine Frau, tu deinen Kindern nicht weh – und triff Deine eigenen Entscheidungen.« In dem Moment verzog sich der Nebel in meinem Kopf und Klarheit breitete sich aus. Ich erkannte, dass ich die ganz Zeit darüber nachgedacht hatte, was andere meinen könnten, statt auf mich und mein Herz zu hören. Am nächsten Tag ging ich wieder in die Personalabteilung, unterschrieb meine Kündigung und besiegelte meinen Aufbruch in ein Leben, in dem alles anders werden sollte als ich das bisher kannte. Ich wechselte vom Angestellten-Dasein in die Selbstständigkeit. Ich machte und mache bis heute wunderbare Erfahrungen. Ich habe in diesem Umfeld meine Herzensfrau kennengelernt. Ich habe Fehler gemacht und Niederlagen eingesteckt. Ich habe Angst erlebt und Erfolge gefeiert. Und ich habe es nie bereut. Manchmal muss man einfach seinem Herzen folgen. Dabei dürfen wir scheitern, aber dann haben wir es wenigstens versucht.

Diese Art, dieses Erlebnis zu schildern, ist viel ausführlicher als die eingangs genutzte sachliche Form. Aber eben auch unterhaltsamer und bewegender. Und sicher haben Sie die Elemente der klassischen Heldenreise dort wiedergefunden.

Wie kommt man nun an gute Stories? Dazu empfehle ich zwei Dinge.

Legen Sie sich ein Notizbuch an (digital oder auf Papier), und notieren Sie künftig alle spannenden Ereignisse in Ihrem Leben. Auf diese Weise schärfen Sie Ihre Aufmerksamkeit für gute Geschichten und verankern Sie in Ihrem Hirn.

Zweitens: Beantworten Sie folgende und ähnliche Fragen:

- Wo dachtest du mal, es geht nicht mehr weiter? Privat, beruflich?
- Welche Reise hat dich besonders geprägt? Was genau?
- Wer hat dich mal besonders herausgefordert? Was war so schwer? Wie hast du es bewältigt?
- Wo hast du mal eine ungewöhnliche Lösung gefunden?
- Welche Ängste hast Du überwunden?
- Welche Menschen waren Dir wichtige Helfer oder Mentoren?
- Wer verdankt Dir viel? Warum?
- Welche Geschichten und Anekdoten könntest Du immer wieder erzählen?
- Auf welche Preise, Auszeichnungen, Belohnungen bist du besonders stolz?
- Wo bist Du mal über deine Grenzen gegangen und froh darüber?
- Welcher Rat hat dir mal besonders weitergeholfen? Dein Leben verändert?

Wenn Sie all das gemacht haben, kommen wir an einen wichtigen Punkt. Geschichten im Sinne des Storytelling sind nicht bloße Anekdoten! Abends in der Kneipe kann man erzählen: »Du ahnst nicht, was mir heute passiert ist. Ich geh gerade über die Straße, da kommt ein Auto, brettert über Rot und fährt mir fast in die Beine!« Das ist ohne Zweifel eine dramatische Geschichte – aber es ist keine Story! Eine Story bietet dem Zuhörer die Möglichkeit etwas zu *lernen*. Sie hat eine klare Botschaft, die geeignet ist, den Anstoß für eine Veränderung in Denken oder Verhalten zu geben. All das bietet eine Kneipenerzählung nicht.

Eine Story – vor allem, wenn Sie sie im beruflichen Umfeld einsetzen wollen – besteht wie die Heldenreise aus 5 zentralen Bestandteilen:

- Held / Situation
- Ruf / Aufbruch
- Schwelle / Konflikt / Hindernis (Spannungsbogen)

- Lösung
- Ergebnis, Learning, Fazit, Moral von der Geschicht (Vorher-Nachher-Effekt)

Ohne fettes Hindernis keine Story! Ohne erhellendes Learning keine Story! Denken Sie an all die Geschichten, die uns im Kino und in Büchern mitreißen. Harry Potter, Herr der Ringe, König der Löwen, Star Wars usw. Die Hindernisse sind massiv: Voldemort und Malfoy, eklige Orks, Scar und die Hyänen, Darth Vader und die dunkle Seite der Macht. Und das Learning ist immer groß: Es lohnt sich, mutig zu sein, zu sich zu stehen, Freundschaften zu pflegen, anständig zu sein, zu vertrauen, für etwas Größeres zu streiten.

Hier noch 9 handfeste Tipps für die Story-Praxis, mit denen Sie emotionale Brücken bauen, Mitarbeiter motivieren, nachdenklich machen, inspirieren, Widerstände auflösen, Lerninhalte vertiefen, Menschen begeistern:

- Bleiben Sie bei der Wahrheit. Sie dürfen Ihre Story gerne dramatisch formulieren und auch ein wenig pointieren. Aber lügen Sie nicht! Denn Sie werden auffliegen – und wenn das geschieht, ist Ihr Ruf dahin.
- Nehmen Sie nur Stories, die wirklich zum Thema passen. Selbstverliebte Selbstdarstellungen braucht niemand.
- Lassen Sie die Maske fallen. Zeigen Sie, dass es Ihnen um etwas geht. Zeigen Sie echte Gefühle. Seien Sie authentisch. Sie müssen nicht alles preisgeben, aber was Sie preisgeben, muss echt sein. Man will Sie *spüren*, nicht wissen.
- Fassen Sie sich kurz. Je kürzer, desto besser. Lassen Sie alles weg, was nicht unbedingt nötig ist. Ihr Publikum wird es Ihnen danken.
- Formulieren Sie in Sprech-Sprache; nicht in Schreib-Sprache. Indikativ, aktiv, Imperfekt, kurze Sätze. Thomas-Mann-Sätze sind hohe Kunst, aber nicht geeignet für Storytelling.
- Lernen Sie Ihre Story auswendig. Lassen Sie sich nachts um Drei anrufen, und erzählen Sie sie spontan und mitreißend. Lernen Sie sie so auswendig, dass man Ihnen das Auswendiglernen nicht mehr anmerkt.
- Kümmern Sie sich um Stimme, Körper, Ausdruck, Präsenz.

- Bedienen Sie auch andere Sinne: Bringen Sie etwas mit, das man sehen, anfassen, riechen kann. Dekorieren Sie. Zeigen Sie Symbole, wechseln Sie den Ort. Bringen Sie Veränderung ins Gewohnte.
- Haben Sie Spaß, und seien Sie ernsthaft. Seien Sie mutig und demütig. Seien Sie klug und niemals altklug. Haben Sie was zu sagen, und nehmen Sie sich nicht so wichtig. Es geht um Sie und doch nicht um Sie.

Vielleicht denken Sie jetzt, …

…ich hab doch gar nichts zu erzählen! Wo soll ich tolle Stories hernehmen?

Diese Frage höre ich oft – und die Sorge ist jedesmal unbegründet. Jeder Mensch hat Wendungen im Leben erlebt. Jeder hat Richtungswechsel vollzogen. Ist geblieben oder gegangen. Hat Angst gehabt und Mut bewiesen. Hat Einschläge überlebt (Trennung, Krankheit, Tod, Entlassung…). In der Regel fehlt nur die Übung, diese Erlebnisse wahrzunehmen und zu reflektieren. Das kann man trainieren und eine neue Gewohnheit draus machen. Oft geht es leichter, wenn man nicht alleine drüber grübelt, sondern sich von einem neugierigen Menschen dazu interviewen lässt.

Vielleicht denken Sie auch, dass Sie nicht für alles eine eigene Story kreieren wollen. Kein Problem, das ist nicht nötig. Sie können sich Stories auch leihen: Im Internet und im Buchhandel gibt es Unmengen an Sammlungen mit Zitaten, Anekdoten, Fabeln, Märchen, Geschichten.

Diese Stories bedienen meist nicht alle Elemente einer Heldenreise, können aber trotzdem eine emotionale Geschichte erzählen, die bewegt. Denken Sie nur an den ersten Wahlkampf von Barack Obama und sein »Yes we can.« Eine Story in nur drei Worten. In der Werbung wird damit ständig gespielt; ebenso in Slogans und Mottos.

Im Kern geht es darum, den Menschen als Menschen anzusprechen. Wir Menschen sind in erster Linie körperliche Wesen, das heißt emotionale Wesen (ich weiß, ich wiederhole mich…). Unser Gehirn ist zwar wichtig und hilfreich und Fakten und Argumente auch. Aber wenn es darum geht, zu begeistern, zu motivieren, zu inspirieren, aufzurütteln, zu erschüttern – dann geht es um Gefühle. Nicht ohne Grund haben TV-Formate, die auf große Gefühle setzen (Contests, Soaps, Krimis, Herz-Schmerz-Geschichten usw.) so großen Erfolg.

Trauen Sie sich! Haben Sie Spaß!

9. Vortrag und Präsentation

Bewährte Formen starker Reden

Sie müssen das Rad nicht neu erfinden; fahren Sie einfach!

Das Thema Vortrag und Präsentation ist ein großes Thema. Fast zu groß, um es in wenigen Seiten abzuhandeln. Und doch mache ich es. Weil es ein wichtiges Thema ist, wenn es um souveränes Auftreten geht.

Auf den nächsten Seiten konzentriere ich mich ganz darauf, Ihnen pragmatische Möglichkeiten an die Hand zu geben, mit denen Sie Ihre Vorträge und Präsentationen und vielleicht auch Workshops sofort erfolgreicher gestalten können.

Und natürlich müssen hier auch alle anderen Themen mitgedacht werden, die in diesem Buch besprochen werden. In einem guten Vortrag findet sich so ziemlich alles wieder, worum es im vorliegenden Buch geht.

Aus dem Kern heraus präsentieren – So einfach kann gut sein

Die Situation

Wie geht man üblicherweise an ein neues Vortragsthema heran? Genau! Man sammelt Fakten, Ideen, Bruchstücke, Teile, Zahlen, Statistiken, Bilder, Artikel usw. So lange, bis man meint, jetzt ist es genug. Im zweiten Schritt wird das Ganze dann geordnet, geclustert, sortiert. So lange, bis man meint, jetzt ist es genug. Und dann? Dann präsentieren die meisten in genau der gleichen Weise. Sie fangen im Allgemeinen an und arbeiten sich vor bis zum Kern. Sie starten in der Breite und werden im Verlauf der Präsentation immer spitzer.

Das Problem

Wer so präsentiert, sieht sich schnell zwei großen Problemen gegenüber. Als Sprecher gerät man in Zeitdruck, und die Zuhörer hören auf zuzuhören. Warum?

Wenn ich ein Fachbuch lese, weiß ich jederzeit, wo ich bin. Es gibt Überschriften, Unter-Überschriften, Zwischen-Überschriften, Fettungen, Einschübe, Kopf-

und Fußzeilen. Alles Hilfsmittel, die es mir als Leser leicht machen, die Orientierung zu behalten. Als Leser! Als Zuhörer steht mir all das nicht zur Verfügung.

Der Sprecher hat daher die Aufgabe, so vorzutragen, dass der Zuhörer nicht den Überblick verliert, denn sonst verliert der Sprecher den Zuhörer.

Und die größten Chancen, den Zuhörer zu verwirren und in die Orientierungslosigkeit zu treiben, besteht darin, mit einem Riesenberg an Details zu beginnen und erst gegen Ende des Vortrags auf den eigentlichen Kern zu sprechen zu kommen. Eben das Thema so zu präsentieren, wie man das Thema für die Präsentation in der Vorbereitung angegangen ist.

Viele überschätzen Aufmerksamkeitsbereitschaft und -fähigkeit ihres Publikums enorm. Ich persönlich gebe einem Sprecher in der Regel ein paar Sekunden, bis ich mich entscheide, weiter zuzuhören oder mich auszuklinken. Seien Sie ehrlich: wie viel Zeit geben Sie? Und jetzt stellen Sie sich vor, in Ihnen keimt beim Zuhören die Frage auf, was das Ganze soll. Sie hören zwar die Worte, aber Ihnen fehlt der Rote Faden, der Zusammenhang. Das geht nicht lange gut.

Das zweite Problem: Wer erst gegen Ende seines Vortrags auf den eigentlichen Kern zu sprechen kommt, wer sich bis zur These erst einmal durch einen Dschungel von Details hindurchmacheten muss, der gerät schnell in Zeitdruck. Da reichen dann schon zwei, drei Zwischenfragen oder ein schlechtes Timing – und schon bleibt nicht mehr genügend Zeit, um ans Ziel zu kommen. Hektik macht sich breit, und Unsouveränität markiert den Sprecher.

Die Lösung

Die Lösung ist einfach und wird doch oft übersehen. Präsentieren Sie genau andersherum. Fangen Sie mit dem Kern an, und erläutern Sie ihn dann Schritt für Schritt mit Beispielen, Argumenten etc.

Wer heutzutage im Beruf steht, hat in aller Regel massenhaft Vorträge und Präsentationen zu hören bekommen. Und jeder weitere Sprecher muss sofort die unausgesprochene Frage beantworten: »Warum muss ich mir das jetzt anhören? Ist das wirklich so wichtig?«

Die Gunst des Publikums wird man nur dann erlangen, wenn man so schnell wie möglich eine verdammt gute Antwort auf diese Frage hat. Das heißt konkret: Nutzen Sie die ersten Sätze, um unmissverständlich klarzumachen, worum es Ihnen im Kern geht. Was ist der Benefit, den Sie bieten? Welche These verfolgen Sie? Wenn das für Ihre Zuhörer relevant ist, haben Sie erheblich bessere Chancen, dass man Ihnen länger als dreißig Sekunden zuhört. Wirklich zuhört.

Und im weiteren Verlauf Ihrer Präsentation bieten Sie Ihrem Publikum bitte den Service, den Kern immer wieder mal zu wiederholen. Werden Sie zur wandelnden Zwischen-/Unter-/Überschrift, und schaffen Sie damit hilfreiche Orientierung.

Also: In der Vorbereitung von der Breite in die Spitze, in der Präsentation von der Spitze in die Breite.

Vielleicht denken Sie jetzt, …

…dass Sie gar nicht immer so genau sagen können, was konkret der Kern ist. Genau diesen Eindruck vermitteln tatsächlich viele Vortragende. Dass sie ihr eigenes Thema nicht wirklich durchdrungen und zu Ende gedacht haben. Statt diese Vorarbeit zu leisten, überfluten diese Sprecher ihr Publikum mit Folien, die in 8-Punkt-Schrift bis an den Rand mit Bullett Points vollgekleistert sind; durchzogen von Diagrammen, Tabellen und Bandwurmsätzen aller Couleur. Ein Meetingraum kann wahrlich zur Hölle werden…

Ich stehe auf dem Standpunkt, dass es eine Sache des Respekts ist, eine Präsentation ordentlich vorzubereiten. Hier kommen schließlich Menschen zusammen und schenken Ihnen Zeit und Aufmerksamkeit. Dieses Geschenk verdient Respekt – Respekt in dem Sinne, dass Sie als Sprecher vorher Zeit und Aufmerksamkeit auf eine möglichst eingängige Aufbereitung meines Themas verwende. Ein Sprecher, der erst während des Sprechens versucht, sich über das klar zu werden, worüber er spricht, verhält sich nicht nur riskant, sondern auch respektlos.

Spontanes Reden – Jederzeit einsatzbereit

Die Situation

Die Horrorvorstellung für viele: In der Besprechung fordert der Chef Sie auf, spontan mal »ein paar Sätze« zum Thema XYZ zu sagen. Schlagartig richten sich alle Augen auf Sie, im Hals bildet sich ein veritabler Kloß, und das Hirn verschwindet hinter einer vernagelten Wand. Vor Gruppen zu sprechen, ist für viele herausfordernd genug – dies auch noch spontan zu tun, der helle Wahnsinn.

Das Problem

Beim Spontanvortrag müssen wir sofort mit dem Sprechen beginnen, ohne vorher Zeit zu bekommen, den Inhalt angemessen vorzubereiten. Also fangen wir an zu sprechen und stammeln uns stückweise an unser Thema heran. Dabei wirken wir rasch überfordert und in der Folge unsouverän. Sehr unangenehm.

Die Lösung

Wie bei dem Problem mit den verbalen Angriffen geht es bei diesem Problem nicht so sehr um etwas Inhaltliches. Es geht um *Zeit*. Wären wir dem Thema inhaltlich nicht grundsätzlich gewachsen, würde man uns gar nicht bitten, darüber zu sprechen.

Spontanvortrag und Zeit schließen sich aber doch aus, oder? Nicht unbedingt. Verschaffen Sie sich einfach die Zeit, die Sie brauchen, während Sie bereits sprechen. Das geht so:

Sprechen Sie zunächst und zu etwa zwei Drittel Ihrer Sprechzeit über einen Aspekt des Themas, der in der *Vergangenheit* liegt. Über einen Aspekt, der Ihnen völlig geläufig ist, und wo Sie keine Unsicherheit verspüren. Danach gehen Sie über in die *Gegenwart*, um schließlich den geringsten Redeanteil (etwa 5 Prozent) über die *Zukunft* zu sprechen. – Ein Beispiel:

Sie werden aufgefordert, etwas zur kommenden Entwicklung des Elektroautos zu sagen; ein Thema, zu dem man sich locker tagelang in inhaltliche Vorbereitung begeben kann. Probieren wir es hier mal mit 30 Sekunden:

»Ich kann mich noch gut daran erinnern, wie ich zum ersten Mal mit Autos in Berührung gekommen bin. Mein Großvater rief uns alle zusammen. Die Kinder, die Enkel. Wir mussten ihm auf den Hof folgen und hatten keine Ahnung, was er dort von uns wollte. Als wir alle unten waren, schaute er uns an. Er wirkte aufgedreht und nervös. Fast wie ein Schuljunge. Trotz seiner fast fünfzig Jahre. Er blickte uns an und sagte »Wartet hier!« Dann verschwand er um die Ecke – und kurz darauf hörten wir ein lautes Wummern, das schnell näherkam. Und dann stand es vor uns. Das neue Auto meines Großvaters. Das erste Auto überhaupt in unserer Familie. Wir staunten heftig, alle sprachen wild durcheinander

und berührten dieses Wunder der Technik, atmeten den Geruch des Benzins und lauschten dem Sound des treckernden Motors. Ein eindrückliches Erlebnis, das ich nie vergessen habe.

Und heute? Inzwischen haben die Autoingenieure wahre Wunder vollbracht. Die Autos wurden schneller, sicherer, leiser, sparsamer – und digitaler. Und nicht nur digitaler wird das Auto, sondern im Kern auch anders. Das Erdöl geht weltweit zur Neige, und die Luft wird immer schlechter. Deshalb setzen wir jetzt alles daran, vom Benzin- auf Elektroantrieb umzustellen. Erste Versuche sind mehr als vielversprechend.

Und morgen? Morgen können wir an einer vielbefahrenen Hauptstraße entlanglaufen, ohne schädliche und stinkende Abgase einzuatmen, und es wird so leise sein, dass wir uns problemlos unterhalten können. Ich zeige Ihnen ein Beispiel...«

Vergangenheit, Gegenwart, Zukunft (VGZ). Sprechen Sie zunächst so lange über etwas Vergangenes, zu dem Sie einen guten und sicheren Zugang haben, bis in Ihnen das Gefühl entsteht, einigermaßen fest im Präsentationssattel zu sitzen. Dann schwenken Sie langsam in die Gegenwart, um schließlich erst über das zu reden, wozu man Sie eigentlich aufgefordert hatte.

Diese Vorgehensweise ersetzt natürlich keine Präsentationen mit eingehender Vorbereitung. VGZ ist wirklich nur für spontane Ansprachen geeignet, die uns erst mal aus dem Tritt bringen. Aber da funktioniert sie sehr gut! Gefunden habe ich diese Vorgehensweise übrigens beim Kollegen Matthias Pöhm.

Vielleicht denken Sie jetzt, ...

...dass das doch nicht funktionieren kann. Dass einem so ein Gerede doch keiner abnimmt. Probieren Sie es aus. Meine Erfahrung damit ist, dass es bei Spontanvorträgen oft weniger darauf ankommt, dass man inhaltlich geschliffen spricht als vielmehr darauf, dass man überhaupt spricht und zwar ohne zu stammeln und ohne mit rotem Kopf im Blackout zu versinken.

Zweite Erfahrung: Wenn man erst mal angefangen hat zu reden, legt sich das Lampenfieber ganz schnell, und dann fallen einem auch bald genügend schlaue Inhalte ein.

VGZ verschafft einem die Zeit, die man braucht, um seine Gedanken zu ordnen und trotzdem schon mal loszusprechen.

Bewährter Fünfsatz – Strukturiert kommuniziert

Die Situation

Sie haben Ihr Vortragsthema gut durchdrungen. Alle Fakten liegen auf dem Tisch. Sie haben aussagekräftige Bilder und Grafiken. Sie wissen, worauf es ankommt und könnten auch drumherum noch viel erzählen.

Das Problem

Der Berg an klugen Inhalten ist so groß, dass er schier überwältigt. Unmöglich, ihn einfach so dem Publikum anzubieten. Zu viel, zu ungeordnet, zu ausufernd.

Die Lösung

Jeder Inhalt braucht eine Struktur. Und das Gute ist: Seit die Menschen Vorträge halten, haben Sie erforscht, welche Strukturen besonders dienlich sind, um Zuhörern Gedanken zu präsentieren.

Hier muss das Rad also nicht mehr neu erfunden werden; Internet und Bibliotheken sind voll mit Tipps zu diesem Thema. Eine dieser bewährten Strukturen möchte ich Ihnen hier vorstellen, denn sie ist einfach, vielseitig und flexibel: der Fünf-Satz. Gliedern Sie Ihren Vortrag in 5 Abschnitte, hier ein paar Beispiele dazu:

- Einleitung – Argument – Beispiel – Schlussfolgerung – Fazit
- Einleitung – zweitwichtigstes Argument – schwächstes Argument – stärkstes Argument – Fazit
- Einleitung – Argumente contra – Argumente pro – Schlussfolgerung – Fazit
- Einleitung – Einerseits – Andererseits – Insgesamt – Fazit
- Einleitung – Erstens… – Zweitens… – Drittens… – Fazit
- Einleitung – Das Eine – Das Andere – Sowohl Als Auch – Fazit
- Einleitung – Das Eine – Das Andere – Weder Noch – Fazit

Es gibt viele Formen des Fünf-Satzes. Am Anfang steht immer ein guter Start. Ein Start, der Lust macht aufs Thema, der aufweckt und Neugier entfacht. Am

Ende steht ein guter Schluss. Ein Fazit. Das, was die Zuhörer mitnehmen. Und dazwischen gibt es viele Möglichkeiten:

Argumente, Beispiele, Schlussfolgerungen und manches mehr. Am besten, Sie experimentieren ein wenig. Probieren aus, was Ihnen gut von der Hand geht und was bei Ihrem Publikum und bei Ihren Themen gut funktioniert.

Vielleicht denken Sie jetzt,…

…dass das alles ganz schön schematisch klingt, irgendwie verkopft und förmlich. Einerseits stimmt das. Es handelt sich um eine Form, um etwas Förmliches. Oft macht aber gerade eine gut gewählte Form einen Inhalt leichter zugänglich. Andererseits dient die Form immer nur als Hilfestellung. Als Rahmen. Ein Rahmen – und sei er noch so prächtig – kann den eigentlichen Inhalt nie ersetzen.

Wie gesagt: Es hat sich bewährt. Bewahren Sie sich aber immer die Freiheit, die Form zu verlassen, wenn es Sinn oder Spaß macht. Und bis dahin spielen Sie einfach damit, denn es handelt sich, wie gesagt, um eine sehr bewährte Form und gerade für Sprecher, die nicht sehr häufig präsentieren, kann eine gute Form ein Hort der Sicherheit sein.

Für Ihre Vorbereitung können Sie auch Antworten zu den folgenden Fragen formulieren:

- Das Thema meines nächsten Vortrags ist… Warum rede ich?
- Ich errege Aufmerksamkeit und Interesse durch…
- Meine wichtigsten Argumente sind…
- Davon werde ich nennen…
- Meine Zuhörer sind…
- Was sollen sie am Ende wollen, fühlen?
- Wozu rede ich? Ich will erreichen, dass…
- Die Erwartungen meiner Zuhörer schätze ich folgendermaßen ein…
- Meine Gegner sind…
- Welche Motivation haben sie?

- Welche Argumente und Waffen haben sie?
- Was macht das mit mir?
- Meine Einleitung…
- Mein Schluss…

Und hier noch ein paar handfeste Tipps zu den Aspekten *Einleitung* und *Schluss*:

RHETORISCHE FRAGEN

Beginnen Sie mit einer Frage, auf die Ihre Zuhörer nur »selbstverständlich ja!« oder »selbstverständlich nein!« antworten können, z.B.:

- »Meinen Sie nicht auch, unsere Kunden mögen Respekt?«
- »Wollen Sie auch morgen noch einen guten Job haben?«
- »Wollen Sie wirklich, dass wir am Ende des Jahres 10 Prozent der Mitarbeiter kündigen müssen?«

Wichtig: Stellen Sie ausschließlich Fragen, bei denen Sie hundertprozentig sicher sind, dass alle in der gewünschten Weise antworten. Andernfalls zerschießen Sie sich den Vortrag, ehe er richtig begonnen hat.

STORY

Beginnen Sie mit einem Zitat, einer Anekdote oder einer Geschichte, die das Folgende gleichnishaft andeutet oder vorwegnimmt, z.B.:

- »Yes we can, hieß es im amerikanischen Wahlkampf. Und das heißt es auch für uns in diesen Zeiten der Veränderung.«
- »Der Wurm, der an der Angel hängt, muss nicht dem Angler schmecken, sondern dem Fisch, sagte einst die erfolgreiche Unternehmerin Beate Uhse. Und genau so müssen wir unseren Markt gestalten, liebe Kollegen.«
- »T.E.A.M. ist ja die Abkürzung für *Toll, Ein Anderer Macht's*. In meinem Vortrag zeige ich Ihnen neue Möglichkeiten, wie ein Team noch mehr sein kann.«

NO GO

Bitte vermeiden Sie Opener wie:

- »Jaa…«

- »Ich würde dann mal anfangen »
- »Schön, dass Sie alle da sind«
- »Ich bin ja etwas nervös, aber…«

HANDLUNGSANWEISUNG

Ebenso wichtig wie ein guter Anfang ist ein gutes Ende. Kommunizieren Sie klar, dass Ihr Vortrag jetzt zu Ende ist –, und geben Sie einen Hinweis, was Ihre Zuhörer mit dem Gehörten tun sollen. Zum Beispiel:

- »Viel Erfolg!«
- »Viel Spaß!«
- »Packen Sie's an!«
- »Sprechen Sie mich an!«
- »Kaufen Sie mein Buch!«
- »Besuchen Sie uns!«

SCHLUSS

Bitte vermeiden Sie unbedingt Schlussformeln wie:

- »Vielen Dank!«
- »Haben Sie noch Fragen?«
- »Leider konnte ich nicht alles darstellen, aber…«

Ich weiß, dass diese Schlussformeln üblich sind, aber…

Nicht der Redner dankt dem Publikum, sondern das Publikum dankt dem Redner, denn *der* hat ja gerade Leistung gezeigt. Wie im Konzert. Wenn die Darbietung gut war, haben alle im Saal das Bedürfnis, Danke zu sagen, und es wäre ein Akt grober Unhöflichkeit, wenn die Akteure nicht mehr auf die Bühne kämen, um den Dank anzunehmen. Also überlassen Sie das Danken Ihren klatschenden oder auf den Tisch klopfenden Zuhörern!

Wenn Sie fertig sind, sind Sie fertig. Während Ihres Vortrags dürfen Sie zu Fragen einladen – aber niemals am Schluss. Denn zu diesem Zeitpunkt stellen sich Ihre Zuhörer innerlich darauf ein, gleich gehen zu dürfen. Eine Frage wie »Haben Sie noch Fragen?« verlockt aber garantiert einen in der Runde dazu sich zu melden und die Veranstaltung um eine quälende Viertelstunde zu verlängern. Das nervt alle anderen und ruiniert den positiven Schlusseindruck, den man sich von Ihrer Präsentation gemacht hat. Wer ganz am Schluss noch Fragen hat, dem danken Sie für die Frage und laden ihn ein, gleich nach dem Ende zu Ihnen nach vorn zu kommen. Aber erst setzen Sie einen klaren Schluss!

Wenn Sie Ihre Reputation mit nur einem Satz beschädigen wollen, dann nutzen Sie »Leider konnte ich nicht alles darstellen, aber…«. Sofort werden sich in den Köpfen Ihrer Zuhörer Unsicherheit und Empörung breitmachen. »Hat der uns etwa was Wichtiges verschwiegen?! Was fehlt denn noch?!« Lassen Sie es.

Die ganz große Form – 4MAT System

Die Situation

Ihre Präsentation oder Ihr Workshop gehen dem Ende entgegen. Sie haben alles gesagt, was Sie sagen wollten. Kein Inhalt ist hinten rüber gefallen. Eigentlich haben Sie ein gutes Gefühl… Aber dann passiert es: Jetzt, kurz vor Schluss, meldet sich ein Teilnehmer und sagt mit Ärger in der Stimme: »Aber ich dachte, wir machen noch das und das?!« Und ein anderer ergänzt: »Mir fehlt noch dieses und jenes. Und viel zu wenig davon.« Statt, dass die Teilnehmer einen guten Eindruck von Ihnen und Ihrer Leistung mitnehmen, versinken sie in Frust und Ärger.

Das Problem

Jeder Zuhörer kommt mit eigenen Erwartungen. Und jeder Teilnehmer hat eigene Präferenzen, was die Aufnahme neuer Inhalte angeht. Wenn der Sprecher aber nur seine eigenen Erwartungen und Präferenzen bedient, ist die Gefahr groß, dass er im Prinzip zwar alles richtig macht, unterm Strich aber trotzdem Ablehnung hervorruft.

Die Lösung

Stellen Sie in der Gestaltung Ihrer Inhalte nicht sich selbst sondern so weit wie möglich Ihre Zuhörer in den Mittelpunkt. Präsentieren Sie so, dass jeder Zuhörer das Gefühl hat, zu bekommen, was er braucht, und sorgen Sie dafür, dass keine Erwartungen im Raum stehen, die Sie nicht erfüllen werden.

Bernice McCarthy hat hierzu ein Modell entwickelt, das zwar schon ein paar Jahrzehnte auf dem rhetorischen Buckel hat, aber immer noch sehr wirksam ist. Sie nennt es 4MAT, sprich »Format«.

Sie sagt, dass es 4 Typen von Zuhörern mit 4 verschiedene Präferenzen gebe, sich neuen Inhalten zu nähern:

- Der *Warum*-Typ vertieft sich gern in Gefühle und Imaginationen. Er verbringt gern Zeit mit Nachdenken und sucht nach dem, was das Neue für ihn persönlich bedeuten könnte; was es mit ihm zu tun hat. Es geht ihm um Werte und Verbindungen.

- Der *Was*-Typ ist eher analytisch orientiert. Er hört und denkt gerne über Informationen nach und steht auf ZDF (Zahlen, Daten, Fakten). Expertenwissen und Beweise sind ihm wichtig.

- Der *Wie*-Typ krempelt am liebsten die Ärmel hoch und probiert das Neue selbst aus. Learning by doing – lass es mich selbst machen. Diese Teilnehmer sind zufrieden, wenn sie etwas praktisch ausprobieren dürfen, wenn es Raum zum Üben gibt.

- Der *Was-Wäre-Wenn*-Typ schaut in die Zukunft. Er forscht nach verborgenen Möglichkeiten. Er sucht den Transfer von der Gegenwart ins Morgen. Er macht aus den Versprechungen, die in den neuen Inhalten liegen, visualisierte Wirklichkeiten.

Die Methode geht davon aus, dass wir im Publikum immer auf alle vier Typen stoßen. Außerdem fänden sich auch in jedem einzelnen Zuhörer alle vier Aspekte in unterschiedlicher Gewichtung. Daher mache es Sinn, alle Aspekte zu bedienen, um eine höchstmögliche Wahrscheinlichkeit zu erlangen, dass am Ende der Veranstaltung alle zufrieden sind und niemand enttäuscht wird.

Konkret heißt das also, dass Sie folgende Punkte bei der Strukturierung Ihrer Inhalte berücksichtigen könnten:

WARUM (Emotionen)

- Alltagstransfer: Welche Bedeutung könnte das Neue für Ihre Zuhörer, ihre Werte und ihren Alltag haben?

- Referenzerlebnis: Wo haben Sie persönlich einen Bezug zum Thema (gute Gelegenheit für Storytelling)?

- Metapher: Welche Bilder und Symbole beschreiben das Neue?
- Pre-Framings: Worum genau geht es und worum nicht? Stecken Sie den Rahmen ab, und sagen Sie nicht nur, worüber Sie sprechen werden, sondern auch, worüber nicht. So schieben Sie falschen Erwartungen einen Riegel vor und verhindern Enttäuschungen am Ende.

WAS (Fakten)

- Beispiele
- Definitionen
- Indikation: Wo kann man das Neue nutzen und wo nicht? Welchem Zweck dient das Neue?
- Historische Verortung
- Gleichheit-Ungleichheit: Welchen ähnlichen und verwandten Themen ist das Neue ähnlich?

WIE (Praxis)

- Praktische Übungen
- Raum zum Ausprobieren

WAS-WÄRE-WENN (Schwärmen)

- Neue Referenzerfahrungen
- Integration der Erfahrungen
- Rückbezug auf den Anfang (WARUM)
- Neuer Alltagstransfer: Wozu das Ganze?
- Ausblick in die Zukunft
- Schluss

Wie immer, wenn das Wort *Typen* auftaucht, gilt: Es gibt keine Lern-Typen. Genauso wenig wie es Persönlichkeits-Typen gibt oder ähnliches. Der Gebrauch des Begriffs *Typ* ist nur der Versuch, ein handhabbares Modell zu schaffen, das eine wiederholte Erfahrung von Wirklichkeit beschreibt. Gleichwohl funktioniert es oft gut. Das 4MAT-System ist komplex und zugleich sehr praktikabel. Wer die genannten Aspekte berücksichtigt, kann sich ziemlich sicher sein, alle

Teilnehmer zu erreichen und allen eine gute Möglichkeit zu bieten, sich mit den neuen Dingen auseinanderzusetzen.

Vielleicht denken Sie jetzt, …

…dass das doch etwas oversized ist. Wie man's nimmt. Ich mache folgende Erfahrung: viel Vorbereitung zahlt sich viel aus. Je mehr Zeit ich ins Strukturieren und Ordnen meiner Vorträge und Workshops investiere, desto größer ist in aller Regel der Erfolg, der hinterher rauskommt. Und noch ein anderer Aspekt: Wenn man sich einmal klargemacht hat, was die einzelnen Typen im Kern bedeuten, der hat die Bedeutung während des Auftritts immer im Hinterkopf. Eine gute Möglichkeit, sich selbst zu evaluieren, noch während man spricht.

10. Elevator Pitch

Selbstmarketing in 60 Sekunden

Kunden, Auftraggeber und Netzwerkpartner gekonnt neugierig machen

Die Situation

Zwei junge Angestellte in den unteren Stockwerken eines Hochhauses. Zwei kleine Rädchen im großen Getriebe. Eines Tages haben sie eine bahnbrechende Idee und wollen sie dem Geschäftsführer vorstellen, der ganz oben in dem Hochhaus residiert. Da sie über die üblichen Wege keinen Zugang zu ihm bekommen, schmieden sie einen Plan: Sie postieren sich morgens früh neben den Aufzügen und warten, bis der Chef kommt und einsteigt. Dann springen sie hinterher und präsentieren ihm ihre Idee während der Aufzugfahrt – denn von dort kann er nicht flüchten; dort muss er ihnen einfach zuhören.

Soweit die Legende.

Pitch ist unter anderem das englische Wort für *Verkaufsgespräch*, und *Elevator* heißt *Aufzug*. Ein Elevator Pitch hat also das Ziel, während der Dauer einer Aufzugfahrt ein Produkt oder eine Dienstleistung so anregend zu präsentieren, dass der Zuhörer neugierig wird, mehr darüber zu erfahren. Die Dauer eines Elevator Pitches rangiert somit zwischen 20 und 60 Sekunden.

Die ganz kurze Form nutzt man beispielsweise im Small Talk in der Schlange vor dem Büffet. Wer da seinen wartenden Nachbarn fragt: »Was machen Sie denn so?«, der erwartet eine Antwort von etwa 20 Sekunden Länge.

Der Klassiker sind 60 Sekunden und wird häufig in Netzwerkveranstaltungen genutzt. Zu kurz, um in die Tiefe zu gehen aber zu lang, um nur den eigenen Namen zu nennen und eine Begrüßung folgen zu lassen. – Um diese Form soll es hier gehen.

Probieren Sie es doch gleich mal aus. Stellen Sie sich hin, und sprechen Sie 1 Minute darüber, wer Sie sind und was Sie machen. Und das so mitreißend, dass am Ende alle mehr über Sie erfahren wollen – jetzt sofort!

Das Problem

Es kann gut sein, dass Ihnen diese eine Minute ewig lang vorkommt – oder Sie gar nicht merken, dass Sie locker drei Minuten gesprochen haben…

Ein Elevator Pitch ist eine hoch verdichtete Form der (Kurz-) Präsentation. Sie lässt keinen Raum für Überflüssiges; jede Sekunde muss klug genutzt werden. Auch die Platzierung und die Reihenfolge der Inhalte will überdacht sein. Und unterhaltsam soll es auch noch sein. – Kurz und gut: Einen guten Elevator Pitch schüttelt man nicht aus dem Ärmel; er bedarf kluger Vorbereitung. Ansonsten gerät man schnell in Stress und fängt an, dummes Zeug zu stammeln, wenn es heißt: »Bitte stellen Sie sich doch mal kurz vor.«

Die Lösung

Um sich vorzubereiten, zerlegen Sie Ihren Pitch am besten zunächst in seine Bestandteile. Ein Elevator Pitch enthält nämlich bis zu 7 Aspekte bzw. gibt Antworten auf bis zu 7 Fragen:

- Wie fange ich an?
- Wer bin ich?
- Was unterscheidet mich?
- Was tue ich?
- Wozu bin ich nütze?
- Wer sind meine Kunden?

- Was soll jetzt geschehen?

Diese Aspekte werde ich nachfolgend beschreiben.

WIE FANGE ICH AN

Der Einsteig in der Elevator Pitch dient der Aufmerksamkeitserregung. Jeder rechnet damit, dass es so langweilig losgeht wie immer: »Guten Tag, meine Damen und Herren. Ich freue mich, dass Sie so zahlreich erschienen sind. Gerne möchte ich Ihnen ein wenig von mir und meiner Arbeit erzählen. Blablabla…« Schwups, sind 10 von 60 Sekunden um; Sie haben noch nichts gesagt außer, dass Sie gleich was sagen werden – und Ihre Zuhörer haben innerlich bereits auf Durchzug geschaltet.

Damit dies nicht geschieht, sondern Ihr Publikum im Gegenteil sofort neugierig auf Sie wird, kann es hilfreich sein, auf ungewohnte Weise einzusteigen. Am besten mit Storytelling. Mit einer Geschichte; Menschen lieben Geschichten. Entweder leihen Sie sich eine (Zitat, Aphorismus etc.), oder Sie erzählen etwas Persönliches.

Zum Beispiel: »Wer auf Kurs bleiben will, braucht einen Kompass. Das gilt nicht nur für Seeleute, sondern auch für Unternehmer.« – Mein Einstieg in den Elevator Pitch, in dem ich mein Seminar vorstelle, in dem es um den Inneren Kompass geht.

Um gute Ansatzpunkte für lebendige, persönliche Einstiege zu finden, könnten Sie für sich folgende Fragen beantworten:

Wann macht Ihnen Ihr Beruf am meisten Spaß? Was war Ihr schönstes Erlebnis in Ihrem Beruf? Und welches Ihr ungewöhnlichstes? Welcher Kunde verdankt Ihnen besonders viel? Was waren die wichtigsten Entwicklungsschritte in Ihrem Berufsleben?

WER BIN ICH

Klingt erst einmal trivial. Ist es aber nicht. Als erstes möchte ich Ihnen inständig ans Herz legen, Ihren Namen zu nennen und zwar so, dass man ihn akustisch und inhaltlich versteht. In Netzwerkveranstaltungen höre ich regelmäßig Pitches, in denen den Sprecher zwar sagt, was er macht aber vergisst, seinen Namen zu nennen. Und sehr oft wird der zu leise oder zu undeutlich ausgesprochen.

Der zweite Punkt ist Ihre Berufsbezeichnung. Das kann auf vielerlei Weise geschehen. Machen wir es mal an meiner Person fest. Ich könnte einfach sagen. »Ich bin Coach«. Ich könnte es auch spezifischer versuchen: »Ich bin Coach für Unternehmer und Führungskräfte.« Oder ich mache es metaphorisch: »Ich bin Souveränitäter für Persönlichkeit(en).« Meine Erfahrung: Bei der ersten Variante schlafen alle ein, die zweite ist schon etwas besser, bei der dritten werden die Menschen neugierig.

Statt der Berufsbezeichnung – oder ergänzend zu ihr – könnten Sie auch Ihre Vision oder Ihre Mission nennen: »Ich bin Bill Gates. Ich sorge dafür, dass auf jedem Schreibtisch dieser Welt ein PC stehen wird.«

WAS UNTERSCHEIDET MICH

Alles und jeder ist in Zeiten von Google in Sekundenschnelle vergleichbar. Tests, Vergleichsportale, Kundenbewertungen, Preisübersichten allerorten. Mit wenigen Ausnahmen findet sich schon an der nächsten Straßenecke oder ein Klick weiter ein Konkurrent mit dem gleichen Angebot. Daher macht es Sinn, dass ein Elevator Pitch auch die Frage beantwortet, was Sie vom Konkurrenten unterscheidet; dass Sie eine gute Antwort auf die Frage haben, warum man ausgerechnet Ihnen sein Geld geben soll.

An dieser Stelle eine kurze Entwarnung: Es geht nicht darum, dass Sie ein Produkt oder eine Dienstleistung erschaffen, die es noch nie gab. So etwas geschieht nur selten (man denke an die Einführung des iPhones, und seitdem gab es letztlich nur Varianten und Weiterentwicklungen).

Es geht vielmehr darum, dass Sie darstellen, was Sie anders tun als andere. Worin unterscheidet sich Ihr Handeln? Was macht Ihr Produkt anders als das gleiche der Konkurrenz? Sind Sie billiger? Bieten Sie einen besonderen Service? Besitzen Sie spezielle Fähigkeiten? Haben Sie einen ungewöhnlichen Schwerpunkt?

Oder Sie wählen den Weg über Ihre Qualifikation: Was berechtigt Sie zu tun, was Sie tun? Haben Sie einen außergewöhnlichen Abschluss? Eine brandneue Zertifizierung? Eine ergänzende Ausbildung in einem anderen Bereich?

»Be different or die«, hörte ich mal auf einem Marketingseminar. Martialische Worte mit einem wahren Kern. Irgendwie müssen Sie es schaffen, dass man sich auch nach den 60 Sekunden an Sie erinnert, und da wäre es nützlich, wenn Sie sich in dieser kurzen Zeit von den anderen abheben. Manche setzen auch an der Art der Präsentation an: Sie singen, dichten, musizieren. Oder wählen eine auffällige Kleidung, bringen einen besonderen Gegenstand mit oder bauen schauspielerische Momente ein.

Denken Sie an TV-Werbung. Oft sind Spots unerträglich dämlich; und sorgen gerade mit ihrer Dämlichkeit dafür, dass sie ins Auge fallen, Emotionen auslösen – und damit einen Wiedererkennungswert schaffen (was natürlich nicht heißt, dass Sie dämlich präsentieren sollen…).

WAS TUE ICH

Auch diese Frage klingt erst einmal eher simpel. Doch auch hier: So viele Menschen, die an dieser Stelle ins Stottern kommen. Die sich schwertun, auf den Punkt zu bringen, was sie beruflich tun.

Daher meine Einladung: Bilden Sie ca. zehn kurze Sätze in der Struktur Subjekt, Prädikat, Objekt:

»Ich mache Steuererklärungen.«

»Ich mache Buchhaltung.«

»Ich helfe Ihnen beim Finanzamt.«

»Ich begleite Sie bei der Steuerprüfung.«

»Ich berate Sie, wie Sie Steuern sparen können.«

So viele Sätze wie möglich. Das hilft Ihnen zum einen, sich selbst klarer darüber zu werden über das, was Sie tun. Zum anderen haben Sie Alternativen für verschiedene Zuhörergruppen zur Hand.

WOZU BIN ICH NÜTZE

Diese Frage klingt ein wenig despektierlich. Aber sie ist wichtig, denn jeder, der Geld von einem anderen haben will, muss die unausgesprochen im Raum stehende Frage beantworten: »Und was habe ich davon?«

Es ist die Frage nach dem Mehrwert, nach dem Nutzen. Also machen Sie sich nützlich! Hilfreich ist es hier, an die Grundbedürfnisse zu appellieren (→ vgl. den Abschnitt Argumentieren):

Gewinn machen ↔ Verlust vermeiden

Sicherheit gewinnen ↔ Unsicherheit vermeiden

Verbundenheit spüren ↔ Einsamkeit vermeiden

Neues entdecken ↔ Rückschritte vermeiden

Hier einmal demonstriert am Beispiel einer Werbeagentur. »Wenn Sie sich für unsere Agentur entscheiden,…

- …steigern Sie Ihren Umsatz um 8 Prozent.«
- …sparen Sie bares Geld durch unsere effizienten Arbeitsabläufe.«
- …können Sie sicher sein, jederzeit alle relevanten Themen im Blick zu haben.«
- …brauchen Sie nicht mehr befürchten, etwas Wichtiges zu übersehen.«
- …haben Sie rund um die Uhr einen vertrauensvollen Ansprechpartner an Ihrer Seite.«
- …müssen Sie nie mehr einsame Entscheidungen treffen.«
- …sind Sie vorne mit dabei, wenn es spannende Marketing-Innovationen gibt.«
- …vermeiden Sie, marketing-technisch bald zum alten Eisen zu gehören.«

Auch hier empfehle ich, mehrere Varianten zu formulieren und dann die jeweils passendste zu nutzen.

WER SIND MEINE KUNDEN

Wer einen Elevator Pitch hält, macht oft den Fehler, nur über sich selbst zu sprechen. Wichtig ist aber auch, deutlich zu machen, wen man sucht. An wen man sich mit seiner Arbeit richtet. So oft höre ich: »Ich nehme eigentlich jeden Kunden.« Eine solche Formulierung lässt im Kopf der Zuhörer nichts klingeln. Bei einer solchen Formulierung springt garantiert niemand auf und sagt: »Super! Dann wär das ja was für mich.«

Beschreiben Sie daher möglichst konkret, wer genau ein guter Kunde für Sie wäre:

- »Ich suche Männer und Frauen, die sich mehr Energie und frische Impulse wünschen.«
- »Ich suche Kontakt zur Firma XY in Köln.«
- »Mein idealer Kunde ist der Unternehmer, der gerne Steuern sparen möchte.«

Sie merken schon: Bei Variante eins und drei geht es prinzipiell auch um »jeden«, aber diese Formulierung bietet dennoch einen sprachlichen Anker zum Einhaken im Denken. Überlegen Sie also:

Wer ist Ihr idealer Kunde? Wer sind Ihre aktuell wichtigsten Kunden? Wen suchen Sie sonst noch? Wen wollen Sie gar nicht?

Wenn es nicht darum geht, etwas zu verkaufen, dann ersetzen Sie das Wort Kunde durch *Zielgruppe*. Oder durch *Interessent*.

WAS SOLL JETZT GESCHEHEN

Der Standardabschluss der meisten Pitches und Vorträge? »Vielen Dank für Ihre Aufmerksamkeit«

Streichen Sie das bitte! Für immer und ewig.

Das Ende eines Elevator Pitches verfolgt einen ganz bestimmten Zweck: es bietet dem Zuhörer einen Ansatzpunkt, wie er mit dem, was er bis dahin gehört hat, umgehen soll, sobald die Präsentation vorbei ist:

- »Rufen Sie mich an!«
- »Empfehlen Sie mich weiter!«
- »Nehmen Sie meine Visitenkarte!«
- »Kommen Sie vorbei!«
- »Kaufen Sie mein Buch!«
- »Erleben Sie es!«
- »Probieren Sie es aus!«
- »Laden Sie mich ein!«
- »Lassen Sie uns einen Termin vereinbaren!«

Der Schluss einer Präsentation ist ein Steigbügel. Mit ihm helfen Sie ihren Zuhörern, gut in die Zukunft zu gehen – und zwar *mit* Ihnen.

Sie könnten auch einen originellen Slogan nennen, wenn Sie sich sicher sind, dass der im Gedächtnis bleibt. Ich mache das manchmal und sage ganz zum Schluss: »Ich bin Harald Berenfänger. Denn jeder braucht einen Bären.« Das sorgt immer für einen Lacher, und man erinnert sich an mich (»Sie sind doch der mit dem Bären?«).

Also: Machen Sie mit dem Schluss nicht Schluss, sondern setzen Sie mit dem Schluss einen neuen Anfang.

Vielleicht denken Sie jetzt, …

…dass sich das aber nach mächtig viel Arbeit anhört. Das stimmt. Das ist viel Arbeit. Ein professioneller Elevator Pitch ist das hochdosierte Konzentrat umfassender Überlegungen und Klärungen aller wesentlichen Aspekte des eigenen Berufs.

Aber je mehr Arbeit Sie in die Vorbereitung stecken, desto größer ist der Erfolg hinten raus. Mittelmaß bringt da nichts.

Zur praktischen Vorbereitung hier noch 8 Tipps:

- Formulieren Sie mündlich in Sprech-Sprache; nicht schriftlich in Schreib-Sprache. Denn Sie sprechen Ihren Elevator Pitch, und Sie lesen ihn nicht vor.
- Lernen Sie den fertigen Text so lange auswendig, bis man Sie nachts um drei wecken könnte, und Sie würden ihn locker vortragen.
- Üben, üben, üben - allein, vor Publikum und mit Diktiergerät/Smartphone.
- Nutzen Sie eine einfache und bildhafte Sprache statt Fachchinesisch, Substantivschlachten oder Nebensatzkonstruktionen.
- Wählen Sie Hinzu- statt Vonweg-Formulierungen. Möglichkeiten statt Gefahren. Sagen Sie nur, was Sie tun; niemals, was Sie nicht tun. Nur Lösungen, keine Probleme.
- Setzen Sie bewusst Ihre Stimme und Ihren Körper ein.
- Denken Sie immer aus der Position des Zuhörers heraus. Ist es für ihn interessant, was Sie sagen, oder befriedigt es nur Ihr Ego?

- Bringen Sie immer Visitenkarten mit.

Zum Abschluss hier noch beispielhaft ein Elevator Pitch in vier Varianten:

EGO-LANGWEILER-VERSION

Guten Tag. Mein Name ist Werner Weise. Ich habe Betriebswirtschaft in Heidelberg und Paris studiert und habe schon in jungen Jahren die Zeit genutzt, um in renommierten Firmen Praktika zu machen. Ich hab auch nie verstanden, warum so viele meiner Kommilitonen lieber Party gemacht haben als sich fortzubilden. Aber jeder, wie er mag. Nach dem Studium habe ich dann als HR Manager bei der Persobond AG angefangen. Zunächst im Recruitment und später dann im Bereich Personalentwicklung. Da hatte man von Anfang an viel Verantwortung, aber das liegt mir ja auch. Nach fünf Jahren lernte ich dann die Firma Ustaff GmbH kennen, die für ihre exzellenten Coach-Ausbildungen bekannt sind. Und zwar Business-Coach und nicht nur das übliche Mentalcoaching, was man überall findet. Das war dann noch mal eine spannende Sache, und mir wurde bald klar, dass ich mich beruflich verändern möchte. Ich hab mich da dann wieder so richtig reingekniet und alles an Wissen rausgeholt, was man in so einer Ausbildung nur lernen kann. Und so bin ich dann Coach geworden und direkt auch Mitglied im ABC und in der DEFG. Wenn Sie sich also von jemandem beraten lassen wollen, der weiß, was er tut, dann sind Sie bei mir genau richtig. Ich biete jedem, der es gebrauchen kann, die ganze Palette professionellen Business Coachings: Von Business Sparring über AC-Training bis hin zu Change-Management. Denken Sie dran: Success ist machbar!

AUSFÜHRLICHE VERSION

Guten Tag. Ich bin Werner Weise. Ich bin Coach für berufliche Neuorientierung. Neulich rief mich eine Frau an und sagte: »Ich habe einen guten Job, ungekündigt, das Gehalt ist in Ordnung. Aber ich will das nicht mehr. Ich bin jetzt 42 und will mehr mit Menschen zu tun haben. Was kann ich tun?« Wir haben uns dann dreimal getroffen, und am Ende hat sie erfolgreich für sich geklärt, was die nächsten Schritte sind. Drei Monate später hat sie tatsächlich ihren Traumjob gefunden und ist jetzt ein völlig neuer Mensch: Zufrieden, motiviert und auch noch gut bezahlt. Und genau darum geht es: Ich unterstütze Menschen, ihren inneren Kompass wiederzufinden und Sicherheit für anstehende Entscheidungen zu gewinnen. Dazu verbinde ich meinen Abschluss in BWL mit praktischer Berufserfahrung als Führungskraft und einer professionellen Coaching-Ausbildung. Wenn Sie Menschen kennen, die ebenfalls auf der Suche sind, dann empfehlen Sie mich weiter. Werner Weise, Coach für berufliche Neuorientierung in der Lebensmitte. Damit Träume keine Träume bleiben.

MITTLERE LÄNGE

Ich bin Werner Weise. Ich bin zertifizierter Coach und Experte für berufliche Neuorientierung. Denken Sie auch manchmal »Das kann doch nicht alles gewesen sein?« An der Stelle komme ich ins Spiel: Ich unterstütze Menschen, ihren inneren Kompass wiederzufinden und Entscheidungen zu treffen. Wenn Sie Menschen kennen, die ebenfalls auf der Suche sind, dann empfehlen Sie mich weiter. Werner Weise, Coach für berufliche Neuorientierung in der Lebensmitte. Damit Träume keine Träume bleiben.

KURZFASSUNG

Werner Weise. Ich bin Coach und Experte für mehr Spaß im Beruf. Meine Lieblingskunden sind Menschen, die noch mal etwas wagen wollen und Lust haben ihre Träume zu leben.

11. Feedback

Rückmeldung als Wachstums-Chance

Die 7 Goldenen Regeln erfolgreichen Geben und Nehmens

Die Situation

Vorgesetzter zum Mitarbeiter: »Ich freue mich sehr, dass Sie für uns arbeiten. Aber ich habe das Gefühl, Sie könnten noch eine Schippe drauflegen. Ich will Ihnen ja gar nichts Böses – die anderen im Team sehen das genauso. Es ist Ihre Einstellung zu dem Ganzen; die stört mich eigentlich schon, seit Sie bei uns angefangen haben. Aber das schaffen Sie schon, da bin ich mir ganz sicher. Also: Weiterhin auf gute Zusammenarbeit!«

Das Problem

Das Problem am Feedback ist, dass gut gemeint oft nur schlecht gemacht bedeutet. Feedback sei Frühstück für Champions, heißt es so schön, und mit dem Feedback-Sandwich munde sogar die stinkende Frikadelle. Hauptsache, sie komme nett verpackt rüber.

Feedback tut so, als ginge es um den, der das Feedback zu hören bekommt, den Feedback-*Nehmer*. Dabei geht es zuallererst – und oft ganz und gar – um den, der das Feedback *gibt*.

Bei dem oben genannten Beispiel zeigt sich das sehr schön. Vermeintlich bekommt der Mitarbeiter eine wichtige Information über sein Verhalten bei der Arbeit, so dass er jetzt die Chance hat, künftig noch besser zu agieren.

Aber unser Bauch spürt sofort, so einfach ist die Sache nicht. Wer so ein Feedback vom Chef bekommt, wird kaum Freude und Dankbarkeit empfinden, sondern eher: Ärger, Ohnmacht, Ratlosigkeit. – Warum?

Der Chef fing zwar – gemäß der oft postulierten Methode des Feedback-Sandwichs – mit einer freundlichen Phrase an, aber die Darstellung war so gewählt, dass man das *Aber* schon hört, bevor es ausgesprochen wurde. Und dann ist es eben nicht positiv, sondern nur positiv *gemeint*. Also genau das Gegenteil davon. Nichts anderes als eine schlecht verklausulierte Breitseite.

Danach kommt der eigentliche Inhalt. Das vermeintliche Feedback. In dem Beispiel spricht der Chef jedoch gar nicht über seinen Mitarbeiter, sondern über sich selbst. Er sagt, dass er Gedanken lesen könne, und diese Selbstüberhöhung bezeichnet er zudem noch als ein Gefühl. Und wir alle sollen ja lernen, über unsere Gefühle zu sprechen… Klingt also wieder positiv… Doch was genau soll der Mitarbeiter nach dem Gespräch tun? Welche Stellschraube soll er anziehen? Das einzige, was er hört ist, dass er sich offenbar nicht genügend anstrenge, aber was soll das schon heißen?

Danach sendet der Chef ein Signal, das vermitteln soll: »Auch wenn ich das jetzt gesagt habe, nimm es nicht so schwer, im Grunde ist alles ok.« Sagt er aber nicht. Er rechtfertigt sich und sein unprofessionelles Verhalten mit Worten, die genau das Gegenteil meinen, von dem, was Sie sagen. Ja! Er will seinem Mitarbeiter was Böses! Er *will* ihm einen reindrücken. Nur möchte er dabei nicht erwischt werden, denn eine »gute« Führungskraft macht so etwas ja nicht, und außerdem will er ja auch noch gemocht werden von seinen Mitarbeitern…

Dann folgt der ultimative Feedback-Geber-Hammer: Das feige Verstecken hinter anderen. Dass andere das auch so sehen, ist eine gerne verwendete Phrase, die dem eigenen Standpunkt Nachdruck verleihen soll, indem man sich selbst auf viele erweitert. Am liebsten würde der Feedback-Geber dann hören: »Ach ja, wenn alle das so sehen, dann haben Sie natürlich recht, Chef. Machen Sie sich also keine Sorgen, ich mag Sie immer noch.«

Das Verstecken hinter irgendwelchen anderen ist ein No-Go! Das ist keine Verstärkung der eigenen Aussage, sondern ein Ausdruck von Feigheit. Fast genauso schlimm wie das, was in dem Beispiel danach kommt: die zeitliche Ausdehnung der Kritik aus der Gegenwart tief hinein in die Vergangenheit. Wer so etwas zu hören bekommt, kann nur eines denken: »Wenn dich das so stört: Warum hast du mir das nicht schon viel früher gesagt!?«

Zum Schluss folgt schließlich noch das zweite süße Brötchen des Feedback-Sandwichs – hier in Form einer hilflos-jovialen Aufmunterung.

Also: Ja, wir brauchen Feedback. Schließlich arbeiten wir nicht im luftleeren Raum, sondern mit und für andere Menschen. Rückmeldung darüber, ob unsere Arbeit nützlich ist, hilfreich, unterstützend, zielführend, weiterbringend, erträglich, ist wichtig, und wenn man Mitarbeiter fragt, was Sie sich wünschen, dann kommt eben ganz oft das Wort Feedback. Jeder möchte wissen, wie seine Arbeit gesehen wird. Ob es gut ist, was man da jeden Tag tun. Ob es jemandem nützt, ob es Wert stiftet. Und natürlich möchten wir auch wissen, wenn mal was nicht stimmt. Es macht zwar keinen Spaß zu erfahren, dass man Mist gebaut hat, aber wissen wollen wir es dennoch. Aber Rückmeldungen, die im Grunde nicht über das brüllende Strampeln eines hilflosen Führungskraft-Egos hinausgehen, braucht kein Mensch. Ganz im Gegenteil: sie lähmen alle Beteiligten.

Die Lösung

Halten Sie sich an die bewährten Feedback-Regeln.

Vorab: An diese Regeln brauchen Sie sich nur zu halten, wenn Ihnen an einem weiteren guten Miteinander gelegen ist und Sie eine reelle Chance haben möchten, dass der Empfänger Ihres Feedbacks danach sein Verhalten ändert. Wenn Ihnen beides schnuppe ist, dann überspringen Sie dieses Kapitel einfach.

7 GOLDENE GEBER-REGELN

- Feedback-Rahmen setzen

Niemand wird gerne mit einer Rückmeldung überfallen, schon gar nicht mit einer kritischen. Wenn Sie möchten, dass der Empfänger Ihre Kritik möglichst gut nimmt, sollten Sie einen entsprechenden Rahmen schaffen. Das heißt einen

Ort, wo Sie unter vier Augen reden können zu einem Zeitpunkt, der auch dem Nehmer gut passt. Auch wenn es einem manchmal in den Fingern juckt: Hinspringen und die Kritik einfach raushauen, befriedigt zwar das Ego, versaut aber die Arbeitsatmosphäre. Daher: Atmen Sie tief durch, und sagen Sie so etwas wie: »Ich würde Ihnen gerne eine Rückmeldung geben. Haben Sie gerade mal fünf Minuten für mich?« Dann kann der Empfänger wählen und fühlt sich trotz der drohenden Kritik nicht ohnmächtig und überrannt. Er hat sogar die Chance, Nein zu sagen und einen passenderen Termin vorzuschlagen. All das zusammen steigert die Bereitschaft, die Kritik konstruktiv anzunehmen.

An der Stelle können Sie auch das Feedback-Sandwich nutzen und einen positiven Gesprächsauftakt einflechten. Aber eben bitte nicht irgendeine durchschaubare Floskel, bei der der Feedback-Empfänger genau weiß, dass es nur eine Floskel ist! Das nämlich wäre nicht positiv, sondern nur respektlos. Schauen Sie stattdessen, was Sie ehrlichen Herzens Gutes zu Ihrem Feedback-Nehmer sagen können. »Danke, dass Sie sich kurz Zeit nehmen für mich.« oder »Ich freue mich, dass wir mal kurz in Ruhe reden können.« Was auch immer. Aber: Ehrlich und kurz! Keine künstlich aufgeblasenen zuckersüßen Sandwich-Brötchen, zwischen denen Sie Ihre eigentliche Botschaft verpacken.

- Zeitnah

Sagen sie es jetzt, oder schweigen Sie für immer. Eiserne Regel: Je länger wir damit warten, ein kritisches Feedback auszusprechen, desto schwerer fällt es uns und desto unwahrscheinlicher wird es, dass der Feedback-Nehmer die Kritik in unserem Sinne aufgreift. Stellen Sie sich einfach vor, Sie bekommen im Mitarbeiterjahresgespräch zu hören: »Was ich Ihnen noch sagen wollte. Seit einem Jahr stört mich, dass Sie…« Wohl die allermeisten würden dann denken: »Wieso, zum Henker, sagen Sie mir das erst jetzt?!« Und dann geht es nicht mehr um den Inhalt des Feedbacks, sondern nur noch um die Empörung über den falschen Zeitpunkt.

- Ich-Aussagen

Sprechen Sie bitte immer von sich selbst. Alles andere ist feige oder unfair. »Die anderen finden auch alle, dass Du…« oder »Der Müller meint, dass Du immer so unfreundlich bist. Das geht so nicht.« Von sich sprechen heißt: »Mich stört, dass Du…« oder »Ich wünsche mir, dass Sie…«. Vor allem das Vorschieben Anderer ist sehr beliebt und verdirbt die Atmosphäre nachhaltig.

- Verhaltensbezogen

Was man wahrnehmen kann, das kann man problemlos ansprechen: »Ich habe beobachtet, dass Sie jetzt drei Tage zu spät zur Arbeit gekommen sind.« Was nicht geht: »Sie haben wohl keinen Wecker zu Hause!«. Das wäre eine Unterstellung, ein Interpretieren, ein Gedankenlesen. Vielleicht ist der Feedback-Nehmer ja dreimal hintereinander in einen Unfall geraten und wurde von der Polizei festgehalten… Wir wissen es nicht. Dann trotzdem ein Fehlverhalten zu unterstellen, vergiftet schnell die Stimmung. Außerdem: Was machen Sie, wenn der Feedback-Nehmer patzig antwortet: »Natürlich habe ich einen Wecker! Wieso?« Dann bleibt nur noch die Eskalation, und das mag für den Moment entlastend wirken, sorgt aber nicht für die gewünschte Verhaltensänderung beim Feedback-Nehmer. Also: Reden Sie möglichst nur über Dinge, die Sie sehen, hören, fühlen, riechen, schmecken können, und enthalten Sie sie aller vorauseilenden Interpretationen. Sie werden Respekt ernten.

- Person und Sache trennen

Hart in der Sache und liebevoll zum Menschen. Klingt gut, aber wie geht das konkret, das Trennen zwischen Person und Sache? Dafür möchte ich Ihnen ein Modell von Robert Dilts anbieten, die sogenannten Logischen Ebenen. Alles, was wir tun, tun wir immer auf 6 Ebenen – ein Beispiel: Sie arbeiten im Großraumbüro der Firma XY in der Kölner Innenstadt. Das ist die Ebene des *Umfelds*. Bei Ihrer Arbeit zeigen Sie verschiedenen *Verhaltens*weisen: sie arbeiten, telefonieren, diskutieren, präsentieren usw. Während Sie das tun, nutzen Sie Ihre *Fähigkeiten*: Alles, was Sie an Kompetenzen und Stärken besitzen. Mehr und mehr zeigen sich dabei Ihre *Beliefs*, das heißt Ihre Werte, Überzeugungen, Prinzipien, Grundsätze, wie beispielsweise Ehrlichkeit, Offenheit, Wertschätzung, Machtwille usw. All dies fließt in das ein, was wir *Identität* nennen. Identität bezeichnet ein Ich-Bin: Ich bin ein Chef, Sie sind Lehrer, Du bist ein Freund. Über allem steht die Ebene des *Sinns*. Wofür in einem höheren Sinne ist das gut, was ich tue? Worum geht es bei alldem eigentlich?

Sie können sich die 6 Ebenen auch gut mit diesen sechs Fragen merken: wo – was – wie – warum – als wer – wozu

Wie kann uns nun das Modell der Logischen Ebenen helfen, Person und Sache zu trennen? *Sache* ist das, was auf den ersten drei Ebenen beschrieben wird: Umfeld, Verhalten, Fähigkeiten. *Person* bezieht sich auf die zweiten drei Ebenen:

Beliefs, Identität, Sinn. Wenn ich in meiner Kritik auf den ersten drei Ebenen bleibe, kann ich problemlos sehr klar und sehr deutlich werden. Das kann der andere nehmen. Sobald ich aber auf die zweiten drei Ebenen gehe, wird's persönlich.

Beispiel: »Ich habe gestern bei Ihnen dieses Telefon gekauft. Das funktioniert aber nicht. Ich bin echt sauer!« Kein Problem. Anders das hier: »Was ist das hier nur für Laden? Idiot!« Von der Vulgarität einmal abgesehen: Sobald wir auf Identitätsbene angegangen werden, bleibt nur noch Untergehen oder Verteidigen. Eine sachliche Auseinandersetzung über ein Fehlverhalten wird unmöglich. Im Alltag geschieht das ständig. Ein Boulevardblatt titelt »Klau-Kids...« und nicht »Kinder haben geklaut«. Ein feiner Unterschied. Ein Klau-Kid ist per se ein Dieb. Dagegen würde es sich zu Recht verwehren. Oder auf der Autobahn. Da schneidet uns einer, und wir schimpfen laut: »Arschloch!« und nicht »Hallo, lieber Verkehrsteilnehmer. Sie sind gerade sehr dicht vor mein Fahrzeug gezogen. Da habe ich mich erschreckt.«

Unter Druck und im Konfliktfall verdichten wir das, was auf den ersten drei Ebenen geschieht, gerne und schnell in eine abwertende Identitätszuweisung. Im Auto kein Problem, man sieht sich ja nicht wieder. Im Büro und in der Beziehung aber schon schwieriger. Da ist Differenzierung sinnvoll, um weiterhin gut miteinander umgehen zu können.

Das heißt für den Feedback-Alltag: Sprechen Sie eine Kritik möglichst erst dann aus, wenn Sie sich soweit reguliert haben, dass Sie dem Feedback-Nehmer auf der Sach-Ebene begegnen können und ihm nicht persönlich einen reinwürgen. Das schließt nicht aus, auch mal laut und deutlich zu werden.

- Wahrnehmungsbegrenzung

Stellen Sie sich vor, Sie bekommen ein kritisches Feedback. Sie haben bereits genug damit zu tun, dieses zu verdauen, da hören Sie plötzlich: »Wo wir schon mal dabei sind. Es gibt da noch drei, vier Dinge, die mich stören.« Wie würden Sie wohl reagieren? Konzentrieren Sie sich beim Feedback auf das Wesentliche, und vermeiden Sie es, den Feedback-Nehmer durch Überschwemmen mit zu viel Informationen zu überfordern. Das bringt nichts. Das kann keiner nehmen und führt auch zu keiner Verhaltensänderung; Sie gewinnen nichts.

- Lösungsorientiert

»Mensch Müller, dauernd kommen Sie zu spät! Jetzt kaufen Sie sich doch mal einen Wecker.« Was wird Müller jetzt denken oder tun? Genau. Zielführender wäre: »Herr Müller, Sie sind jetzt drei Tage hintereinander zu spät zur Arbeit gekommen. Ich würde gerne wissen: Was werden Sie tun, um sicherzustellen, dass Sie ab morgen wieder pünktlich sind?« Und dann warten Sie ab. Ein Lösungsvorschlag, der vom Feedback-Nehmer selbst kommt, ist deutlich nachhaltiger als eine von außen aufgedrückte Verhaltensweise. Dafür braucht's Geduld und Vertrauen in den Anderen.

Und da Feedback nicht nur aus Geben, sondern auch aus Nehmen besteht, hier noch:

7 GOLDENE NEHMER-REGELN

- Aktiv zuhören und zu verstehen versuchen

Es ist wichtig, dem Feedback-Geber genau zuzuhören und ihm auch aktiv zu zeigen, dass man zuhört. Viel zu oft nutzen wir die Zeit, in der andere sprechen, um über unsere *eigene* Antwort nachzudenken. Dann aber hören wir nicht wirklich zu. Zum einen berauben wir uns damit einer Möglichkeit, wichtige Informationen zu bekommen, zum anderen spürt unser Gegenüber unser Desinteresse und wird sauer – und schon hat das Feedback-Gespräch eine reelle Chance zu eskalieren.

Aktiv zuzuhören heißt zum Beispiel: Blickkontakt, kurze Bestätigungslaute (Ah, Mhm, Ach), kurze Einwürfe (Aha. Ah ja. Interessant.), Nicken, Hinwendung des Oberkörpers. Machen Sie hör- und sichtbar, dass Sie zuhören, und warten Sie mit Ihrer Antwort so lange, bis der Andere mit Sprechen fertig ist.

- Abholphrasen

Wenn ein Feedback Sie verunsichert, kann es schwierig werden, das Ganze souverän durchzustehen. Da können Sie den kontrollierten Dialog nutzen, also Phrasen, wie: Wenn ich Sie richtig verstanden habe… Sie sagen, dass… Ich höre, dass Sie… usw. Diese Phrasen sagen inhaltlich nichts aus, verschaffen Ihnen aber die Zeit, die Sie brauchen, um inhaltlich etwas Brauchbares zu produzieren. Außerdem kommen Sie so schon einmal ins Sprechen, und das beruhigt.

- Sich Zeit verschaffen

Im Zweifelsfall nehmen Sie sich eine Auszeit vom Feedback-Gespräch. Mir ist mal folgendes passiert: Mein Chef rief mich zu sich und präsentierte mir ein Feedback, das ich durch und durch ungeheuerlich fand. Ich war stinksauer und zitterte, und mir war klar: wenn ich jetzt etwas sage, wird das abmahnfähig. Also habe ich stattdessen gesagt: »Das finde ich jetzt echt heftig. Ich muss da erst mal einen Moment drüber nachdenken. Ich gehe jetzt mal kurz raus und komme gleich wieder.« Das ist völlig legitim und zeigt dem Feedback-Geber, dass Sie die Sache – und sich selbst – ernst nehmen. Natürlich sollten Sie nur ein paar Minuten draußen bleiben und nicht nach Hause gehen…

- Person und Sache trennen

Da verweise ich auf die entsprechende Feedback-*Geber*-Regel. Sie gilt auch hier. Nur umgekehrt. Wohin gehört die Kritik eigentlich? Eine Mitarbeiterin einer Reklamationsabteilung klagte mal im Seminar: »Ich fange langsam wirklich an zu glauben, dass ich eine dumme Kuh bin.« Ständig bekam Sie von Kunden dieses Feedback, das sie auf der *Identitäts*-Ebene abwertete. Das muss sich niemand gefallen lassen! Im Gegenteil: wir müssen unsere Identitäts-Ebene sauber halten. Wenn Sie ein Feedback bekommen, prüfen Sie immer, auf welcher Ebene die Kritik daherkommt, und tun Sie alles dafür, dass Sie beide auf der Sach-Ebene bleiben oder wieder dort landen.

- Wahrnehmungsposition wechseln

Auch wenn es schwerfällt: Versuchen Sie, sich auch mal in die andere Position zu versetzen. Schlüpfen Sie in die Schuhe des Feedback-Gebers. Es kann zu erstaunlicher Selbsterkenntnis führen, mal mit den Augen eines Anderen auf sich selbst zu schauen. Wahlweise können Sie auch eine Meta-Position einnehmen, eine Beobachter-Position. Schauen Sie vor Ihrem inneren Auge von außen auf die gesamte Situation. Auf sich und Ihren Gesprächspartner. Was sehen, hören Sie da? Auch das kann sehr erhellend sind; zudem kühlen Sie dadurch mental etwas ab.

- Möglichkeit blinder Flecken anerkennen

4 Möglichkeiten: Es gibt Dinge an Ihnen, die wissen Sie und die wissen die anderen (zum Beispiel ob Sie eine Brille tragen). Es gibt Dinge an Ihnen, die wissen nur Sie, aber die anderen nicht (das ist Ihr Geheimnis). Es gibt Dinge an Ihnen, die wissen Sie nicht und die anderen auch nicht (die sind egal). Und es gibt Dinge an Ihnen, die wissen die anderen – aber Sie nicht. Die nennt man

Blinder Fleck. Jeder hat Blinde Flecken. Im besten Fall ist es nur ein Kaffeefleck auf dem weißen Hemd, aber manchmal geht es auch um mehr. Wenn Sie ein Feedback bekommen, kann die grundsätzliche Einstellung, dass Sie beim jeweiligen Thema einen Blinden Fleck haben könnten, die Situation atmosphärisch entschärfen. Blinde Flecke für möglich zu halten, bietet die Chance zu lernen, Neues über sich erfahren. Und wir alle wissen, wie überraschend groß die Diskrepanz zwischen Selbst- und Fremdwahrnehmung sein kann…

- Keine Rechtfertigungen

Das Wichtigste zum Schluss. Niemand hat es nötig sich zu rechtfertigen. Fakten richtigstellen – ja. Aber rechtfertigen – nein! Hier verweise ich auf den Abschnitt über Schlagfertigkeit; dort habe ich schon einiges dazu gesagt. Beobachten Sie einfach mal, wenn sich Menschen kritisch unterhalten. Sobald einer anfängt, in die Rechtfertigung zu gehen, geht es schief. Wenn Sie aber merken, dass Ihr Feedback-Geber recht hat, dann geben Sie das unumwunden zu, und übernehmen Sie Verantwortung: »Da haben Sie recht. Das tut mir leid. Kommt nicht wieder vor.« Dann ist das Thema in aller Regel auch schnell erledigt.

Vielleicht denken Sie jetzt, …

…dass das aber ganz schön viel ist. 14 Regeln! Sie könnten es aber auch so sehen: 14 starke Möglichkeiten, um in kritischen Feedback-Gesprächen künftig noch viel besser dazustehen.

Und es gibt hier auch nichts zu beschönigen: Kritik zu äußern und anzunehmen gehört zum Schwierigsten in Beziehungen, in privaten wie beruflichen. Gerade weil wir uns wenig Gedanken darum machen, wie solche Gespräche konstruktiv und wertschätzend verlaufen können, haben wir oft soviel Streit miteinander.

Man kann sich auf den Standpunkt stellen: Ich will authentisch sein, und deswegen sage ich frank und frei, was Sache ist. Kann man machen – und man kann trotzdem Wert auf die Form legen. Sie macht das Leben, das Zusammen-Arbeiten und das Zusammen-Sein, einfach leichter. Es ist wie so oft eine *Entscheidung*: Wähle, und zahle den Preis.

12. Mann-Frau-Kommunikation

Sicher durch vermintes Gelände
Wie Geschlecht und Rollenbilder das Denken, Sprechen und Urteilen steuern

Die Situation

Beide Parteien ringen hart miteinander. Es geht um was. Alle wollen als Gewinner vom Platz gehen. Die Außenstehenden beobachten neugierig das Geschehen, und ihre Kommentare spiegeln die Dramatik des Geschehens wider:

Über den männlichen Kontrahenten sagen sie: »Wow! Was für ein harter Hund. Respekt, wie der sich durchsetzt.« – Über die Frau sagen sie: »Bäh! Was für eine Zicke. Unerträglich, wie die sich aufspielt.«

Das Problem

In diesem Buch komme ich auf einen Aspekt immer wieder zu sprechen: den der *Bewertung*. Wir bewerten andere – andere bewerten uns. Wenn es gut läuft, fällt ein positives Werturteil, aber allzu oft fällt ein negatives, und das schmeckt uns nicht. Viel kann davon abhängen. Wer keinen guten Eindruck macht, wer nicht gemocht oder nicht geschätzt wird, bleibt schnell zurück. Privat wie beruflich. Selten aber fällen wir unsere Bewertungen nach redlicher, vernünftiger Abwägung aller objektiven Fakten. Meist schauen wir nur kurz hin und treffen schon im wortwörtlich ersten Augenblick unsere Entscheidung: Daumen rauf, Daumen runter.

So läuft das nicht nur mit dem Gefällt-Mir-Button auf Facebook oder dem Wischen auf Tinder. Überall, wo wir auf Menschen treffen, greifen wir zur großen Etiketten-Maschine und verteilen Sticker: sympathisch, unsympathisch, stark, schwach, schön, hässlich, attraktiv, unattraktiv und eben auch: männlich oder weiblich.

Solange es sich dabei um eine Widerspiegelung persönlichen Geschmacks und privater Präferenzen handelt, ist das alles halb so wild. Zum Problem wird es, wenn wir aus dem *persönlichen* Geschmack vermeintlich *objektive* Wert-, Moral- oder Kompetenzurteile ableiten.

Dann wird aus einem »Ich finde dich nicht schön« ein »Du bist unfähig.« Aus einem »Ich finde dich schön« ein »Du bist bestimmt kompetent.«

Weit hergeholt, meinen Sie? Studien zeigen, dass schöne Menschen meist mehr verdienen als Menschen, die nicht attraktiv gefunden werden. Und dass die gemeinhin Schönen zufällig alle auch kompetenter wären, dürfte wohl unwahrscheinlich sein…

Was hat es nun mit der Bewertung männlich/weiblich auf sich?

Eigentlich ist das doch erst einmal nur die Bezeichnung eines objektiv wahrnehmbaren Zustands? Jemand ist ein Mann oder eine Frau. Da steckt doch keine Wertung drin…

Doch… Denn die Begriffe *männlich* und *weiblich* bezeichnen in unserem alltäglichen Sprachgebrauch nicht nur ein *biologisches* Geschlecht, sondern sind immer zugleich auch *Überschriften*:

Sobald wir einem Menschen ein biologisches Geschlecht zuweisen, weisen wir ihm in der Regel mehr oder weniger bewusst ein Bündel an Eigenschaften zu, die wir persönlich mit diesem Geschlecht verbinden.

Machen wir ein kleines Experiment. Sie lesen gleich zwei Sets von Denk- und Verhaltensweisen. Mit welchem Set würden Sie eher die Überschrift *männlich* und mit welchem eher die Überschrift *weiblich* assoziieren?

A) weich, passiv, ruhig, duldend, schutzsuchend, sicherheitsbewusst, liebend, Sinn für Fülle, strahlend, anmutig, schön, zusammenhaltend, bewahrend, entspannt, offen, sinnlich, genussvoll, wild, ekstatisch, chaotisch, Leben im Körper, bindungsorientiert, lockend, verführerisch, begehrend, Leben im Augenblick, intuitiv, empathisch, mitfühlend, ambivalent, zyklisch, kooperativ, harmonisch, wortreich, zuhörend, Ziel: Nähe und Intimität

B) hart, aktiv, laut, mutig, risikobereit, führungsstark, zielgerichtet, klar, überwältigend, beschützend, dominant, willensstark, durchsetzungsstark, erklärend, Herausforderungen liebend, an Widerständen wachsend, Grenzen verschiebend und überwindend, auf Konkurrenz bedacht und wettbewerbsorientiert, machtvoll, statusorientiert, analytisch, rational, faktenorientiert, linear, kleinteilig, trennend, Leben im Kopf, Leisten, Ziel: Freiheit und Ungebundenheit

Vielleicht spüren Sie die Ambivalenz, die sich hier zeigt. Auf der einen Seite gibt es diesen Reflex, der ruft »Ist doch ganz klar, wer hier der Mann und wer die

Frau ist!« Auf der anderen Seite weiß unser Verstand, dass es so einfach und stereotyp auch nicht ist.

Wie kommt das? Und was hat das mit Kommunikation und Auftreten und Souveränität zu tun?

Blickwechsel. In der chinesischen Philosophie entstand vor ca. 3.000 Jahren das Modell von Yin und Yang. Zwei Prinzipien und Qualitäten, die einander gegenüberstehen und zugleich untrennbar aufeinander bezogen sind. Keine Seite ist der anderen über- oder untergeordnet, und beide Seiten sind auch in der jeweils anderen enthalten. Die Inhalte der beiden Seiten entsprechen weitgehend den beiden oben genannten Eigenschaften-Sets.

Die Begriffe Yin und Yang stehen »für ein Gegensatzpaar, das den Begriffen ‚gebend' und ‚empfangend' bzw. ‚aktiv' und ‚passiv' entspricht. Dabei steht dann Yin für passiv und Yang für aktiv.« (Wikipedia, 6.3.2019)

Aus der ausgleichenden Gleichwertigkeit von Yin und Yang wurde in der abendländisch-christlichen Philosophie später die trennende Un-Gleichwertigkeit von *Geist* und *Materie*. Aus einer sich bedingenden und befruchtenden Polarität wurde eine Besser-Schlechter-Dualität.

Fortan stand der Mann für den wert-vollen Geist und die Frau für die wert-lose Materie. Das Drama der Unterdrückung des Weiblichen durch das Männliche nahm seinen Lauf.

Noch ein anderer Aspekt scheint mir an dieser Stelle wichtig. Wenn man sich die oben genannten Listen mit männlichen und weiblichen Qualitäten anschaut, fällt auf, dass diese Listen weitgehend identisch sind mit den Listen der Signale für Hochstatus und Tiefstatus
(→ vgl. den Abschnitt Statussignale). Und Sie wissen ja bereits, dass kein Status besser ist als der andere…

Und genau an dieser Stelle wird es relevant für das Thema Souveränität und Auftreten.

Die Sphäre des Hauses wurde eher mit den vermeintlich weiblichen Qualitäten bzw. Tiefstatus-Signalen assoziiert: Kindererziehung, Pflege, Kümmern, Haushalt, Nest, Innenarchitektur usw. Verkürzt: Die Frau gehört ins Haus.

Die Sphäre des Außer-Häusigen wurde eher mit den vermeintlich männlichen Qualitäten bzw. Hochstatus-Signalen assoziiert: Beruf, Politik, Wirtschaft, Architektur usw. Verkürzt: Dem Mann gehört die Welt.

Natürlich haben Geldverdienen oder Kindererziehung nichts mit dem Besitz eines Penis oder einer Vulva zu tun – dennoch nutzen wir für diesen beiden Sphären die *geschlechtlichen* Zuschreibungen.

Wir vermischen also zwei Sphären – die sexuelle und die nicht-sexuelle – in einer *traditionellen* Betrachtungsweise.

Menschen sind Lebewesen und damit per se sexuelle Wesen. Sie sorgen mit aller Macht dafür, am Leben zu bleiben, d.h. selbst zu überleben und in Form von Nachkommen weiter zu leben. Um Nachkommen zu zeugen, braucht es Fortpflanzung, und für Fortpflanzung braucht es die sexuelle Vereinigung des männlichen und des weiblichen Parts. Damit Mann und Frau sexuell zueinander finden, muss zwischen ihnen eine Anziehungskraft entstehen, ansonsten würden sie sich nicht aufeinander beziehen und Nachkommen produzieren. Diese Anziehungskraft ist beim Menschen umso stärker, je klarer beide in ihre jeweilige Polarität gehen.

Dies alles macht jedoch ausschließlich auf dem Gebiet der *sexuellen Attraktion* Sinn! Was in der Sexualität gilt, hat nichts mit der Sphäre von Beruf, Wirtschaft, Politik, Kindererziehung, Altenpflege etc. zu tun! Wer im Bett gerne passiv-abwartend ist, kann im Beruf genauso gut aktiv-gestaltend sein, und wer im Beruf gerne kooperativ agiert, kann sich im Bett genauso gut dominant verhalten. Und da es sich um Qualitäten und nicht um biologische Eigenschaften handelt, kann natürlich auch eine Frau bevorzugt aus dem Yang heraus agieren und ein Mann aus dem Yin. Im Übrigen hat die Polarität auch nichts damit zu tun, welches Geschlecht oder welche Geschlechter ein Mensch sexuell anziehend findet.

Die Lösung

Die Lösung ist einfach und doch nicht einfach.

Wir dürfen uns entscheiden, die Begriffe *männlich* und *weiblich* nicht länger als Sammelbegriffe für dutzende anderer Eigenschaften und Qualitäten anzusehen, die mit der Geschlechtlichkeit nichts zu tun haben.

Wir dürfen uns entscheiden, geschlechtliche Unterschiede nicht als Freibrief für ein Besser-Schlechter-Denken auszunutzen. In der jeweiligen Un-Gleichheit ist jeder gleich-wertig und gleich-berechtigt.

Wir dürfen uns entscheiden, aus der traditionellen hierarchischen Spaltung von männlichem Geist und weiblicher Materie wieder eine Einheit zweier Qualitäten zu machen, die unterschiedlich und zugleich ineinander enthalten sind. Beides zugleich. Ein *Und*, kein *Oder*. Mal verhalte ich mich so und mal so: In meinem Denken, in meinem Fühlen, in meinem Handeln.

Bezogen auf äußere Wirkung heißt das, dass jeder bei sich selbst anfangen darf. Wo verharre ich noch in tradierten Strukturen? Wo werte ich mich oder andere ab, weil ich einen Verstoß gegen vermeintlich richtiges Mann- oder richtiges Frau-Sein sehe?

Wir werden die alten Zöpfe nur los, wenn sie jeder *bei sich selbst* abschneidet. Im eigenen Kopf. Im Umgang mit Partner oder Partnerin. Im Umgang mit seinen Kindern. Im Umgang mit Kolleginnen und Kollegen, mit Führungskräften und Mitarbeitern, mit Freunden. In seinem Umgang mit Medien und Social Media. Es geht um Persönlichkeitsentwicklung und Herzensbildung und Vernunft.

Wer sich jemals auch nur ein bisschen an dieses Thema herangewagt und versucht hat, *entgegen* männlich-weiblicher Stereotype zu reden, zu handeln oder aufzutreten, weiß, was Souveränität wirklich bedeutet. Es bedarf oft viel Mut, Selbstbewusstsein und innere Klarheit: Sehr schnell schlagen einem Unverständnis, Abscheu oder Hass entgegen bis hin zu körperlicher Verfolgung (wenn Sie das nicht glauben, sprechen Sie mal mit Trans-Menschen…).

Konkret heißt das:

Wenn sie als Frau in traditionell männlich konnotierten Strukturen beruflich erfolgreich sein wollen, müssen Sie diese Strukturen und Denkweisen kennen und einen strategischen Umgang mit ihnen finden. Dazu braucht es eine Mischung aus Selbstbewusstsein, Humor und für eine Weile auch noch Durchhaltevermögen und Kampfbereitschaft.

Wenn sie als Mann in traditionell weiblich konnotierten Tätigkeitsfeldern klarkommen wollen, müssen Sie einen Weg finden, mit Statusverlust zu leben, abschätzige Blicke auszuhalten und für eine Weile Bewertungen wie *unmännlich* oder *Weichei* nehmen zu können.

Auch wenn wir in einem Zeitalter und in einer Kultur leben, die Individualität und persönliche Freiheit hochhalten, auch wenn wir eine Verfassung haben, die eine Benachteiligung wegen des Geschlechts verbietet, so steckt uns doch allen unsere kollektive Geschichte in den Knochen, und die wirkt auf uns ein. Auf uns alle. Es braucht seine Zeit, um Stereotypen als solche zu erkennen und zu überwinden, wenn sie keinen Sinn mehr machen. Es braucht also Souveränität und Geduld – und viel Humor.

Wir alle tragen das Päckchen einer 5.000 Jahre währenden Abwertung des Weiblichen bei gleichzeitiger Überhöhung des Männlichen in uns. Das Männliche als Täter, das Weibliche als Opfer. Diese Prägung gilt auch für die, die sich heute – in ihrem ganz konkreten, persönlichen Leben – gleichberechtigt verhalten! Geschichte schüttelt man nicht ab wie eine staubige Jacke, und niemand kommt blank und ohne die Mitgift seiner Ahnen auf die Welt.

In diesen Päckchen gedeihen Arroganz und Minderwertigkeitsgefühle, Rachsucht und Scham und noch viel mehr. All diese Gefühle prägen jede Kommunikation: im Beruf, in der Kindererziehung, in persönlichen Beziehungen, in Wirtschaft und Politik.

Individuelle und kollektive Rollenbilder gehen Hand in Hand und werden in jeder einzelnen Begegnung neu verhandelt. Konkret: Eine Frau, die Macht will, verfolgt nicht nur ein persönliches Ziel, sondern begehrt immer auch gegen tiefsitzende kollektive Überzeugungen auf, was Frauen denn so dürfen und was nicht. Ein Mann, der Frauen gleichberechtigt behandelt, trifft damit nicht nur eine persönliche Entscheidung – er beschämt immer auch das Männliche an sich, das dem Weiblichen diese Selbstverständlichkeit so lange und oft so brutal verweigert hat. Diese Scham spüren die Männer, und sie ist für viele kaum auszuhalten, selbst wenn sie sich persönlich und konkret anders verhalten als ihre Vorfahren.

Unter der Überschrift Mann-Frau-Kommunikation geht es also um viel mehr als nur um ein paar kommunikative Tricks oder rhetorische Methoden. Unter dieser Überschrift wird unser ganzes Menschsein verhandelt. Genau deshalb fällt es Männern und Frauen – und denen, die sich nicht (nur) als männlich oder weiblich identifizieren und denen, die nicht als Männer Frauen begehren oder als Frauen Männer – ja so schwer, miteinander zu reden ohne dass es zu Abwertungen, Verständnislosigkeit, Genervt-Sein, Poltern oder Sexismus kommt.

Wir werden die Kommunikation der Geschlechter nur dann substanziell verbessern, wenn wir unsere Geschichte und die psychischen Implikationen mitdenken. Wir werden nur dann wirklich souverän auftreten, wenn wir die Verwundungen in uns anschauen und akzeptieren, ganz gleich wie sie entstanden sind.

Souveränität – es geht um innere Haltung. Um Integrität und Anstand. Um Mut und Zivilcourage. Um Liebe und Mitgefühl. Um Verantwortung und Eigenverantwortung.

Vielleicht denken Sie jetzt, ...

...dass das feministischer Quatsch oder akademischer Quark sei.

Ja, am Anfang sieht Neues oft aus wie ein undefinierbarer Quark oder unverständlicher Quatsch. Doch je eingehender und je bewusster wir uns hiermit beschäftigen, um so größer wird die Klarheit. Auch die, die einst einen weltweiten Bedarf von lediglich drei Computern prognostizierten oder eine Überflüssigkeit des Telefons beschworen, durften ihre Überzeugungen weiterentwickeln.

Ja, die feministische Bewegung trägt den Verdienst, dass wir uns heute so intensiv mit der Frage beschäftigen, wie Männer und Frauen einen besseren, weil liebevolleren und gerechteren Umgang pflegen können. Gleichwohl hat all das nicht nur mit Feminismus zu tun, sondern ist eine ganz und gar *menschliche* Aufgabe, von der auch die Männer und die Jungs profitieren.

Vielleicht denken Sie jetzt auch, dass dieses Kapitel irgendwie nicht zu den anderen passt. Da haben Sie Recht. Ich habe tatsächlich lange überlegt, ob ich es hineinnehme, und es geht hier ja auch gar nicht um Tools, Techniken und Methoden. Aber...

Souveränität heißt auch: Denken, Reflektieren und sich weiterentwickeln. Ewiges Beharren auf Stereotypen ist *nicht* souverän. Wir sind als Menschen zwar Mustererkennungsmaschinen und brauchen Stereotype und Vorurteile, um unser Leben zu bewältigen – aber wir entwickeln uns dennoch weiter und lassen Muster, die nicht länger sinnvoll sind, wieder los. Sich von alten Mustern und

Strukturen zu lösen, braucht allergrößte Souveränität im Denken und im Handeln!

In meinem Beruf mache ich regelmäßig die Erfahrung, dass wir Menschen gerade in der Mann-Frau-Kommunikation nicht sonderlich souverän wirken. Missverständnisse, Ärger, Arroganz, Kränkungen, Unsicherheiten… Eine elend lange Liste unangenehmer Erscheinungen zeigt sich auf diesem Terrain. Um dort souveräner zu agieren, ist ein tieferes Verständnis der momentan noch herrschenden Spielregeln hilfreich.

13. Der Rote Faden

Woher, warum, wozu – Drei Worte, klare Richtung

Der Taschenkompass für eine Haltung mit richtungsweisender Außenwirkung

Die Situation

In wenigen Momenten beginnt das Meeting. Die meisten sind schon da. Smalltalk, E-Mails checken, Kaffee trinken. Noch hat die Show nicht angefangen – die Chefin fehlt noch. Gewohnheitsmäßig greifen Sie zum Handy, und wie auf Kommando poppt eine neue WhatsApp auf und schreit Ihnen entgegen: »Sag mal, geht's noch ??? Was soll denn der Mist !!!« Konsterniert starren Sie auf's Display und malen sich aus, wie die Begegnung mit Ihrem Schatz sein wird, wenn Sie heute Abend nach Hause kommen… Da hören Sie plötzlich eine Stimme: »Müller, Ihre Präsentation! Müller!! Schlafen Sie?« Wie in Trance gehen Sie nach vorne und versuchen routiniert Ihr Business-Gesicht aufzusetzen…

Das Problem

Das Problem liegt auf der Hand. Wer zu sehr abgelenkt ist, baut schnell einen Unfall. So weit, so klar. Hier geht es aber um mehr.

Hier geht es um Selbstführung; also um Dinge wie innere Haltung, Selbstregulierung, Einstellung, mentale Stärke. Es geht darum, was wir tun können, uns innerlich so einzustellen und auszurichten, dass wir es möglichst leicht haben, im Außen souverän zu wirken: In unseren Beziehungen, mit uns selbst, bei der Arbeit.

Das Leben bietet uns jeden Tag Möglichkeiten, unter Druck zu geraten, uns gestresst zu fühlen und dann so aufzutreten, dass wir uns hinterher ärgern. Oft haben wir keine Chance, in Ruhe an einer Sache dranzubleiben. Plötzlich will der Chef was, ein Kunde meckert, das Telefon klingelt, Mails zucken im Minutentakt. Zu Hause mischt die Pubertät des Nachwuchses die Familie auf, die Wohnung müsste dringend geputzt werden, Erledigungslisten drängen sich auf, und entspannen könnte man sich auch mal wieder.

Häufige Folge: Wir *re*-agieren und funktionieren nur noch. Setzen ganz auf die rettende Hand von Routine und Erfahrung. Überlebensmodus. Auf der Strecke bleiben produktives Handeln, Kreativität, Neugier, Reflexion, Nachdenken, Abwägen, Richtungsänderungen, Ausprobieren von Alternativen. Wir geben ein eher unsouveränes Erscheinungsbild ab.

Die Lösung

Wenn Schauspieler ihr Handwerk lernen, tun sie immer wieder aufs Neue etwas, was schwer ist. Auf einer leeren Bühne – schwarzer Boden, schwarze Wände – sollen sie glaubhaft einen anderen Menschen darstellen. Sie werden sozusagen aus dem Nichts zum Schöpfer eines Etwas, eines Jemand. Dabei sollen sie nicht so tun als ob, sondern glaubhaft wirken. Echt. Dabei helfen ihnen drei Worte, die auch Nicht-Schauspielern eine gute Hilfe sein können – Woher, warum, wozu:

- *Woher* kommst du gerade?
- *Warum* tust du, was du tust?
- *Wozu* tust du, was du tust?

In der eingangs geschilderten Bürosituation hatte die Mitarbeiterin ein denkbar schlechtes *Woher*. In dem Moment, als sie souverän wirken sollte, als sie ihre Kompetenz überzeugend präsentieren wollte, war sie innerlich in einem Zustand, der sie im Außen versagen ließ. Und zwar deswegen, weil sie kurz vor ihrem Auftritt eine Handlung wählte, die dem nachfolgenden Auftritt nicht dienlich war. Ihr *Woher* war geprägt vom Schrecken, den eine private WhatsApp kurz vor ihrer Präsentation in ihr ausgelöst hatte.

Ein anderes Beispiel für ein schlechtes und ein gutes *Woher*. Wenn wir zu einem Vorstellungsgespräch eingeladen sind, planen wir selbstverständlich zeitlichen Puffer ein. Keinesfalls wollen wir zu spät kommen – dieses *Woher* würde wohl das Aus für die neue Stelle bedeuten –, und natürlich möchten wir so entspannt wie möglich den Raum der Prüfung betreten, um einen möglichst guten Eindruck zu machen.

Der Schauspieler fragt sich, woher seine Figur gerade kommt, um Anhaltspunkte zu finden, sie mit konkretem Leben zu füllen. Unsereins kann dafür sorgen, dass der innere Zustand, aus dem wir kommen, wenn es drauf ankommt, uns bei unserer Aufgabe nicht behindert, sondern vielleicht sogar unterstützt. Manchmal bedeutet das, dass wir lediglich nicht aufs Handy schauen, wenn wir im nächsten Moment brillieren müssen – und manchmal bedeutet das, dass wir uns Übergangsrituale schaffen, um den Wechsel in eine andere Rolle bewältigen:

Wer den Ärger von der Arbeit mit nach Hause zur Familie bringt, bringt für seine Rolle als Partner/Eltern kein hilfreiches *Woher* mit. Da könnte es sinnvoll sein, bewusst ein neues *Woher* dazwischenzuschieben, zum Beispiel eine kurze Meditation, einen Spaziergang, Sport.

Die zweite Frage fragt nach dem Grund des Handelns, nach dem Motiv, nach dem Antrieb. Wie kommt es dazu, dass Sie tun, was Sie tun? Die Frage nach dem *Warum* zielt in die Vergangenheit. Welche Werte, Überzeugungen, Grundsätze, Einstellungen bringen Sie dazu, genauso zu sprechen oder zu handeln, wie Sie es jetzt tun? Konkret: Warum gehen Sie in dieses Meeting? Warum machen Sie diese Arbeit? Warum bleiben Sie in dieser Partnerschaft? Warum wollen Sie kündigen? Das *Warum* erlaubt, sich umzudrehen und zurückzuschauen.

Der Schauspieler fragt sich, warum eine Figur tut, was sie tut, um so etwas wie Authentizität und Kongruenz aufscheinen zu lassen und um sich selbst zielführend zu motivieren. Motivieren kommt vom Lateinischen movere, bewegen. Wenn eine Figur kein Motiv hat, hat sie keine glaubhafte Motivation, keine Legitimation für ihr Handeln – und dann kann der Schauspieler seine Zuschauer nicht überzeugen.

Genauso ist es auch bei Nicht-Schauspielern. Eine Führungskraft, die keine oder nur schwache *Warums* hat, wird sich schwertun, das Team zu überzeugen. Wer kein starkes *Warum* für die Arbeit hat, dem wird die Zeit bis zum Wochenende zäh und lang. Wer die Frage der Liebsten, warum er sie liebt, nur mit einem Achselzucken beantworten kann, wird schwerlich das Feuer der Leidenschaft am Brennen halten.

Und schließlich die dritte Frage. Wozu tun Sie, was Sie tun? Dieses Fragewort richtet uns in die Zukunft aus. Das Warum zielt zeitlich nach hinten, das Wozu zielt zeitlich nach vorn. Es geht um Sinn und Zweck, um das Ziel, um den Nutzen, um *Purpose*.

Die Schauspielerin fragt sich, wozu eine Figur etwas tut, damit sie eine Ahnung davon bekommt, wo es mit ihr hingehen könnte. Kommt die Figur mit einem Messer in die Küche, um jemanden umzubringen oder um sich eine Scheibe Brot abzuschneiden?

Als Nicht-Schauspielerin kann ich mich fragen, was meine Zuhörer am Ende meiner Präsentation im Team-Meeting denken oder empfinden sollen. Möchte ich, dass sie neugierig sind oder nachdenklich, interessiert oder erschrocken, beruhigt oder enthusiastisch?

Das Schachspiel ist eine gute Metapher für die große Bedeutung eines klaren *Wozu*. Je besser Schachspieler ihre Züge vorausdenken, desto eher werden sie gewinnen. Nur der Amateur macht einen Zug, ohne sich vorher zu überlegen, wozu er ihn macht. Der Profi sieht jeden Zug als Vorbereitung, um besser voranzukommen.

Man könnte sagen, dass sich zwischen dem *Warum* und dem *Wozu* ein Roter Faden spannt. Der Rote Faden unserer Präsentation, unserer Arbeit, unserer Beziehungen, unseres Lebens. Je besser wir diese beiden Richtungen kennen, desto stabiler wird der Faden, desto leichter fällt es uns, mit Störungen, Herausforderungen, Unvorhergesehenem klarzukommen. Auf Spur zu bleiben und Kurs zu halten. Souverän zu wirken.

Vielleicht denken Sie jetzt, …

…dass das Leben irgendwie umständlich wird, wenn man es dauernd durch drei Fragen unterbricht. Aber zum Glück hat ja niemand etwas von dauernd gesagt. Fangen Sie einfach mit den zentralen Fragen Ihres Lebens an. So wie der Mann, der bei mir Rat suchte, ob er bei seiner Frau bleiben oder mit seiner Geliebten neu anfangen soll. Wie der Mann, dessen Frau sich ein Kind von ihm wünschte, während er nicht wusste, ob er überhaupt noch mit ihr zusammen sein wollte. Wie die Frau, die überlegte, ob sie ihren Job kündigen sollte und nach ein paar Nachfragen merkte, dass es um etwas ganz anderes ging.

Eigentlich gibt es sogar einen eigenen Wozu-Feiertag: Silvester. Angesichts des neuen Jahres erhoffen wir uns neue Möglichkeiten. Hoffen darauf, Ziele zu erreichen, die schon so lange nach Verwirklichung rufen. Mit dem Sekt in der Hand und dem Feuerwerk am Himmel fühlt sich das neue *Wozu* großartig, verlockend und einfach an. Drei Tage später wird es dann oft schwieriger mit den guten Vorsätzen – denn: Es fehlt ein starkes *Warum*.

Wozu soll ich denn mit dem Rauchen aufhören, wenn es mir doch so angenehme Gefühle bereitet? Um den Preis zahlen zu können, den ich mit dem Verlust einer lieb gewonnenen Gewohnheit erleide, brauche ich schon ein sehr starkes *Wozu* und auch ein sehr starkes *Warum*. Ein einfaches Der-Gesundheit-Zuliebe reicht da nicht.

Auch in Bezug auf eine souveräne Außenwirkung sind die drei Fragen ausgesprochen hilfreich. Stellen Sie sich vor, Sie sind bei Ihrer Arbeit darauf angewiesen, dass andere gerne und gut mit Ihnen zusammenarbeiten. Wenn Ihr einziges *Warum* ein Man-Muss-Ja-Schließlich-Geld-Verdienen ist, und wenn Ihr einziges *Wozu* ein Wenn-Ich-Erst-Einmal-In-Rente-Bin ist, dann wird Ihre persönliche Wirkung wahrscheinlich wenig Euphorie, Begeisterung, Charisma oder Tatkraft ausstrahlen – auf Dauer spiegelt Ihr Gesicht dann eher Traurigkeit, Antriebslosigkeit, Zynismus und Passivität wider. Nicht hilfreich für eine erfolgreiche Karriere.

Bitte verstehen Sie mich nicht falsch! Natürlich ist das Verdienen des Lebensunterhalts ein ehrenwerter Grund, um arbeiten zu gehen. Aber wenn es über die Sicherung des Lebensunterhalts hinaus auch so etwas wie Freude, Zufriedenheit, Leidenschaft oder gar Sinn geben soll, braucht es mehr gute Gründe und auch mehr zukünftige Ziele, die uns schon heute magisch anziehen.

Und je mehr Freude, Zufriedenheit, Leidenschaft und Sinn wir erleben, desto souveräner wirken wir.

14. Selbst-/Fremdbild #1

Zwei Sätze, besserer Kontakt
Kein Trick, kein Fake! Entscheiden Sie sich!

Die Situation

Sie stehen kurz vor einer wichtigen beruflichen Begegnung. Im Besprechungsraum warten zwei Dutzend Menschen, die Sie überzeugen sollen. Doch angesichts Ihres Lampenfiebers denkt es in Ihnen:

»Schon wieder diese Marketing-Fuzzis. Ich kann die echt nicht mehr sehen.« Und »Hätte ich doch noch den neuen Fachartikel über Business-Rhetorik gelesen, dann wäre ich jetzt nicht so komisch drauf.«

Die Besprechung nimmt einen mühsamen Verlauf.

Das Problem

Sie haben eine perfekte Garderobe gewählt, sind ausgeschlafen und sehen gepflegt aus. Ihre Folien sind topp, Ihre Kompetenzen erst recht. Und dennoch… Solange die *innere* Haltung nicht stimmt, wird die *äußere* nicht überzeugen. Innere Haltung meint im obigen Beispiel:

Sie gestatten Ihrem Inneren Kritiker, über Sie selbst und über Ihre Gesprächspartner schlecht zu denken. Das führt rasch ins Desaster.

Die Lösung

So wie wir unsere Muskeln trainieren können, können wir auch unsere innere Selbstführung trainieren. Dazu gibt es Dutzende Möglichkeiten – eine kleine, feine ist folgende: Bevor Sie in ein Gespräch, in eine Diskussion, in einen Vortrag oder in eine Präsentation, gehen, sagen Sie sich zwei einfache Sätze: »Ich habe wirklich was zu sagen. Und ich treffe heute lauter spannende Menschen.« Mit dieser simplen Phrase, immer wieder genutzt, richten Sie Ihre innere Haltung in einer Weise aus, die tief und nachhaltig Beziehungen leichter macht – die Beziehungen zu anderen und zu sich selbst.

Vielleicht denken Sie jetzt,…

…wie soll das denn gehen!? Das ist ja nun wirklich esoterischer Hokuspokus. Ja, das können Sie denken, und dennoch könnten Sie es mal ausprobieren.

»Ich habe wirklich was zu sagen« meint: Ich bin ok, ich bin kompetent, ich kann das, ich darf das, ich bin es wert, ich habe es verdient, hier zu stehen. Ich liebe mich, ich achte mich, ich bin mir meiner selbst und meiner Fähigkeiten bewusst.

»Ich treffe heute lauter spannende Menschen« meint: Die Menschen, denen ich jetzt hier begegne, sind genau die richtigen. Vielleicht erlauben sie mir zu glänzen, vielleicht geben sie mir die Möglichkeit, meine Gelassenheit oder meine Durchsetzungsstärke zu trainieren. In jedem Fall sind es spannende Menschen.

Wichtig bei beiden Sätzen: Sie sind kein Trick! Sie müssen es *ehrlich* meinen! Nicht glauben, sondern wissen. Das braucht anfangs etwas Übung, aber bald haben Sie es drauf.

Diese zwei Sätze sind keine Technik, sie sind eine *Lebenshaltung*. Eine ganz grundsätzliche Haltung zu sich selbst und zur Welt.

Und hej! Wie cool ist das denn!? Wenn ich ok bin und die anderen ok sind: was soll mir dann noch passieren?

In diesen zwei kurzen Sätzen steckt mehr Weisheit und mehr Glückspotenzial als in manchen Ratgeberbüchern auf dreihundert Seiten.

15. Selbst-/Fremdbild #2

Vier Varianten, ein Sieger

Sie haben es in der Hand, sich frei und gut zu fühlen

Die Situation

Tina betritt das Café und schaut sich um. Ihr Blick fällt auf einen Tisch, an dem ein Pärchen sitzt, das sich freundlich angeregt unterhält. Blitzschnell scannt sie die äußere Erscheinung der Frau, und nicht minder schnell steht ein Gedanke im Raum:

Variante 1: »Wie sieht die denn aus?! Mein Gott, ist die fett. Bestimmt ist der Kerl ihr Bruder; das kann einfach kein Date sein. Bin ich froh, dass ich nicht so hässlich bin.«

Variante 2: »Oh, das kenne ich. Erst machen sie Einem schöne Augen, aber wenn's ernst wird, verschwinden sie plötzlich ohne ein einziges Wort. Mistkerle. Na ja, muss sie halt ihre Erfahrungen machen. Das müssen wir alle. Keine Frau bleibt davon verschont.«

Variante 3: »Boah, ist die hübsch! Diese glatte Haut. Und ihre Augen. Wo hat sie nur diese Wimpern her? Ja, wenn ich nur so aussehen würde wie die, dann würde ich auch so einen attraktiven Mann haben.«

Variante 4: »Oh, ich liebe den Frühling! Endlich wieder aufbrezeln, ins Café gehen und Kerle aufreißen. Da drüben läuft's ja offenbar schon ganz prächtig. Das sind aber auch zwei Hübsche!«

Das Problem

Um das Leben zu bewältigen, müssen wir uns Vorurteile bilden. Wir sehen fremde Menschen und haben nur einen winzigen Moment Zeit, die Situation einzuschätzen. Freund oder Feind? Hilfreich oder gefährlich? Nur leider können wir unmöglich mit jedem Menschen erst ausführlich ins Gespräch gehen, um in Ruhe herauszufinden, wie er tickt. So viel Zeit hat keiner. Also bilden wir uns statt eines begründeten Urteils ein gefühltes Vor-Urteil. Wie geht das?

Wenn wir auf die Welt kommen, verlassen wir den schützenden Raum des Mutterbauchs und sind nicht länger alleine auf der Welt. Zu Beginn scheint uns die Welt noch eine Weile symbiotisch, d.h. gefühlt besteht kein Unterschied zwischen Mama und uns, aber diese Täuschung wird alsbald *ent*-täuscht, und wir müssen damit klarkommen, dass neben uns auch andere Menschen leben, handeln, reden, etwas wollen usw.

Nun kommt es darauf an, wie diese Anders-Welt auf uns reagiert. Wenn wir weinen und unsicher sind, bekommen wir dann Interesse und Trost und Zuspruch? Oder werden wir abgewimmelt und alleingelassen oder sogar barsch zurückgewiesen? Wie erleben wir unsere engsten, wichtigsten Bezugspersonen? Grundsätzlich eher positiv oder grundsätzlich eher negativ? Liegen Liebe, Selbstbewusstsein, Würde und Freude in der Luft – oder Anspannung, Aggression, Wut und Minderwertigkeitsgefühle?

Als kleine Menschen beobachten wir die Welt und wie die Welt auf uns reagiert. Daraus wiederum erschaffen wir etwas, das die Transaktionsanalyse Lebensskript nennt. Wir schreiben die Grundlage, wie wir uns selbst sehen und wie wir die Anderen sehen. Und da gibt es dann die oben skizzierten 4 Möglichkeiten:

- Ich bin nicht ok – du bist ok
- Ich bin ok – du bist nicht ok
- Ich bin nicht ok – du bist nicht ok
- Ich bin ok – du bist ok

Für eine dieser vier Sichtweisen entscheiden wir uns in den ersten Jahren unseres Lebens und damit für unsere grundlegende innere Haltung zur Welt. Natürlich ist das keine bewusste Entscheidung, sondern das Ergebnis einer Entwicklung, die sich aus unseren Erfahrungen und den damit verbundenen Gefühlen und Gedanken ergibt.

Zudem können wir unsere Sichtweise je nach Kontext, Umfeld und Situation auch wechseln. In Lebensbereichen, in denen wir mit großem Selbstbewusstsein auftreten, greifen wir eher zu einem »Ich bin ok«. In Lebensbereichen, in denen wir uns klein und unsicher fühlen, blinkt dann eher ein »Ich bin nicht ok« auf. – Und wie wir die *anderen* sehen, hat neben Selbstbewusstsein viel damit zu tun, welches Reden über andere wir bei unseren Eltern und Geschwistern beobachtet haben. Das ahmen wir in der Regel erst einmal nach und halten es für normal und alternativlos.

Schwierig wird das Ganze, wenn wir ein Bild von uns und der Welt haben, in dem mindestens einer der Beteiligten *nicht* ok ist. Variante 1 (»Ich bin nicht ok – du bist ok«) zu Unterwürfigkeit und Opferschaft. Variante 2 (»Ich bin ok – du bist nicht ok«) führt zu Arroganz und Täterschaft. Variante 3 (»Ich bin nicht ok – du bist nicht ok«) führt zu Destruktivität und Verschwörungsdenken.

Variante 3 bietet zudem noch eine Besonderheit. In Gemeinschaftssystemen – wie zum Beispiel bei den Mitarbeitern eines Büros oder den Mitgliedern einer geschlossenen Facebook-Gruppe – erleben die Beteiligten ein starkes Gruppengefühl durch gemeinschaftliches Suhlen im Opferstatus. Hier entsteht zwar eine hohe emotionale Bindung, die viel Energie freisetzt. Leider wird aber ein Zusammenhalt, der auf einem Ich-Bin-Nicht-Ok-Du-Bist-Nicht-Ok gründet, nicht produktiv. Er mündet letztlich immer in Destruktivität, Antriebslosigkeit, Gemeinheit, Pessimismus und allgemeiner Negativität. Das Fiese ist hier, dass die Beteiligten dieser Variante ein Gemeinschaftsgefühl erfahren, das sich gut anfühlt. Wenn dann irgendwann deutlich wird, wie hoch der Preis hierfür ist, wird es schwer, diese Sichtweise zu verändern. Manchmal wird das nur um den Preis des Verlassens der jeweiligen Gemeinschaft gelingen.

Die Lösung

Wir suchen uns zunächst nicht aus, welche Sicht wir auf uns und auf die Welt einnehmen. Das erledigen in unserer Kindheit andere für uns, und wir müssen damit klarkommen. Hinzu kommen sicherlich auch genetische Dispositionen, die wir von unseren Ahnen mitbringen.

Wie so oft im Bereich der Persönlichkeitsentwicklung finden wir auch hier das Spannungsfeld zwischen unveränderlichen und veränderbaren Merkmalen.

Klar ist: Die grundlegende Sicht auf die Welt und auf sich selbst zu verändern bedarf Geduld und Beharrlichkeit. Vor allem in Druck- und Stresssituationen fallen wir schnell in alte Muster zurück. Um den Weg von einem Nicht-Ok zu einem Ok zu gehen, ist zunächst und immer wieder *Reflexion* gefragt. D.h. wir beobachten uns und machen uns bewusst, wie wir in den verschiedenen Situationen unseres Alltags reagiert, gedacht, geurteilt, gewertet, gesprochen, gehandelt haben.

Es ist also zunächst ein Blick *zurück*. Manchmal werden zwischen Situation und Reflexion viele Stunden liegen, vielleicht auch mal Tage. Es ist ein Akt der *Gewohnheit*. Wir gewöhnen uns daran, unser vergangenes Tun und Denken anzuschauen, um herauszufinden, wie wir ticken. Es handelt sich um Training, das heißt um regelmäßiges Üben und Wiederholen. Je öfter man übt, desto kürzer wird auf Dauer die Zeitspanne zwischen Situation und Erkenntnis, wie wir ticken, was wir ändern könnten – bis wir irgendwann schon *in* der Situation erkennen, was da gerade in uns abläuft.

Das *Erkennen* der Abwertung ist der erste Schritt zur Veränderung. Der zweite Schritt ist das Innehalten, das heißt das Ausdehnen des Zeitraums zwischen Erkennen und Bewerten. Bislang lief alles in festen Bahnen. Der Beobachtung folgte reflexhaft die Bewertung. Nun geht es darum, sich jedes Mal aufs Neue bewusst zu entscheiden, den Moment der Bewertung – ok oder nicht-ok – hinauszuzögern, um Zeit und Raum zu gewinnen, die eine freie Entscheidung erst möglich machen.

Hier wird deutlich, dass jedwede Technik und Methode, die mit Aspekten der Selbstbetrachtung und der Verlangsamung arbeiten, grundsätzlich hilfreich sind: Meditation, Stille, innere Einkehr, Achtsamkeit, Yoga, Chi Gong, Tai Chi, Selbsterforschung usw. Das Vermeiden von Ablenkungen unterstützt ebenso wie das Ausüben kreativer Tätigkeiten, Sport und Spazierengehen in der Natur können hilfreich sein. Eher Buchlesen denn Bildschirmspielen. Fasten statt Völlerei. Einüben von Impulskontrolle.

Wichtig: Ich kann und muss nicht jedes alte Muster verändern! Aber ich kann mich ganz grundsätzlich für die Haltung entscheiden: »Ich bin ok – du bist ok«. Es wird mir im Alltag nicht immer alles gelingen, aber die *Richtung* kann ich sehr wohl einschlagen und halten.

Vielleicht denken Sie jetzt, …

…dass das alles irgendwie unfair ist. Wir sind so wie wir sind, und wie wir sind, daran tragen wir keine Schuld. Und außerdem: wenn ein ganzes Team so tickt, wie es tickt, dann muss man sich halt anpassen. Wer immer gegen den Strom schwimmt, stirbt einsam und entkräftet.

Sie haben Recht. Sich gegen Muster zu stellen, kann verflixt anstrengend sein. Egal, ob es Muster sind, die wir in uns selbst tragen, oder Muster, die Gemeinschaften prägen.

Und Sie haben auch Recht, dass sich das Leben diesbezüglich schrecklich unfair anfühlen kann.

Aber so ist es nun einmal. Das Leben ist schön und schwer, gerecht und ungerecht. Oder man lässt Wertungen beiseite und sagt: Das ist Leben. So ist es jetzt.

Es gibt seit Jahren eine Debatte, wie frei der Wille des Menschen tatsächlich ist. Können wir wirklich frei entscheiden, oder ist das nur Illusion? Studien zeigen, dass so manche Entscheidung bereits gefallen ist, bevor wir dachten, dass wir sie bewusst fällen. Vieles im System Mensch läuft auf Autopilot, und es ist auch Teil eines gelingenden Lebens, das zu akzeptieren.

Und doch…

Meine Berufs- und Lebenserfahrung hat mich gelehrt, dass wir sehr wohl die Möglichkeit besitzen, Denk- und Verhaltensweisen zu verändern; alte Gewohnheiten durch neue zu ersetzen. Daran zu glauben, halte ich für Freiheit.

Auch geht es nicht darum, ob Leben fair ist. Das Leben ist einfach nur das Leben. Wichtig ist, dass wir einen *Umgang* mit den Zumutungen finden, mit denen wir alle auf unsere individuelle Weise zu kämpfen haben.

Nicht ultimatives Glück ist das Ziel, sondern Zufriedenheit. Zufriedenheit heißt, seinen Frieden zu machen mit dem Leben, wie es ist. Seinen Frieden machen heißt *nicht*, fatalistisch zu resignieren, sondern die Wirklichkeit zu nehmen – und daraus dann das Beste zu machen. Immer wieder aufs Neue. Und dann noch mal. Das nennt man Akzeptanz.

Niemand zwingt uns, uns und andere ok zu finden. Dem Leben ist das herzlich egal. Und am Ende des Tages auch den anderen Menschen. Ok zu denken kann eine Frage der Moral sein – vor allem ist es aber eine Frage der seelischen Gesundheit. Nicht-Ok ist die Schnellstraße in Verdrießlichkeit, in Angst, Wut und Hass. Wer sein Leben auf Nicht-Ok aufbaut, dem geht es auf Dauer schlecht. Und wem es schlecht geht, der zieht auch nur Menschen an, die ebenso mies drauf sind. Ein Teufelskreis der Negativität.

Also: Selbst wenn Sie überzeugt sind, dass da draußen jede Menge Idioten rumlaufen, und selbst wenn Sie davon überzeugt sind, dass Sie selbst einen Haufen Schwächen am Buckel haben: Ihr Leben wird auf Dauer angenehmer, wenn Sie sich dem Ok öffnen und es zu einem grundlegenden Fixstern Ihres Lebens machen. Das Ok als Ideal. Und wie jedes Ideal will es nicht erreicht, sondern nur aktiv im Blick gehalten werden.

Und: Das Leben wird so nicht nur subjektiv schöner – Sie steigern auch objektiv Ihre souveräne Ausstrahlung.

16. Sympathie

Gemocht werden leicht gemacht

Wie Sie sein und was Sie tun können, damit man Sie sympathisch findet

Die Situation

Kennen Sie das auch? Man kommt zum ersten Mal in eine Stadt, und neugierig spürt man sich in diesen noch fremden Ort ein. Ist es hier sympathisch? Macht es Freude, sich auf das Neue, Fremde einzulassen? Welche Atmosphäre herrscht hier? Wes Geistes Kind scheint dieser Ort zu sein? Gibt es so etwas wie einen grundlegenden Spirit, der durch seine Straßen zieht?

Oder auf einer Party, in einem neuen Team, beim Auftakt eines Seminars: Immer schauen wir uns nach Menschen um, die uns sympathisch erscheinen und nehmen Abstand von denen, die uns eher unsympathisch sind.

Das Problem

Die Suche nach Sympathie gleicht einem Blindflug. Niemand trägt ein Schild auf der Stirn, auf der weithin sichtbar steht »ich bin ein sympathischer Mensch«. Die Entscheidung über Sympathie und Antipathie müssen wir ganz alleine treffen. Und das auch ohne belastbare Fakten wie eine genaue Kenntnis über die Werte, Interessen oder Überzeugungen des Fremden.

Und: Wir treffen diese Entscheidung auf jeden Fall! Eine erste Entscheidung fällen wir in Bruchteilen von Sekunden. Dieses erste (Vor-) Urteil gleichen wir dann mit allen weiteren Eindrücken ab, die folgen.

So gilt umgekehrt, dass auch wir immer und überall daraufhin abgecheckt werden, ob wir sympathisch sind. Ob uns das gefällt oder nicht.

Wie also können wir dafür sorgen, dass die Wahrscheinlichkeit steigt, dass man uns sympathisch findet?

Die Lösung

Beginnen wir ganz pragmatisch: Was genau finden Sie sympathisch? Was macht für Sie einen Menschen konkret sympathisch?

Ich habe diese Frage schon vielen Menschen gestellt und in vielen Gruppen diskutiert. Die Antworten könnte man so zusammenfassen:

Wenn wir sympathisch erscheinen wollen, hilft:

Freundlich sein, lächeln, sich entspannen, sich nicht so wichtig nehmen, humorvoll sein, Freude am Leben haben, selbstbewusst sein, sich mögen, sich achten, Gespür für Situationen zeigen, taktvoll handeln, ehrlich sein, sich offen geben, vor der eigenen Haustür kehren, respektvoll sein, zuhören, unterstützen, sich interessieren, Empathie und Mitgefühl zeigen.

Wenn wir un-sympathisch erscheinen wollen, hilft:

Miesepetrig sein, nörgeln, meckern, unfreundlich sein, sich gekränkt und beleidigt geben, humorlos sein, alles auf die Goldwaage legen, alles persönlich nehmen, lästern, vergleichen, arrogant sein, besserwissen, vorschnell werten, verurteilen, dozieren, belehren, verändern wollen, poltern, hektisch sein, mit der Tür ins Haus fallen, rücksichtslos sein, sich aufdrängen, taktlos und unsensibel sein.

Diese Listen ließen sich sicher noch verlängern, und natürlich spielen auch persönliche Geschmäcker und kulturelle Gepflogenheiten eine Rolle. Bei aller Vielfalt der Aspekte könnte man jedoch sagen:

Wir finden Menschen dann sympathisch und bisweilen sogar charismatisch, wenn sie zwei Eigenschaften mitbringen: Sie zeigen sich offen für Nähe, und sie scheinen mit sich im Reinen zu sein.

Ich bin offen für Nähe, wenn ich signalisiere, dass ich grundsätzlich bereit bin, mit Anderen in einen freundlichen, von Interesse geprägten Kontakt zu gehen. Vorurteile hintanzustellen, einen Vertrauensvorschuss zu gewähren und auf Menschen zu zu gehen, statt sich von ihnen zu distanzieren.

Ich scheine mit mir im Reinen zu sein, wenn ich mich offenbar mag und ein Selbstbewusstsein besitze, das aus mir selbst rührt und nicht aus der Abwertung Anderer. Wenn ich auch in fremder Umgebung entspannt bei mir bleibe und mich nicht gleich ärgern oder einschüchtern lasse. Ich bin ok – du bist ok.

Gehen Sie in Gedanken mal zurück in eine Situation, in der Sie einen fremden Menschen irgendwie sofort mochten. Sie haben vielleicht noch kein Wort miteinander gewechselt – vielleicht sogar bis heute nicht –, und doch ging etwas Magnetische von ihm aus. Und dann gleichen Sie Ihren Eindruck mit dem oben Gesagten ab.

Vielleicht denken Sie jetzt, ...

…was sollen Sie sich darüber Gedanken machen? Sie sind ja schließlich ein sympathischer Mensch. Und Ihre Abneigung zeigen Sie nur denen, die selbst unsympathisch sind. Das haben die dann auch verdient. Können Sie machen; wird Sie aber nicht weit bringen.

Wir alle treffen ständig Menschen, die wir unsympathisch finden. Fahren an neue Orte, müssen uns in neue Gruppen einfügen, die wir nicht mögen. Das heißt im Umkehrschluss, dass wir alle immer noch eine Menge tun können, um uns der Welt als Sympathieträger zu präsentieren.

Wenn Sie mögen, machen Sie einmal folgendes Experiment. Bitten Sie eine Reihe von Menschen, deren Urteil Ihnen etwas bedeutet, um Antwort auf folgende Frage: »Was kann man an mir mögen? Was kann man an mir schätzen?«

Aufschlussreich könnte auch sein, sich diese Frage selbst zu stellen. Wenn Ihnen da nur wenige Dinge einfallen, sind Sie wahrscheinlich noch nicht so sehr mit sich im Reinen – und hätten einen guten Hebel identifiziert, sich weiterzuentwickeln.

Je genauer wir wissen, was man an uns schätzen kann, desto leichter fällt es uns, einen sympathischen und souveränen Eindruck zu machen.

17. Der erste Eindruck

Schon im ersten Moment überzeugen

5 Hebel für beeindruckende Wirkung in Sekundenschnelle

Die Situation

»Kind, mach bloß einen guten Eindruck!« Diese elterliche Mahnung hat schon manchen jungen Menschen mit den Augen rollen lassen. Denn neben dem unangenehmen Momentum des Ermahntwerdens drängt sich sofort die Frage in den Raum: »Ja gern, aber wie?«

Das Problem

Vorstellungsgespräch, Flirt, Vortrag, Netzwerken, erster Tag im neuen Job: Wir alle wissen um die Bedeutsamkeit des ersten Eindrucks. Übel, wenn wir das vergeigen.

Immer dann, wenn wir jemanden für uns gewinnen wollen oder müssen, ist es hilfreich, wenn das erste Urteil, das über uns gefällt wird, ein positives ist. Und oft bekommen wir keine Chance, einen schlechten ersten Eindruck wieder auszubügeln.

Daher mag ich Sie einladen, die elterliche Ermahnung um den moralisierenden Aspekt zu erleichtern und sich ganz darauf zu konzentrieren, dass es *nützlich und hilfreich* ist, sich Gedanken über die eigene Außenwirkung zu machen.

Gerade dann, wenn es drauf ankommt, sind wir meist ganz mit uns selbst beschäftigt. Lampenfieber, Nervosität, Ego, Nicht-Im-Jetzt-Sein fordern unsere Aufmerksamkeit und machen es uns schwer, unser Selbstbild mit der Reaktion unseres Gegenübers abzugleichen und gegebenenfalls Korrekturen vorzunehmen.

Außerdem – und das ist noch gravierender – ist die Aufforderung, einen guten Eindruck zu machen, so unscharf formuliert, dass wir gar keinen praktischen Anpack finden, um der Aufforderung Genüge zu tun.

Die Lösung

Um einen guten Eindruck zu machen, ist es sinnvoll, *kleinschrittig* vorzugehen und das große Ganze in kleine Häppchen herunter zu brechen.

Um die Welt um uns herum wahrzunehmen, stehen uns 5 Sinne zur Verfügung: sehen, hören, fühlen, riechen, schmecken. Je nach Situation sind manche stärker, manche schwächer beteiligt, und oft ist uns gar nicht bewusst, was unsere Sinne so alles registrieren und bemerken; vieles geschieht hier nicht auf bewusster Ebene.

Wenn *wir* die Welt über diese 5 Sinne wahrnehmen, heißt das im Umkehrschluss, dass auch die Welt uns auf diesen 5 Sinneskanälen wahrnimmt:

- Was also *sieht* man, wenn man ein Auge auf Sie wirft?
- Was *hört* man, wenn man Ihnen sein Ohr leiht?
- Was *fühlt* man, wenn man Sie berührt?
- Was *riecht* man, wenn man sie beschnuppert?
- Was *schmeckt* man, wenn man Sie leckt?

Wenn man Sie *sieht*, sieht man dann einen gepflegten Menschen, ein freundliches Gesicht, eine aufrechte Körperhaltung, einen Blickkontakt, entspannte Bewegungen? Oder sieht man jemanden ständig aufs Handy gucken, Essensreste auf der Kleidung, rollende Augen, eine träge Haltung?

Wenn man Sie *hört*, hört man dann eine angenehme Stimme und kluge Worte? Oder hört man regelmäßiges Naseschniefen, Lästern, schüchternes Flüstern, lautes Poltern?

Wenn man Sie *fühlt*, fühlt man dann einen angenehmen Händedruck oder eine freundliche Umarmung? Oder einen feuchten, labbrigen oder schmerzenden Händedruck, eine bedrängende Berührung?

Wenn man Sie *riecht*, riecht man dann einen angenehmen Duft, frisch geputzte Zähne? Oder Zigaretten-, Knoblauch-, Zwiebelgeruch; Mundgeruch von zu viel Kaffee?

Wenn man Sie *schmeckt*, schmeckt man dann Angenehmes auf der Zunge? Oder quälen Rauch- und Essensreste den Gaumen?

Wir nehmen die Welt über 5 Sinne wahr, und die Anderen uns ebenso. Aus der Nummer kommen wir nicht heraus. Aber das Wissen hierüber stellt uns handfeste Möglichkeiten zur Verfügung, die unscharfe Ermahnung für einen guten Eindruck in konkrete Handlungsoptionen umzuwandeln.

Holen Sie sich Feedback. Von einem Spiegel, von Ihrem Partner, von Kollegen, von der Videokamera, von Freunden. Nutzen Sie frische Kleidung, ein Deo, Düfte, Seife. Trainieren Sie Ihre Stimme und Ihr aktives Zuhören. Legen Sie eine Zahnbürste in Ihren Schreibtisch und im Sommer ggf. ein frisches Unterhemd. Kultivieren Sie Ihr Ich-Bin-Ok und Ihr Du-Bist-Ok (siehe oben).

Alles, was man an Ihnen wahrnehmen kann, wird auch wahrgenommen. Wie es wirkt und wie Ihr Gegenüber das Wahrgenommene bewertet, liegt letztlich nicht in Ihrer Hand. Aber Sie können die Chancen erhöhen, dass es nicht gleich im ersten Moment zu einer fatalen Abwertung kommt.

Vielleicht denken Sie jetzt, …

…dass Sie sich verbiegen sollen, um es allen recht zu machen. Dass Sie vor lauter Sich-Selbst-Checken Gefahr laufen, unentspannt und unauthentisch zu wirken.

Wieder mal: Der Wurm muss dem Fisch schmecken und nicht dem Angler. Aber es gibt auch die Redewendung, dass Everybody's Darling everybody's Depp ist. Also: Einen guten ersten Eindruck machen heißt nicht, auf allen Ebenen perfekt zu erscheinen. Das wirkt schnell verkrampft und einschüchternd. Es reicht schon, wenn Sie sich soweit prüfen, dass Sie nicht gleich in die dicksten Fettnäpfe treten. Sorgen Sie dafür, dass Sie keinen Mundgeruch haben, dass Sie freundlich und respektabel aussehen, dass Sie kein blödes Zeug reden, dass die körperliche Nähe zu Ihnen nicht zu Abwehrreflexen führt etc. Alles andere ist dann die Kür. Stück für Stück.

Es geht auch nicht darum, sich aalglatt zu machen oder irgendeinem Bild zu entsprechen im Sinne von Smarter-Business-Mann oder Erfolgreiche-Geschäfts-Frau. So etwas wirkt wie ein lächerliches Abziehbild und verschafft damit eben keinen guten ersten Eindruck.

Schlüpfen Sie einfach immer wieder mal entspannt aber interessiert in die Schuhe Ihres Gegenübers, und seien Sie neugierig, welche Wahrnehmung Sie dort von sich selbst bekommen. Oder bitten Sie eine gute Freundin um Feedback über das Bild, das diese von Ihnen hat. Ohne Druck und Anstrengung aber mit wertschätzender Aufmerksamkeit.

Wer seine Fähigkeiten kultiviert, einen guten ersten Eindruck zu machen, wird auf Dauer auch souveräner erscheinen, denn wer gut ankommt und seltener Ablehnung erfährt, steigert auch sein Selbstbewusstsein.

18. Erdung

Innere Einstimmung für starke Präsenz

Mit der Quelle verbinden oder: In der Wurzel liegt die Kraft

Die Situation

Gleich gilt es. Sie müssen zeigen, was Sie draufhaben. Nervös wandert das Gleichgewicht Ihres Körpers von einem Bein aufs andere. Und dann geht es los. Sie beginnen zu sprechen. Gut so, denn das Warten auf den Beginn ist immer besonders aufreibend. Sie sprechen sich warm; fühlen sich schon besser als vor drei Minuten. Doch dann passiert es! Jemand meldet sich und stellt eine Frage. Die Frage ist nicht wirklich schlimm, und doch bringt sie Sie aus dem Konzept. Sie schwanken und suchen vergeblich Halt.

Das Problem

Das Sprechen vor Publikum – Präsentation, Vortrag, Vorstellungsgespräch, Meeting, Omas Geburtstagsfeier – besitzt immer auch das Potenzial, uns nervös zu machen. Uns aus unserer inneren Mitte zu reißen. Insbesondere Zwischenfragen, oder bereits die Angst vor ihnen, können uns buchstäblich aus der Bahn werfen. Als wäre eine Zwischenfrage ein physischer Schlag, der uns wie aus dem Nichts in unserem Zentrum trifft.

Meine persönliche Erfahrung mit solchen Situationen: Wenn wir im Innen nicht stabil stehen, stehen wir auch im Außen wackelig. Und umgekehrt. (→ vgl. den Abschnitt Körper/Füße und Knie)

Die Lösung

Erden Sie sich! Verbinden Sie sich mit der Erde, bevor Sie das erste Wort sagen.

Am besten üben Sie in Ruhe ein paar Mal für sich alleine, bis Sie ein gutes Gefühl für den Ablauf haben. Danach können Sie die Erdung dann überall und jederzeit nutzen. Sie funktioniert übrigens im Stehen wie im Sitzen.

Und so geht's:

Wählen Sie einen Ort, wo Sie in Ruhe für sich alleine sind. Keine Ablenkungen durch Handy, Fernseher oder sonstige Unterbrechungen. Setzen Sie sich aufrecht hin, und schließen Sie die Augen. Entspannen Sie sich, d.h. lockern Sie Ihre Schultern; es gibt jetzt nichts zu halten. Lassen Sie Ihren Unterkiefer sanft hängen und den Mund leicht geöffnet. Die Hände liegen entspannt auf den Oberschenkeln; die Handflächen geöffnet. Die Füße stehen so auf dem Boden, dass die Fußsohlen vollständig Kontakt haben.

Jetzt gibt es nichts anderes zu tun als zu atmen. Einfach nur zu atmen. Beobachten Sie Ihren Atem. Lenken Sie Ihre ganze Aufmerksamkeit auf das Einströmen und Ausströmen der Atemluft. Wo ist der Atem gerade? Wo bewegt er Ihren Körper? Was geschieht zwischen Ein- und Ausatmen? Beim Ausatmen können Sie einen leisen Ton geben. Pfff… Machen Sie das so lange, bis Sie das Gefühl haben, dass Sie wirklich zur Ruhe kommen und die Gedanken Sie nicht mehr im Sekundentakt mit ihrem Getöse belästigen. Gedanken, die auftauchen, lassen Sie einfach ziehen.

Im nächsten Schritt dürfen Sie Ihrer Fantasie freien Lauf lassen. Stellen Sie sich vor, wie aus Ihrer inneren Mitte – vielleicht aus Ihrem Herzen, aus Ihrem Solarplexus, aus Ihrem Bauch – eine Wurzel austreibt. So ein richtig kraftvoller Wurzelstrang, der mit Macht nach unten drängt. Aus Ihrem Becken heraus, durch den Stuhl, durch den Fußboden, durch darunter liegende Etagen, in die Erde. Die Wurzel wächst immer weiter; wird immer länger. So lang, dass sie bald schon beim Kern der Erde angekommen ist, in dem sie sich jetzt fest verankert.

Nachdem die Wurzel ihr Ziel erreicht hat, treiben aus ihr unzählige kleine Wurzelstränge aus. Nach links, rechts, oben, unten. Wenn Sie mögen, stellen Sie sich vor, wie leuchtend helles Licht die Wurzeln von innen erstrahlen lässt.

Schließlich wachsen jetzt noch Wurzeln aus Ihren Fußsohlen und aus Ihren Händen. Eher dünne, zarte Luftwurzeln als ein dicker Strang. Sie breiten sich aus; bedecken die Fläche rund um Sie herum. Auch diese können Sie mit Licht fluten.

Machen Sie nun einen vorsichtigen Test. Bleiben Sie ganz im Zustand der Ruhe und Entspannung, und bewegen Sie sich sachte. In alle Richtungen. Vielleicht können Sie spüren, dass Ihr Körper fest mit der Erde verbunden ist. Dass Sie sicher und mit beiden Beinen fest auf der Erde stehen. Und dabei gleichzeitig so flexibel und beweglich sind, dass Sie sich jederzeit so bewegen können, wie Sie es wollen.

Erden heißt, den eigenen Körper mental mit der Erde zu verbinden. Die Wurzel ist dabei ein visuelles Symbol, ein Tool, das diesen Vorgang erleichtern kann. Am Ende geht es nicht um die Wurzel und um das Licht, sondern um Ihre Verbindung nach unten und darum, diese so stabil wie möglich zu gestalten. Aber warum ist das hilfreich?

Wenn wir gut verbunden sind, wenn wir mit beiden Beinen fest auf der Erde stehen, wirft uns nichts so schnell um. Physisch *und* psychisch! Und da wir auf die oben erwähnten Zwischenfragen immer auch körperlich reagieren, ist es hilfreich, uns nicht nur *vorzunehmen*, uns davon nicht beeindrucken zu lassen, sondern dafür zu sorgen, dass wir tatsächlich standfest sind. (→ vgl. den Abschnitt Schlagfertigkeit)

Aus meiner Erfahrung kann man die mentale und die körperliche Ebene nicht wirklich trennen, denn beide wirken auf die andere ein und bedingen sich gegenseitig. Ich persönlich würde nie mehr darauf verzichten, mich unmittelbar vor einem Auftritt zu erden und manchmal auch zwischendurch. Seitdem ich das mache, fällt es mir erheblich leichter, mit Lampenfieber klarzukommen und bei Störungen entspannt und souverän zu reagieren.

Vielleicht denken Sie jetzt, …

…dass das esoterisch klingt oder albern. Mag sein. Aber mir hilft's sehr, und deshalb mag ich es Ihnen hier ans Herz legen.

Gelernt habe ich das Erden übrigens bei Kurt Zyprian Hörmann, der mir gezeigt hat, dass es bei allen philosophisch-intellektuellen Höhenflügen Sinn macht, wortwörtlich mit beiden Beinen auf der Erde zu bleiben. Und es ist interessant. Wenn man sich eine Weile darin übt und ein gutes Gespür für diesen Vorgang entwickelt hat, sieht man Menschen an, wenn sie nicht geerdet sind. Sie wirken so, als würden sie gleich ein paar Zentimeter hoch in die Luft fliegen. Wie ein Fähnchen im Wind.

Vielleicht haben Sie ja auch schon in anderem Zusammenhang Ähnliches gehört. Viele Entspannungstechniken und Meditationen arbeiten mit dem Element der Erdung, und auch Kampfsport oder Yoga vertrauen auf die Kraft der Mitte.

Präsenz beginnt im Zwerchfell, im Solarplexus, im dritten Chakra, im Sonnengeflecht. Dort konzentriert und gerichtet zu sein, ist ebenfalls einfacher, wenn wir nach unten nicht flatterhaft und wackelig stehen.

Spielen Sie damit. Sie werden rasch Ihren persönlichen Weg finden, sich erfolgreich zu erden, um dann erfolgreich aufzutreten. Ihre Kompetenz zu beweisen und souverän zu wirken.

19. Ja sagen

Entscheidung für Zufriedenheit

Das Geheimnis eines glücklichen Lebens in genau 2 Buchstaben

Die Situation

Ein neuer Klient kommt ins Coaching und hat ein klares Anliegen. Jedes Mal, wenn er einen Vortrag hält, wird er am Anfang knallrot im Gesicht. Dabei ist er keineswegs ängstlich oder inkompetent. Ganz im Gegenteil. Dennoch ist das Rotwerden zur Gewohnheit geworden; eine Gewohnheit, die ihn stört, und er sagt: »Herr Berenfänger, machen Sie das weg!«

Das Problem

Ich fragte ihn, was er denn bisher dagegen unternommen habe. Er antwortete, dass er sich dann immer mit aller Inbrunst selbst ermahnt: »Heute werd ich nicht rot, heute werd ich nicht rot.« Da diese Strategie aber nicht gefruchtet hatte, kam er und bat um Hilfe.

Mit Gefühlen ist es so: Wir können versuchen, sie mit Macht wegzudrücken. Aber am Ende kommen sie doch wieder hoch. Und meist ungelegener und heftiger als vorher. Wie bei einem Luftballon, den man unter Wasser drückt in der Hoffnung, dass er unten bleibt. Keine Chance. Ich kann mir kein *Nichts* wünschen!

Die Lösung

Ich schlug meinem Klienten vor, beim nächsten Mal eine andere Vorgehensweise auszuprobieren: »Wenn Sie spüren, dass das Rot wiederkommt, dann lächeln Sie. Breiten Sie Ihre Arme aus und rufen Sie: Da bist du ja wieder, liebes Rot! Herzlich willkommen. Schön, dass du da bist. Ich kümmere mich auch gleich um dich. Aber vorher halte ich noch meinen Vortrag. Komm so lange an meine Seite. Hier, ganz zu mir. Ich gehe jetzt zum Vortrag, und dann bin ich für dich da. Gleich. Gleich! Nicht jetzt!« – Hat funktioniert, aber warum?

Denken Sie an eine große Familienfeier in einer kleinen Wohnung. Die Erwachsenen wollen sich in Ruhe unterhalten, und die Kleinen toben mit lautem Geschrei über Tisch und Bänke und stören die Gespräche. In so einem Fall werden die Erwachsenen auch nicht sagen: »Ruhe, oder wir verstoßen euch!« Nein, sie werden die Kinder auffordern, ins Kinderzimmer zu gehen oder nach draußen auf den Spielplatz. Sie weisen der Störung einen *angemessenen Platz* zu.

Genau das hatte auch meinem Klienten geholfen. Er hat nicht (mehr) versucht, das ungewollte Gefühl loszuwerden, sondern hat ihm einen Ort gezeigt, wo es sein kann, ohne ihn zu stören.

Im Kern heißt das: Ja sagen. Ja sagen zu allem, was ist.

Das klingt banal und simpel und ist doch eine der schwierigsten Übungen, die das Leben für uns bereithält.

Es geht darum, die Wirklichkeit zu akzeptieren. Sich nicht länger gegen das aufzulehnen, was ist. Das heißt *nicht*, dass man die Wirklichkeit mögen oder sie fatalistisch hinnehmen muss. Akzeptanz ist nicht Resignation!

Akzeptieren, Ja sagen, heißt: Ich sehe die Realität wie sie ist. Ob sie mir passt oder nicht. Aber sie ist jetzt eben Realität. Und ich mache das Beste daraus.

Bestimmt kennen Sie Menschen, die am liebsten über alles meckern. Dass Montag ist, dass es regnet, dass es heiß ist, dass es kalt ist, dass es still ist, dass es laut ist usw. Meckern aus Prinzip.

Karl Valentin sagte mal: »Ich freue mich, wenn es regnet. Denn wenn ich mich nicht freue, regnet es auch.« Nun müssen Sie sich nicht unbedingt freuen, wenn es regnet – aber sich ärgern und sich und anderen deswegen die Laune verderben, müssen Sie auch nicht.

Wer ein zufriedenes Leben führen möchte, muss seinen Frieden machen mit dem was ist. Auch mit Dingen, die man nicht so toll findet. Das heißt ja nicht, dass man nicht weiterhin versuchen kann, für Veränderung zu sorgen. Das aber wird deutlich leichter, wenn man die Wirklichkeit vorher überhaupt erst einmal als gegeben wahrnimmt und dann akzeptiert.

Stellen Sie sich zum Beispiel vor, Sie halten eine Präsentation, und ein Zuhörer stellt Ihnen eine Frage, auf die Sie gerade keine Antwort wissen. Jetzt haben Sie die Wahl: Nervös werden oder unsicher oder patzig... Oder Sie sagen mit einem Lächeln und einer kräftigen Stimme: »Das ist ja eine spannende Frage. Danke! Und wissen Sie was? Darauf habe ich gerade noch keine genaue Antwort... Aber ich mache mich kundig und komme darauf zurück.«

Die Tatsache, dass Sie gerade inkompetent sind, können Sie nicht ändern – aber den öffentlichen Umgang damit können Sie sehr wohl beeinflussen. Wenn Sie Ihr gewohntes Reiz-Reaktions-Schema aufbrechen, werden viele neue Lösungen möglich, und Sie bekommen mehr Handlungsspielraum.

Eine ähnliche Erfahrung kennen viele aus einem ganz anderen Bereich des Lebens. Wer schon mal einen heftigen Schlag vom Schicksal erlitten hat – Krankheit, Verlust, Verletzung, Tod usw. – der weiß, wie wertvoll es ist, mit seinem Schicksal nicht ewig zu hadern, sondern es anzunehmen. Zum einen können wir am Schicksal selbst nichts mehr ändern. Der Schicksalsschlag liegt ja zeitlich gesehen *in der Vergangenheit*, und vergangen ist vergangen. Für immer. Zum anderen brauchen wir gerade in einer solchen Situation jeden Funken Energie, der uns irgendwie zur Verfügung steht, um einen guten Umgang mit dem Schicksalsschlag zu finden. Das heißt, wir bündeln unsere Kräfte konsequent für das, was zeitlich *noch vor* uns liegt.

Wichtig! Ja zu sagen bedeutet nicht, dass wir den Schmerz, den wir erlitten haben und erleiden, einfach wegdrücken. Das geht nicht, und das wäre auch respektlos. Es geht darum, soviel Frieden und Kraft wie möglich zu finden für das, was an Kampf noch auf uns wartet. Es geht darum, das Leid des Schicksals nicht noch um Leid anzureichern, das aus kräftezehrenden und aussichtslosen Scharmützeln innerhalb unseres mentalen Gebälks erwächst.

Wie so oft, gilt auch hier: Die Empfehlung, Ja zu sagen zu allem was ist, ist keine *moralische* Forderung, sondern eine liebevolle, denn sie kann helfen, schweres Leben leichter zu nehmen.

Vielleicht denken Sie jetzt, ...

...dass das irgendwie wohlfeil klingt. So wie bei unsensiblen Zeitgenossen, die meinen: »Vorbei ist vorbei! Jetzt schau doch mal nach vorne! Nun ist es doch auch mal gut!« – Ja, genau darum geht es nicht!

Derartige Rat-*Schläge* sind weniger eine Hilfe für den Leidenden als vielmehr ein Hinweis darauf, dass es der Rat-*Schläger* nicht aushält, einen Menschen zu sehen, der im Leid ist. Und manchmal dauert ein Leid auch ein ganzes Leben lang, und niemand hat das Recht zu verlangen, dass der Leidende aufhört zu leiden.

Es geht mir mit der Empfehlung zum Ja-Sagen nicht darum, altkluge Tipps zu geben. Es geht darum, *für sich selbst* einen Ansatzpunkt zu finden, sich das Leben leichter zu machen, wenn es gerade mal schwer ist. Ja sagen zu dem was ist, ist eine ganz persönliche, ja intime Entscheidung und nichts, was man jemandem von außen aufdrücken kann. Zum einen wäre das schnell übergriffig, zum anderen ist es aussichtslos, denn wer leiden *will*, der wird damit auch nicht aufhören.

Wer die Frage »Na, wie geht's?« immer mit einem lauten Stöhnen beantwortet – »Muss!«, »Montag!«, »Ach, hör mir auf!« – der hat ein Interesse daran, dass er leidet, denn das gibt ihm die Legitimation zu meckern, selbstgerecht zu sein, sich als armes Opfer zu präsentieren.

Wer in Lebenszusammenhängen verbleibt, die nicht guttun – Arbeit, Beziehungen, Verhaltensweisen – hat dafür gute Gründe. Die mögen von außen nicht ersichtlich sein oder nicht nachvollziehbar. Dennoch sind sie real.

Das wiederum heißt nicht, dass man die Verpflichtung hätte, einem Leidenden immer und immer wieder und lang und ausführlich beim Sprechen über sein Leid zuzuhören. Wir können Zuwendung nur dann geben, wenn wir innerlich stabil sind, das heißt, wenn unsere Bedürfnisse und Grenzen zu einem Mindestmaß erfüllt sind. Manchmal fällt es uns leicht, fremdem Leid unser Ohr zu gönnen und manchmal eben nicht – dann dürfen wir uns zurückziehen.

Ja sagen zu dem was ist. In diesem Satz steckt große Lebensweisheit – und ein pragmatisches Alltags-Tool für ein souveränes Auftreten.

Bestimmt haben Sie von Menschen gehört, die in der Vergangenheit Schlimmes erlebt haben und heute kraftvoll, optimistisch und ausgeglichen wirken. Das beeindruckt uns meist sehr und lässt respektvoll staunen. Vielleicht haben Sie selbst mal erlebt, wie Sie ein paar Jahre nach einer einschneidenden Erfahrung zurückschauten und sagten: »Das war wirklich schlimm damals. Und es war das Beste, was mir passieren konnte.«

Als Alltags-Tool hilft uns dieser Satz, mit den sogenannten Idioten besser klarzukommen. Mit den Menschen, die uns mit ihren rücksichtslosen Verhaltensweisen den Alltag schwer machen – mit all den Bürgersteigzuparkern, Vordränglern, Lügnern, Angebern, Lautinderbahntelefonierern, Meetingklugschwätzern, Unverschämtekunden usw. In dem Moment, in dem wir die Verhaltensweise wahrnehmen, ist es schon zu spät. In dem Moment ist sie schon Vergangenheit in dem Sinne, dass sie bereits geschehen ist. Und was geschehen ist, können wir nicht ungeschehen machen. Nur *das* – nur dieses Nicht-Ungeschehen-Machen-Können – gilt es zu akzeptieren. Ja dazu zu sagen. Das heißt nicht, dass wir nach dem Ja nicht auch in die Schlacht ziehen können, um eine Änderung der Situation herbeizuführen oder einen Kontakt abbrechen oder eine Grenze setzen.

»Humor ist, wenn man trotzdem lacht«, lautet eine bekannte Redensart, und sie bezieht sich genau auf diese Fähigkeit, dem Schrecken nicht reflexhaft mit Erschrecken zu begegnen, sondern ab und an mit einem Lächeln.

»Et es, wie et es, und et hätt noch immer jot jejange«, lautet eine Kölner Redensart. Auch die zielt in die gleiche Richtung und wirbt dafür, Vertrauen zu haben. Ins Leben, in die Mitmenschen, in sich selbst.

Ja zu sagen zu allem was ist, ist eine lebenslange Übung. Keine Methode, die man in einem Seminar oder in einem Ratgeberbuch erlernt und dann beherrscht. Vielmehr handelt es sich um eine Lebenseinstellung, um eine ganz grundsätzliche innere Haltung zum Leben, die jeden Tag aufs Neue geübt, kultiviert, gestärkt, erinnert werden will.

20. Interesse

Das größte Geschenk für Ihre Zuhörer
Wirkungsvolle Kommunikation auf einer ganz anderen Ebene

Die Situation

Es gibt Lehrer, und es gibt Lehrer. Die einen unterrichten Fächer, die anderen unterrichten Schüler. Die einen richten ihr Interesse auf das Thema, die anderen richten ihr Interesse auf die Menschen, denen sie das Thema näherbringen.

Ein Teilnehmer fragte mich mal, wie oft ich dieses Seminar schon gegeben habe und ob es mich nicht nervt, immer wieder die gleichen Sachen zu erzählen. Ich sagte ihm, dass es mich nicht nervt, denn es kämen ja immer neue, andere Menschen. Und um die ginge es mit zuvörderst.

Oder: Ein Klient kam ins Coaching und verhielt sich grob unhöflich und vulgär. Eine wahre Steilvorlage, sich aufzuregen und sich den Tag versauen zu lassen.

Das Problem

Wir nehmen wahr, wie jemand etwas sagt oder tut, das mit unseren Überzeugungen, Wünschen, Prinzipien nicht übereinstimmt, und reflexhaft greifen wir innerlich – und dann rasch auch äußerlich – zur Abwertung: »Du Blödmann! Du Idiot! Du Langweiler!« So schnell kann man manchmal gar nicht gucken, wie wir unsere Pfeile feuern.

Konkret entsteht das Problem dadurch, dass wir eine *Handlung* mit unseren *Werten* abgleichen und – bei ausbleibender Passung – mit einer Abwertung der *Person* quittieren. Der Person, nicht der Sache. (→ vgl. den Abschnitt Feedback/Geber-Regeln)

Wie mein Lateinlehrer in der Schule. Der sah meine Verhaltensweise – Latein nicht gut können – und reagierte darauf mit der persönlichen Abwertung: »Du bist so blöd. Du landest auf der Hobelbank.« Ich bin ok – du bist nicht ok.

Was bleibt dem Abgewerteten in einer solchen Situation? Nur zwei Dinge: Angriff oder Untergang. Wer als Person, das heißt in seiner Identität, angegriffen wird, wird *existenziell* angegriffen, und da ist Schluss mit Lustig.

Die Lösung

Mein Lateinlehrer hätte auch sagen können: »Ich sehe, dass dir Latein noch nicht so leichtfällt. Wir sollten uns darüber unterhalten, wie du es künftig besser hinbekommst.« Das Faktum der schlechten Leistung wäre damit nicht verschwunden, aber der Umgang damit wäre konstruktiv und lösungsorientiert und vor allem respektvoll gewesen.

Eine Führungskraft, die sauer ist, weil ein Mitarbeiter sich danebenbenommen hat, kann sagen: »Sag mal, geht's noch?! Was bist du denn für ein Idiot?!« Oder sie sagt: »Das will ich nie wieder erleben! Ich bin stinksauer! Ab sofort hältst du dich wieder an die Regeln.«

Was braucht es dazu?

Interesse. Eine Haltung von Interesse. Interesse daran, dass hier ein Mensch ist, der sich so ganz anders verhält, als man das erwartet hat. So wie ein Forscher im Dschungel, der eine Spezies entdeckt, die ihn völlig verblüfft. Neugierde, Entdeckerlust.

Wenn es uns gelingt, fremde Verhaltensweisen, die nicht zu unseren Überzeugungen und Erwartungen passen, mit Interesse zu begegnen statt mit reflexhafter persönlicher Abwertung, geht ein Fenster der Verständigung auf, das ansonsten fest verschlossen bleibt.

Wer hat sich nicht schon mal gewünscht, dass die anderen so ticken wie man selbst? Dann wäre alles ganz einfach. Dann gäbe es keinen Streit und kein Generve. Wieso erkennen die andern nicht, dass sie unrecht haben und ich recht…

Wieder mal der Kölsche: »Jede Jeck es anders.« Wenn es uns ernst ist mit Respekt, Individualität und Selbstbestimmung, kommen wir nicht darum herum, zu akzeptieren, dass keiner genau so denkt, wie wir selbst. Nicht mal der eigene Partner, nicht mal die eigenen Kinder oder Eltern.

In diktatorischen, tyrannischen Strukturen reagieren die Mächtigen auf diese Erkenntnis mit Unterdrückung, Gleichschaltung, Spießigkeit und reaktionärem Konservatismus. In aufgeschlossenen, menschenfreundlichen Strukturen reagiert man dagegen mit Interesse.

Ich spreche jetzt übrigens nicht nur von staatlichen Strukturen! In jedem von uns sitzt ein kleiner Diktator im Kopf und hofft darauf, an die Macht zu kommen. Und es ist viel leichter und bequemer, uns von unserem inneren Diktator leiten zu lassen als von einer Haltung, die wieder und wieder Reflexion, Nachdenken, Selbsterforschung und die Fähigkeit zur Selbstkritik verlangt. Interesse am Anderen zu entwickeln, wenn der Andere nicht so tickt wie man selbst, ist Arbeit.

Ja, es ist viel einfacher, sich für (s)ein Lieblingsthema zu interessieren als für andere Menschen. Kurzfristig! Langfristig schenkt uns eine Haltung von Interesse Dinge wie Freude, Zufriedenheit, Dankbarkeit, Sanftmut, Liebe. Wer ausschließlich um sich selbst und seine Prinzipien kreist, landet letztlich in einem anderen Spielfeld – in dem, wo Ärger, Wut, Frustration, Angst und Unzufriedenheit regieren.

Vielleicht denken Sie jetzt, ...

...dass das alles idealistisches Geschwätz sei. Dass das Leben kein Honigschlecken ist, und dass man sehen muss, wo man bleibt. Und überhaupt, um was soll man sich denn noch alles kümmern?!

Sie haben Recht. Ich beschreibe ein Ideal. Und Ideale zeichnen sich dadurch aus, dass sie unerreichbar sind. Wir können nur immer wieder versuchen, uns ihnen anzunähern, und immer wieder werden wir scheitern.

Beispiel: Gerade eben ist es mir im Seminar noch gut gelungen, anders tickenden Menschen mit aufrichtigem Interesse zu begegnen. Aber abends im Restaurant werde ich vom Kellner unfreundlich behandelt. Dabei bin ich müde und hungrig und will gerade einfach nur meine Ruhe. Und Zack!, liegt mir ein böser Spruch auf den Lippen, den ich diesem Doofmann drücken will...

Nachvollziehbar und nur allzu menschlich. So ein Spruch entlastet im Moment und spendiert das wohlige Gefühl, im Recht zu sein. Aber eben auch: So ein Spruch nährt und stützt unseren inneren Diktator, und wie alle Diktatoren dieser Welt verfolgt auch der das Ziel, alle anderen zu unterdrücken und zu versklaven. Das ist der Preis, den wir zahlen, wenn wir uns Diktatoren – inneren wie äußeren – nicht entgegenstellen: Wir opfern die Möglichkeit eines würdevollen Lebens zugunsten kurzfristiger Befriedigung und Entlastung.

Ich bin davon überzeugt, dass eine Haltung von Interesse die Voraussetzung ist, um im persönlichen Gespräch, im Meeting, im Vortrag – und überall im Leben – wirklich zu überzeugen. Souverän zu wirken ohne Arroganz auszustrahlen.

Und ich bin davon überzeugt, dass die gleiche Haltung auch auf kollektiver Ebene – gesellschaftlich, politisch – das Potenzial besitzt, die Welt ein wenig besser zu machen. Frieden ist möglich.

Man muss das nicht tun. Man kommt auch durchs Leben, ohne sich ernsthaft für andere Denk- und Verhaltensweisen zu interessieren. Viele haben damit großen Erfolg. Im Konzern, in der Politik, in persönlichen Beziehungen. Und wir alle tragen die Konsequenzen.

Wähle und zahle den Preis. Wer dem inneren Diktator das Ruder überlässt, zahlt einen Preis. Wer eine Haltung von Interesse kultiviert, zahlt auch einen Preis. Nichts ist ohne Preis. Entscheidend ist, was wir bezahlen und was wir gewinnen wollen. Im Großen wie im Kleinen.

Und wieder: Das muss man nicht moralisch sehen, sondern kann es ganz auf den Aspekt der Nützlichkeit herunterbrechen. Welches Verhalten ist nützlicher, um ein Leben zu führen wie ich es mir wünsche? Welche Haltung dient mir mehr, so zu wirken, wie ich es möchte?

Das heißt im Übrigen nicht, dass ich jedes Verhalten klaglos hinnehme. Dass ich nicht auch sehr klar auftreten kann! »Hart in der Sache, liebevoll zum Menschen«, heißt ein Bonmot. In der Praxis bedeutet das, dass ich einem Menschen in seiner *Person* mit Interesse begegnen und gleichzeitig seinem *Verhalten* eine deutliche Grenze setzen kann.

Wie bei dem frechen Klienten, den ich eingangs beschrieben habe. Nach *innen* habe ich mir gesagt: »Das ist ja interessant! So etwas habe ich hier ja noch nie erlebt.« Nach *außen* habe ich deutlich gemacht, dass ich mir Unflätigkeiten nicht gefallen lasse.

Ich erlebe es tatsächlich oft, dass Menschen denken, sie dürften nicht (mehr) klar und direkt sprechen, wenn sie respektvoll und wertschätzend auftreten. So ein Unsinn. Es ist wie in der Kindererziehung. Ich kann meinem Kind sehr klar sagen, dass ich ein bestimmtes Verhalten nicht akzeptiere *und* dass ich es liebhabe. Beides zugleich.

Eine Haltung von Interesse gelingt auf Dauer nur, wenn ich auch das Interesse für *mich, meine* Befindlichkeiten, Bedürfnisse und Grenzen im Blick behalte. Im *Und* liegt die Lösung – im Interesse für mich *und* im Interesse für den Anderen. Beides zugleich.

Überleitung

Die Umsetzung in die Praxis…

…oder: Putz Dir die Zähne!

Sie haben nun viele Möglichkeiten gefunden, Ihre persönliche Wirkung zu steigern. Kleine Kniffe genauso wie tiefer gehende Aspekte. Sie haben erfahren, warum was wie wirkt, wozu es gut ist und wo die Grenzen sind. Sie haben gelesen, dass eine souveräne Außenwirkung eine klare und gerichtete innere Haltung braucht.

Vielleicht fragen Sie sich, wo Sie denn jetzt anfangen sollen. Körper, Stimme, Rhetorik, Haltung… So viel… Sie haben Recht. Alles auf einmal geht nicht. Das würde jeden überfordern.

Nach meiner persönlichen Erfahrung empfehle ich, sich einen ersten Aspekt zu nehmen und damit zu experimentieren. Üben Sie zunächst auf ungefährlichem Terrain – nicht gleich beim entscheidenden Gespräch mit Ihrem Vorgesetzten…

Beobachten Sie, was geschieht. Wie reagiert Ihre Umwelt, wie reagiert Ihr Körper, was denkt und fühlt es in Ihnen? Ausprobieren, beobachten, wieder probieren, nachjustieren, Sicherheit gewinnen. Und dann nehmen Sie sich den nächsten Aspekt vor.

Jeder weiß, wie man sich die Zähne putzt. Aber vom Wissen allein werden sie nicht sauber – man muss sie halt auch putzen. Darum geht es jetzt: Daily Practise. Jetzt geht es ums Üben. Um Training, um neue Routinen und bessere Gewohnheiten. Das kann mühsam sein, es macht aber auch Spaß. Und der Erfolg wartet schon auf Sie. Denn Sie haben in diesem Buch nur Dinge gelesen, die funktionieren. Die sich in der Praxis bewährt haben. Sie können diese Fähigkeiten also auch für sich erobern. Wenn Sie dranbleiben. Mit Freude, Neugier, Reflexion und einem Schuss Beharrlichkeit.

Auf diesem Weg werden Ihnen manche Hindernisse begegnen; innere und äußere. Kleine und beeindruckende. Das macht nichts. Gehört dazu. Mit der Zeit wächst das Vertrauen, dass Sie vertrauen können. Auf sich, auf Ihre Fähigkeiten, auf die sich ebenfalls verändernde Welt. Dabei wünsche ich Ihnen von Herzen viel Freude und viel Erfolg.

Dank & Würdigung

In diesem Buch finden Sie nur Dinge, die Teil meiner täglichen Arbeit sind. Sei es in der Arbeit mit anderen oder mit mir selbst. Ich habe diese Dinge zumeist nicht selbst erfunden – aber doch selbst *ge*-funden und in meiner Art mit Ihnen umzugehen zu etwas ganz Persönlichem gemacht.

Mein Dank gilt den Menschen, von denen ich gelernt habe, und deren Wissen und Erfahrung ich auf diesem Weg in aller Wertschätzung weitergebe – insbesondere: Robert Dilts und Stephen Gilligan, Kurt Zyprian Hörmann, Dr. Eleonore Höfner, Birgid Kröber, Gereon Nussbaum, Katja Dyckhoff und Thomas Westerhausen.

Unzähligen Kollegen und Autoren, zum Beispiel: Ulrike Scheuermann, Gerald Hüther, Isabel García, Marion Knaths, Mechtild Erpenbeck, Gerhard Roth und Alica Ryba, Maren Fischer-Epe – und natürlich John Irving.

Dem Leben selbst – in Gestalt meiner wundervollen Frau und inspirierenden Kollegin Julia Kamenik, meinen beiden großartigen Kindern Yasmin und Leander, meinen liebevollen Eltern Dietmar und Hedwig Peikert, meinen Freunden und Kollegen sowie meinen Ahnen mit all ihren Erfahrungen und Dramen.

All den Begegnungen, in denen ich begeistern, überzeugen, lieben, kämpfen, streiten, straucheln, aufstehen, gewinnen, verlieren, forschen, überwinden, zweifeln, lachen, nachdenken, erkennen oder souveränen durfte.

In meinem Leben gab es gute Entscheidungen und Fehler, Schlussstriche und Neuanfänge. Tiefe Freude und großen Schmerz. Trennung und Verbindung. Schwere Krankheit und jungenhafte Leichtigkeit. Existenzielle Angst und am Ende immer das Vertrauen. In mich, in das Leben, in das Göttliche, in die Familie, in den Kreis und das Feld. Alles ist Teil dieses Buchs.

Frieden ist möglich.

Harald Berenfänger...

ist Souveränitäter® – oder: Coach, Trainer, Redner, Raumgeber, Philosoph.

Immer geht es um äußere Wirkung und innere Selbstführung - im Beruf, in persönlichen Beziehungen, mit sich selbst. Mit Kopf, Herz und Körper.

Qualifizierungen:

- Philosophie-Studium
- Systemisches Business Coaching
- Generative Coaching®
- Provokatives Coaching
- Neurolinguistisches Programmieren
- Morphisches Feld Lesen MFL®
- Systemische Strukturaufstellung
- Herzensbildung, Sexualität und Beziehung
- Die Heldenreise des Mannes – Ein Männerprojekt
- Vater-Sohn-Arbeit
- Performance (Stimme, Körpersprache, Auftreten)
- Regie und Schauspiel, Method Acting

Kontakt

Rheindorfer Straße 25
D - 53225 Bonn
Telefon +49 (228) 1806873
mail@berenfaenger.com
www.berenfaenger.com
www.linkedin.com/in/berenfaenger/